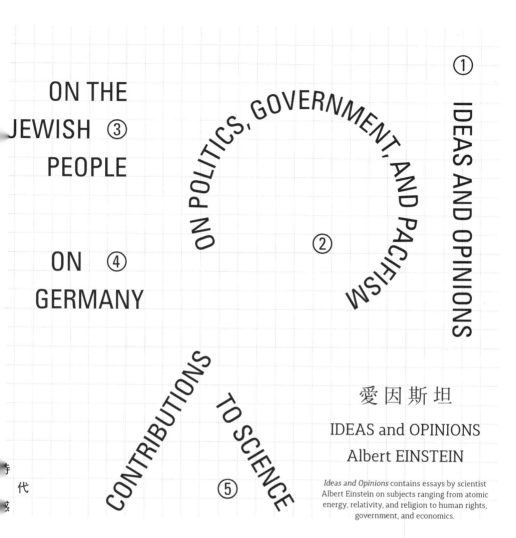

ON THE
JEWISH ③
PEOPLE

ON POLITICS, GOVERNMENT, AND PACIFISM

IDEAS AND OPINIONS ①

②

ON ④
GERMANY

CONTRIBUTIONS
TO SCIENCE

⑤

愛因斯坦
IDEAS and OPINIONS
Albert EINSTEIN

Ideas and Opinions contains essays by scientist
Albert Einstein on subjects ranging from atomic
energy, relativity, and religion to human rights,
government, and economics.

自 選 集

於這個世界，我這樣想　　愛因斯坦—著　　郭兆林 周念縈—譯　　郭兆林—導讀

【目錄】

第二部分　論政治、政府與和平主義

第三部分　論猶太人

第四部分　論德國

第五部分　對科學的貢獻

「時代感」總序

——李明璁

謝謝你翻開這本書。

身處媒介無所不在的時代，無數資訊飛速穿梭於你我之際，能暫停片刻，閱覽沉思，是何等難得的相遇機緣。

因為感到興趣，想要一窺究竟。面對知識，無論是未知的好奇或已知的重探，都是改變自身或世界的出發原點。

而所有的「出發」，都涵蓋兩個必要動作：先是確認此時此地的所在，然後據此指引前進的方向。

那麼，我們現在身處何處？

在深陷瓶頸的政經困局裡？在頻繁流動的身心狀態中？處於恐慌不安的集體焦慮？抑或感官開放的個人愉悅？有著紛雜混血的世界想像？還是單純素樸的地方情懷？答案不是非此即彼，必然兩者皆有。

你我站立的坐標，總是由兩條矛盾的軸線所劃定。

比如，我們看似有了民主，但以代議選舉為核心運作的「民主」卻綁架了民主；看似有了自由，但放任資本集中與壟斷的「自由」卻打折了自由；看似有了平等，但潛移默化的文化偏見和層疊交錯的社會歧視，不斷嘲諷著各種要求平等的法治。我們什麼都擁有，卻也什麼都不足。

這是台灣或華人社會獨有的存在樣態嗎？或許有人會說：此乃肇因於「民族性」；但其實，遠方的國度和歷史也經常可見類似的衝突情境，於是又有人說：這是普同的「人性」使然。然而這些本質化、神秘化的解釋，都難以真確定位問題。

實事求是的脈絡化，就能給出答案。

這便是「出發」的首要準備。也是這個名為「時代感」書系

的第一層工作：藉由重新審視各方經典著作所蘊藏的深刻省思、廣博考察、從而明確回答「我輩身處何處」。諸位思想巨人以其溫柔的眼眸，感性同理個體際遇，同時以其犀利筆尖理性剖析集體處境。他們立基於彼時彼地的現實條件，擲地有聲的書寫至今依然反覆迴響，協助著我們突破迷霧，確認自身方位。

據此可以追問：我們如何前進？

新聞輿論每日診斷社會新病徵，乍看似乎提供即時藥方。然而關於「我們未來朝向何處」的媒介話語，卻如棉花糖製造機裡不斷滾出的團絮，黏稠飄浮，占據空間卻沒有重量。於是表面嘈雜的話題不斷，深入累積的議題有限。大家原地踏步。

這成了一種自我損耗，也因此造就集體的想像力匱乏。無力改變環境的人們，轉而追求各種「幸福」體驗，把感官託付給商品，讓個性服膺於消費。從此人生好自為之，世界如何與我無關；卻不知己身之命運，始終深繫於這死結難解的社會。

「時代感」的第二項任務，就是要正面迎向這些集體的徒勞與自我的錯置。

據此期許，透過經典重譯，我們所做的不僅是語言層次的嚴謹翻譯（包括鉅細靡遺的譯註），更具意義和挑戰的任務，是進行跨時空的、社會層次的轉譯。這勢必是一個高難度的工作，要把過去「在當時、那個社會條件中指向著未來」的傳世作品，連結至「在此刻、這個社會脈絡裡想像著未來」的行動思考。

面朝世界的在地化，就能找出方向。

每一本「時代感」系列的選書，於是都有一篇紮實深刻、篇幅宏大的精彩導讀。每一位導讀者，作為關注台灣與華人社會的

知識人，他們的闡釋並非虛掉書袋的學院炫技，而是對著大眾詳實述說：「為什麼此時此地，我們必須重讀這本著作；而我們又可以從中獲得哪些定位自身、朝向未來的重要線索？」

如果你相信手機的滑動不會取代書本的翻閱，你感覺臉書的按讚無法滿足生命的想望，或許這一趟緩慢的時代感閱讀，像是冷靜的思辨溝通，也像是熱情的行動提案。它帶領我們，超越這個資訊賞味期限轉瞬即過的空虛時代，從消逝的昨日聯結新生的明天，從書頁的一隅航向世界的無垠。

歡迎你，我們一起出發。

導讀
二十一世紀看愛因斯坦

郭兆林

「一個世紀之中，只有少數有識見的人，有清楚的腦袋與風格，以及良好的品味。他們流傳下來的作品，是人類擁有最珍貴的資產。」（論古典文學）

還有什麼比愛因斯坦本人的這段話，更能為本書下註腳、做總結呢？愛因斯坦是《時代雜誌》評選的二十世紀代表人物。他不僅是個偉大的科學家，建立狹義與廣義相對論、開啟量子革命；他也生活在動亂的大時代當中，歷經兩次大戰與放逐，親眼見證了西方文明最輝煌與最醜齷的一面。愛因斯坦的理論開啟了核能時代，致信羅斯福總統促成原子彈的發展。晚年的他也目擊了美蘇核武競賽，將人類置於浩劫的邊緣。這一本文集既深且廣，是歷史、人生、哲學、科學的饗宴。

「極少人有足夠的獨立性，能看透當世的弱點和愚蠢，並且保有自我不受影響。」（向蕭伯納致敬）

愛因斯坦是最常被作傳的人物，談相對論的專業與科普書籍

也已汗牛充棟。綜合科學專業與傳記的更有裴斯的權威著作《愛因斯坦的科學與人生》。不過原典畢竟有其不可取代之處，除去一切神話與美化，直接展現他獨特的人格與思想。雖然選文主題看似龐雜，時間更橫跨人類史上最瘋狂的半個世紀。單看一篇文章，筆調時而嚴肅時而諧謔，情感時而沮喪時而興奮，但難能可貴的是愛因斯坦所展現的人生態度、科學哲思，卻出奇地純真與一致。

愛因斯坦的人格與信念

愛因斯坦是怎麼樣的一個人呢？身為理性的巨人，他當然有極其孤高的一面：

> 「長久以來，我對社會正義和社會責任都有強烈的感覺；另一方面，我明顯地不需要與他人和社會有直接接觸。兩相對照之下，形成了奇怪的對比……[孤獨]會讓人失去些許天真無憂，但是另一方面，這樣可以大大擺脫受他人意見、習慣與判斷的影響，避免受到誘惑而將內心平衡建立在這些薄弱的基礎上。」（我眼中的世界）

他把這種只信仰自己判斷，完全不相信別人的極端個人主義，歸因於科學家的天生排斥權威。不過面對自然與人群，愛因斯坦具有謙遜而可敬的人格。牛頓是少數能在科學史上與愛因斯坦相提並論的另一位大師，不過我們越了解牛頓這個人，對他的敬愛就越少，而對於愛因斯坦則剛好相反。

愛因斯坦對宗教信仰著墨極多，他對基督教與猶太教的狹義詮釋頗有批評：

「想像有一個萬能、公正、仁慈與人格化的上帝存在，無疑能夠為人們帶來安慰、幫助和指引……[然而]，今天宗教和科學領域的衝突，主要來源在於這『擬人化上帝』的概念。」（科學與宗教）

「為了美好的道德而奮戰，宗教導師應當有魄力放棄人格化上帝的教義，也就是放棄恐懼與企盼的源頭，雖然這在過去給予神職人員莫大的權力。他們應該努力孕育人性中的真善美。確實，這是更困難的任務，但是絕對更有價值。」（科學與宗教）

不過，基本上他對於宗教與宗教領袖，尤其是對於他們所扮演提升人類道德的角色，是抱著極為尊敬的態度。雖然，他明白的否定了人格化上帝與永生：

「人類所能擁有最美麗的經驗是神秘奧妙，這是真正藝術與科學起源的根本感情……知道有某種我們無法看透的事物存在，觀察到最深奧的理性、最耀眼的美麗，以最原始的形式直通我們心靈深處……在這層意義上，而且唯有在這層意義上，我算是有虔誠信仰之人。」（我眼中的世界）

不過，他也用同樣的力道，明確否定科學或理性可用來定義人類的價值與目標。我認為，這段情感外溢的文字絕對是出於肺腑，而不是矯情或委婉之辭。愛因斯坦對於真、善、美的崇尚，讓他對於宗教非常敬重。和他相比，後來的費曼和霍金等物理學家在這方面簡單而直線。近年來所謂「新無神論者」所採取的高傲甚至鄙夷的態度，對於啟蒙人心更是沒有幫助。

愛因斯坦：和平主義者

談到戰爭，平時一派輕鬆詼諧的愛因斯坦就會激動起來：

「一個人可以意氣風發隨軍樂隊聲在隊伍中劃一前進，就夠讓我鄙視了……聽令行事、殘暴不仁以及一切以愛國主義之名的胡言亂語，實在讓我痛恨到無以復加！戰爭對我來說，何等卑鄙下流啊！我寧可被碎屍萬段，也不願意沾染這種可恨的勾當。」（我眼中的世界）

在兩次世界大戰之間，愛因斯坦的聲望已經如日中天。荒唐的一次世界大戰，完全摧毀了中歐與東歐，並造成數以千萬計的死傷。當時身在柏林大學的他除了講學著述，花了許多精力呼籲歐洲各國重歸舊好、裁軍限武。然而，這卻於事無補。戰敗的德國憎恨法、俄，並把一股怨氣出在猶太人身上。在這種環境下，納粹崛起，開始窮兵黷武。在這段時期的文章中，我們會發現愛因斯坦一開始試圖動之以情，強調輝煌的歐洲文化學術共同體，逐漸筆調轉為氣急敗壞，最終不得不與祖國劃清界線。在他竭力

想要避免的二次大戰終於爆發之後，愛因斯坦只能感嘆眾人的愚蠢與盲從。在大戰末期，大勢底定之際，他有著這樣沉重的評語：

> 「如果這個世界還有正義存在，如果各國未忘記共同的責任，整個德國民族需要為大屠殺負責任，而且整個民族都需要受到懲罰。為納粹黨撐腰的是德國人民，當希特勒的演說與著作赤裸裸露出無恥的意圖、絕對不可能被誤解時，德國人民卻把票投給他。」（致華沙猶太人區戰爭英雄）

把矛頭指向他祖國的平民百姓，即便公允也似乎冷酷不近人情。然而，德國上下全面助紂為虐，即使在軸心國當中也絕無僅有，這是非常清楚的責任歸屬。同樣的，愛因斯坦也呼籲掌握武器技術的科學家背負應有的道德重責，而不是以「時勢所迫」作為遁辭。

「盟國贏了戰爭，卻輸掉了和平。」二戰後美、蘇開始互相猜忌、競爭。原子彈與氫彈的發明與量產，更是將全世界推向毀滅邊緣。愛因斯坦將重心轉向防止核戰，從法、德的調人，搖身一變成為美、蘇的調人。崇尚自由的他，雖然基於人道主義支持社會主義理念，但對極權政府一向厭惡。因此愛因斯坦雖然推崇馬克思，卻對蘇維埃式共產主義抱持懷疑態度。不過，和多數英美政治人物與民眾相比，他對蘇聯還是多了一分寬容、理解，甚至感激。不幸的，蘇聯還是不買帳，一群蘇聯科學家以八股式譴責美帝「別有用心」，來回應愛因斯坦力邀蘇聯加入「超國家聯

盟」。愛因斯坦的回應，頗有孔明舌戰群儒的氣概，十分令人動容。最後他這麼感嘆：

> 「難道，真的因為人類的激情和積習，讓我們該受到處罰，
> 自相殘殺徹底消滅，並毀掉一切值得保存的東西，這真的無
> 法避免嗎？在我們之間這種奇怪的書信往返中，所觸及的一
> 切爭議歧見，相較於如今世局所面對的危險，不是顯得微不
> 足道嗎？我們不是應該盡一切力量，消除所有國家面臨的威
> 脅與危險嗎？」（致蘇聯科學家公開信）

自然哲學家愛因斯坦

愛因斯坦已經是天才的同義詞。這種人做學的模式，是獨自坐下來苦思一陣，然後在一張紙上寫下答案——至少謠言如是聲稱。他自己則是這麼說：

> 「我不相信，要確保我們創造一個偉大的原子科學時代，必
> 須像組織大公司般將科學組織起來才行。我認為，人們可以
> 組織起來運用一項發現，而非組織人們來獲取發現，唯有自
> 由的個體才能創造發現。」（原子戰爭或和平）

當今這種說法最明顯的反例，當然是幾百人參與的粒子對撞機實驗所發現的新粒子、新現象。然而近年來科學的質與量都出現劇變，獨行俠即使在純理論物理也已經站不住腳。我在史丹佛

大學物理系三樓的理論家同事們，每天都成群有組織地討論想法，新的點子常常從中蹦出。不過愛因斯坦到了晚年還是沒有改變，雖然在學術上仍有佳作，但基本上已經進入孤立主義，對不斷湧入的實驗結果視而不見，冀望他的方程式會水到渠成，解決所有問題。

　　愛因斯坦念茲在茲的，是物理世界的真實基礎。什麼是「物理世界真實基礎」，而它又有什麼用呢？好萊塢電影《駭客任務》中一個令人印象深刻的場景是接近片尾，當基努李維飾演的男主角看清他的世界是由一行行電腦程式組成，突然可以隨心所欲控制物體，甚至縱身起飛！愛因斯坦看出時間、空間、質量與能量的本質，這把鑰匙釋放了密封在原子核中的巨大能量，徹底改變人類文明。大多數物理學家並不是為了應用性而研究世界的本質，然而這個例子應能讓對方程式最無感的讀者體認到為何物理學家老是用化約的方式看待問題，而且當這道計畫成功時，效應是如何的令人驚異。

　　在文集中愛因斯坦花大量的篇幅討論哲學，尤其是認識論與空間的概念：

> 「人們常說科學家是很差勁的哲學家，這種說法不是沒有道理。那麼，物理學家是不是乾脆把哲學思考留給哲學家就好了？我並不同意。當物理的基本概念已經很成熟、無庸置疑之時，或許可以這麼做。然而，當今物理學的基礎本身問題重重……在尋找新的根基之時，物理學家必須清楚知道他所使用的觀念，有哪些是合理、必要的。」（物理與真實）

　　大致上這些文章可讀性都很高。與他相較,當代物理學家談到哲學就不耐地「翻白眼」。然而如上所述,愛因斯坦討論物理哲學確有必要。他所帶來的知識革命,不管是狹義或廣義相對論,其特徵並非巧妙的形式或是冗長的邏輯演繹,而是對於經驗與知識的徹底反思,除去不當的假設(如時間的普適性、歐幾里得度規),並加入受經驗支持、或可增進理論一貫性的假設(如相對性原理、等效原理、廣義協變原理)。

　　當然,愛因斯坦成長於百年前的歐陸知識界,橫跨科學與哲學的學者為數眾多。更何況,他要應付像龐加萊這樣「尖銳而深具洞察力」的思想家:

「龐加萊主張,公設化幾何學本身對真實世界無從置喙,唯有與物理定律合併才行,既然如此,不論真實本質為何,應該能夠保有〔簡潔優美的〕歐幾里得幾何學才對。如果理論與實驗之間出現衝突,應該修正物理定律而保存公設化歐氏幾何學。」(幾何學與日常經驗)

　　時過境遷,這話現在聽起來已經像是囈語。然而在當時,這話聽來鏗鏘,更是一個極受敬重的數學大師對相對論的全面攻擊。愛因斯坦只能採取守勢:

「我必須承認,如果否定真實的剛體與幾何學的任何連結,人們的確應盡其所能地保有歐氏幾何學的簡潔。」

在舉出幾項實例，並為理想時鐘、尺規概念的適用性做辯護後，愛因斯坦總結：

「我認為宇宙究竟是歐幾里得、黎曼時空，或是其他結構，是一個物理問題，只能經由經驗來提供答案，而不是可以為講求方便而任意約定俗成。」（幾何學與日常經驗）

另一位與愛因斯坦關係密切的思想家是馬赫，這位科學哲學家認為物體慣性應由宇宙遠處質量所賦予（「馬赫原理」）。在本部分收錄的多篇文章中，愛因斯坦一再指出馬赫的哲學想法是廣義相對論發展的動機之一。愛因斯坦以為「加速度必須相對於絕對空間」是牛頓理論最大弱點，而廣義相對論摒棄了牛頓的絕對空間，因為其方程式在所有坐標系都成立。然而，人們很快發現廣義相對論雖簡潔優美、邏輯一貫，但它並不滿足馬赫原理。空無一物的閔可夫斯基宇宙顯然是廣義相對論的解，而測試質點在其中也具有慣性，因此就空間來說相對論其實和牛頓理論一樣絕對。

更不幸的，馬赫的陰影更讓愛因斯坦「預測」宇宙是封閉有限的：

「宇宙空間無限大，只有在物質平均密度趨近於零才會成立。如果物質平均密度在大尺度有限，宇宙空間必然有限……早先馬赫主張把慣性完全看成物體與宇宙中其他物體交互作用的結果。我認為這是一種很合理的看法……然

而，廣義相對論方程式顯示，唯有有限空間，才能讓慣性純粹由物體交互作用所產生。」（幾何學與日常經驗）

以現代眼光來看，這短短一段話出了好幾次錯。首先，第一、二句話暗含著（錯誤的）靜態宇宙假設；其次，在廣義相對論中，有限空間靜態解是不穩定的；最後，後人（如狄奇）發現即使不論穩定性問題，純幾何的重力理論不可能滿足馬赫原理。整體來說，馬赫的哲思與他對愛因斯坦的影響，只是場美麗的錯誤。

愛因斯坦雖承認量子力學的成功，卻對於其機率性本質不以為然，與量子力學的代言人波耳長期辯論，雙方都提出一系列精采的思考實驗。愛因斯坦曾說：「上帝不擲骰子」，為此波耳神回：「別告訴上帝祂該怎麼做」。現代物理學家打娘胎就擁抱測不準原理，把愛因斯坦看成是個老頑固。但重看他所寫的文章卻發現愛因斯坦不但承認量子力學在實用性上大加成功，而且他很清楚量子力學在邏輯上並無自相矛盾之處。他所反對的，是量子力學在哲學詮釋上的看似荒唐。以現代眼光來重看這些討論，哥本哈根派的說法（尤其是海森堡）閃爍其詞，甚至試圖模糊單一粒子的物理真實，因此也難怪愛因斯坦不信邪。愛因斯坦精心設計用來推翻量子力學的思考實驗（Einstein-Podolsky-Rosen Paradox，於本書收錄的「物理與真實」篇中討論），在八〇年代被實現為真正的實驗，而其結果卻是量子力學的大勝利。「物理真實」並沒有被犧牲，愛因斯坦眼中「不完整」的波函數，已被建立為是完整、確切的粒子描述。我相信若他能看到這些明確

的實驗結果，一定也會心服口服，甚至感到一些安慰。

二十一世紀看愛因斯坦

　　我們每個人都坐著時光機，每三百六十五天就向未來躍進一年。愛因斯坦於一九五五年逝世，至今已超過六十年。他對於世界局勢的憂心、對於物理學的期許，我們皆得以藉時空的優勢，用現代的眼光重新檢視，從中獲得不同的體認。

　　美蘇冷戰了幾十年，愛因斯坦心目中理應維護和平的「超國家組織」一分為二，北約盟國與華沙公約組織劍拔弩張、誓不兩立。不過愛因斯坦最擔心的第三次世界大戰，所幸還沒有發生。事實上，二戰後的這七十年是人類史上最和平的時期。難道，毀滅性驚人的成堆氫彈，真的發揮了嚇阻效果？在提名「奇愛博士」獲諾貝爾和平獎之前，要知道資訊的自由交流、商業至上的地球村的形成，也對降低敵意有很大幫助。另一方面，即使玉石俱焚的全面核戰機率下降，核武意外或外流的機率卻持續上升。更何況，七十年的安定在人類史上如一轉瞬，恐怖平衡是否真的穩定，還言之過早，不可掉以輕心。

　　分配的正義，是愛因斯坦所擔心的另一件事：

　　「然而，商品的製造、分配混亂失序，每個人都活在恐懼中，擔心會失業窮困。」（時間膠囊之信）

　　這段話，寫於二〇一六年也不為過。自動化取代工作的狀況愈加嚴重，企業為了利潤與名譽蒙了眼睛向前衝。貧富差異日益

擴大，沒有人知道未來當機器人的生產也由機器人來擔任時，究竟該怎麼辦。

＊　　＊　　＊　　＊

在物理學上，人們困惑地發現，方程式的適用性似乎超越哲學思考。馬赫原理老早就被拋在九霄雲外，然而重力場方程式在一百年的無情測試之下屹立不搖，還用在全球衛星定位系統中。即使精準無比的場方程式十分成功，依愛因斯坦的高標準它尚有不周全之處：

> 「據我們所知，[場方程式]的預測與天體力學觀測完全相符。然而，這個方程式像是左右不對稱的建築，一邊是由華麗大理石建構（方程式左邊），而另外一邊卻是一堆劣質木材（方程式右邊）。」（物理與真實）

場方程式左邊是時空幾何，而右邊是描述物質，愛因斯坦會抱怨方程式右邊，追根究柢是因為相對論無法解釋物質以基本粒子形式出現，讓他感到極不自在。愛因斯坦冀望在推廣的場論中，粒子會（以類似黑洞的形式）自然出現。幾十年來，實驗家持續發現愈加特異的粒子與交互作用，但直到晚年，愛因斯坦仍頑固地宣布：

> 「當代物理學家常問：若是沒有重力的話，物理學是什麼樣子？而我根本不承認這是合理的問題。」（廣義重力理論）

　　然而，狹義相對論不也是先忽略重力場才發展出來的嗎？若不暫且將重力擱在一邊，就得將幾十種粒子與交互作用擱在一邊了，這不是更糟嗎？於是物理學堅決地與愛因斯坦分道揚鑣，終於在七〇年代完成與實驗吻合，在邏輯一貫性方面非常理想，奠基於量子規範場論的粒子物理標準模型。

　　原子本來是為追求邏輯一貫性所引進的臆測概念，在廿世紀初似乎不可能直接觀測到。馬赫（又是他）對此提出尖刻批評，認為無法驗證的理論不是正當的科學理論。對此愛因斯坦辯解道：

「奠基於粒子理論的氣體動力學理論與統計力學皆非常成功……獲取這些重大成就所付出的代價，就是賦予『原子』真實的存在，而它當然是具高度臆測成分的東西，人們不太可能真正能『直接感受』到原子的存在……雖然其基礎與直接的實驗更加遙遠，然而在本質一貫性卻大為增進。」（物理與真實）

　　當時，愛因斯坦對於原子是否真實模稜兩可，並「承認」原子論與實驗更加遙遠。廿一世紀的現在，原子就和石頭一樣真實，而且在網路上就買得到可以直接看見一顆顆原子的掃描穿隧顯微鏡或原子力顯微鏡。這讓我想到溫伯格所說：「人們常犯的錯，不是太相信理論，而是不夠相信理論。」

　　除了原子論因「無法檢驗」而受批評，廣義相對論也因其艱深的數學而受大眾質疑：

「現代理論的假設，看似越來越抽象，與經驗越來越遠。然而，科學的終極目標是以最少的假設經由邏輯演繹推導出所有觀測到的現象。這樣看來，現代理論科學與相對論和這個目標越來越接近……對於從事這項工作的人，我們不應冠上『狂想家』的標記，而應給予支持鼓勵，因為除此之外別無它法。」（空間、以太以及場論的物理學）

廿一世紀，理論物理學愈加艱深（超對稱規範場論與弦論），與日常經驗鴻溝愈加擴大（額外空間維度、暴脹多重宇宙、黑洞資訊悖論），因此也招致不少批評。然而，現代物理學家所追尋的目標與愛因斯坦無異，是理論本質的一貫性與邏輯上的盡量簡潔。尤其，人們希望能將重力也納入量子場論之中。不過在基礎物理這領域，我常感覺到人類的智慧與直覺已經被推到極限，有時連愛因斯坦式的哲思都開始派不上用場。值得慶幸的是，規範場論與標準模型的成功證明至少邏輯與方程式是卑微的人類連繫宇宙神秘本質的可靠方法。而說不定百年後，這些新一代的理論真能受實驗檢驗！

編選說明

在《觀念與意見》這本書中，我們致力將愛因斯坦所有重要的文章蒐集成冊。至今，愛因斯坦的文章、演講和書信等，主要集結成三本書：《我所見的世界》，由艾倫・哈里斯英譯，於一九三四年出版；《晚年文集》於一九五○年出版，收錄愛因斯坦從一九三四年到一九五○年的作品；以及《我的世界觀》，由卡爾・吉里胥編輯，於一九五三年在瑞士出版，包含前兩本書中未收錄的新文章。

在《觀念與意見》中，我們將上面三冊文集中最重要的作品收入，也選材了一些書刊的文章，以及從未刊印成書的文章。唯有在吉里胥與蘇黎世歐羅巴出版社通力合作，以及愛因斯坦教授親自協助下，才有可能將他從早年的作品，甚至到幾星期前的演講都集結成書。

在此，必須特別感謝海倫・杜卡斯幫忙整理，以及宋雅・巴格曼傾力相助，不僅修訂原有譯文，對於譯者不詳的部分，也重新翻譯。除了參與本書選輯編錄，她也成功牽線，促成夫婿范倫泰・巴格曼為第五章「科學貢獻」的部分撰寫導言。

最後，我們也要感謝各出版社的授權出版。

第一部分

觀念與意見

01　失落的天堂

寫於一九一九年國際聯盟成立不久後，最早以法文發表，收錄於一九三四年《我的世界觀》。

直到十七世紀，整個歐洲的學者和藝術家都因為擁有共同的理念而緊密團結，鮮少受到政治事件的影響，這份團結又因為通用拉丁文而進一步加強。

然而撫今追昔，過去種種彷若失落的天堂。民族主義的激情吶喊，摧毀這個知識圈，從前連結整個世界的拉丁語已經死了。學界人士成為最極端的民族傳統代表，喪失了文化共同體的意識。

今日讓人錯愕的是，講求實際的政治人物儼然成為國際主義思想的倡導者，是他們創造了國際聯盟。

02　對美國的第一印象

一九二一年接受《新鹿特丹信使報》訪問，刊登於一九二一年七月七日《柏林日報》。

我必須兌現諾言，談談對美國的印象。這一點兒也不容易，因為在美國的時候，我承蒙大家厚愛與熱情款待，讓我很難做一個客觀公正的觀察者。首先，就從這點談起吧。

在我看來，個人崇拜向來毫無道理可言。天賦資質固然各有

不同，然而感謝上天，聰明出眾者不在少數，我深信大多都甘於
平靜淡泊的生活。若是從中選出少數幾人，給予至高無上的讚
美，甚至賦予超凡入聖的才智聰明，會讓我覺得很不公平，甚至
是品味低級的作法。然而，這就是我的命運，大眾高估了我的能
力成就，相較於實際落差之大簡直是荒謬！這樣尷尬的處境讓我
難以承受，差堪告慰的一點是，在這個普遍被貶為物質主義的年
代裡，將一心追求知識與精神層面的人奉為英雄，算是一種可喜
的現象。這證明了有一大部分的人視知識與正義高於財富權勢之
上。經驗告訴我，這種理想主義在美國尤其盛行，而美國又被貶
抑為物質主義當道的國家！現在讓我言歸正傳，希望大家不要將
這番謙卑的談話，又再放大看待。

　　首先讓訪客感到驚訝讚嘆的是，美國在科技和組織上的優越
性。與歐洲相較，日常用品都更為堅固，房屋設計也更為實用。
一切東西的設計都為了節省人力，因為美國地廣物博，相較下人
口顯得稀疏，因此勞力昂貴。這成為一種刺激，帶動科技設備與
生產方法的驚人發展。人口稠密的中國與印度則形成另一種極
端，勞力低廉成為機械化阻礙，而歐洲正好介於兩者之間。一旦
充分機械化後，最終會比最低廉的勞力還要便宜，而歐洲法西斯
主義者的政治立場狹隘短視，總是企盼自己國家的人口更為稠
密，其實應該留意這一點。不過，美國政府卻又極欲以禁制性關
稅來抑制外國貨品的輸入，與一般形象大異其趣。只是，不能指
望天真好奇的訪客用腦過度，再者也無法擔保每個問題都有合理
的答案。

　　第二項讓我印象最深刻的事情，是快樂正面的人生態度。在

照片中，人們臉上洋溢的笑容正象徵美國最重要的資產之一。美國人友善自信又樂觀，而且不易心生嫉妒，讓歐洲人感覺與美國人來往如沐春風。

與美國人相較，歐洲人比較愛批評，比較在意自己，較少樂心助人，也比較孤立，在閱讀休閒上更為挑剔講究，多少有悲觀主義的傾向。

美國人相當重視物質享受，可以為此犧牲恬淡安穩。比起歐洲人，美國人更為自己的目標與未來而活；生命對美國人來說，在於進取而非守成，在這方面的態度，歐洲人介於美國與亞洲、俄國人之間。

但是，有一方面美國人比歐洲人更像亞洲人，那就是沒歐洲人那般自我主義。這是從心理層面來說，而不是從經濟觀點來看。

在美國，強調「我們」更甚於強調「我」。自然而然，這裡的風俗習慣影響甚深，讓美國人的人生觀、道德觀和審美觀，比起歐洲人都更為同化一致，是美國經濟勝過歐洲的主要原因。因為相較於歐洲，在美國更容易推動分工合作，摩擦也更少，不論是工廠、大學或私人慈善機構皆是如此。這種社會意識，部分可能源自於英國的傳統。

與這點顯然矛盾的是，相較於英國，美國政府的作為受到更多限制。歐洲人驚訝地發現，在美國不論是電報、電話、鐵路和學校等，大多都是由私人經營。我剛才提到美國人擁有更強的社會意識，正是促成原因之一。這種態度也造成雖然財富分配極為不均，卻未導致無法容忍的障礙，因為美國的富人比歐洲發展出

更高的社會良知，認為自己本來就有義務將一大部分的資產（通常還包括才智能力），交由社會支配使用，而威力強大的輿論更是督促著他們。因此，最重要的文化機能可留予私人企業發揮，政府扮演的角色相較上就非常有限了。

現今，美國政府的威信無疑因《禁酒令》的頒布而大幅減損。我認為，通過這種無法執行的法律，會大加破壞對政府與法令的尊敬。美國犯罪急速增加，與這件事密切相關，已是公開的秘密。

在我看來，《禁酒令》也在另一方面折損政府的威信。酒館原本就是讓民眾對於公共事務，有交流意見觀點的機會，然而就我所見，這個國家缺乏這樣的機會，結果讓受到利益團體掌控的報紙，對於公眾輿論有過度的影響力。

在美國，人們仍然比歐洲過分看重金錢，不過我覺得情況已有改善。至少，人們開始了解到，巨大的財富對於快樂滿足的人生並非必要。

在藝術層面上，對於現代建築和日常用品所展現的好品味，我感到印象相當深刻。但是另一方面，相較於歐洲，整個國家展現的視覺藝術和音樂涵養，卻顯得有點乏善可陳。

至於美國科學研究機構的成就，讓我打從心底佩服。若將美國日益優越的研究工作，僅僅歸因為特別富裕是不公平的。專注耐心、同心齊力以及善於合作等等，都對這裡的成功扮演了重要的角色。

最後的一項觀察是，美國為當今世界科技先進國家中最強大的國家，對塑造國際關係的作用無遠弗屆。但是美國幅員廣

閣，迄今民眾對於重大的國際問題（尤以裁軍限武為當今首要課題），並無表現出太大的興趣。這點必須改變，縱使僅以美國自身的利益而言。上次世界大戰[1]已經顯示，大陸之間不再有任何屏障，各國命運皆緊密交織。美國民眾必須明白，在國際政治上肩負重責大任；袖手旁觀不僅與這個國家不相稱，終將導致全世界的災難。

03　致美國婦女同胞

愛因斯坦對於一個婦女團體抗議其赴美訪問所做的回應，收錄於一九三四年《我的世界觀》。

　　我從來沒有遇過善良美麗的婦女同胞如此全面強烈的抗議聲浪；縱使有的話，也沒有一次遇過這麼多的反對者。

　　然而，這些機靈謹慎的女性公民做得不對嗎？為何要敞開自家大門，歡迎這個視資本家如仇寇的傢伙？他痛罵資本家的狠相，活脫像從前克里特島那隻活吞希臘美少女的牛頭怪？最過分的是，他還沒格調，拒絕一切戰爭，除了與妻子難以避免的戰爭之外？因此，真的該注意這些聰明又愛國的婦女同胞，要記得羅馬帝國的首都也曾經被大白鵝忠心嘎嘎大叫而拯救了呢！

---

[1]　編注：這裡應指第一次世界大戰。

04 我眼中的世界

最初發表於論壇系列第十三屆《生活哲學》，《世紀論壇》八十四卷一九三至一九四頁，亦收錄於《生活哲學》一書，紐約西蒙與舒斯特出版社，一九三一年出版。

　　凡夫俗子的命運何等奇怪！一生在世短暫停留，雖然偶爾似有所悟，仍不知目的何在。但是無須多想，從日常生活裡就可知道人是為了別人而存在，首先是為了幸福快樂與我們緊密相依的人們，再來是許許多多不認識的人，因為同情紐帶使我們命運與共。每一天我都要提醒自己上百回，我的內在與外在生活都是靠別人的勞力而來，包括生者和前人；我必須認真努力，才能回饋所得一切。我衷心嚮往儉樸生活，常常因為想到自己占用同胞過多付出而感到不安。我認為憑藉武力造成階級分化，不僅不公不義，更是最要不得。我也相信，簡單淳樸的生活對人人都有好處，不論是身心皆然。

　　我完全不相信哲學上的「個人自由」，每個人的行為不僅是受到外在驅使，更要符合內在需求。叔本華說：「一個人可以做他想做的事情，但是無法控制他想要做什麼。」這句話自年輕起便對我啟發甚大，不管是面對自己或別人生命中的困頓時，它總是能帶來安慰，永遠是寬容之泉。幸好有這份體悟，讓人和緩責任的重荷，避免對待自己和他人都過於嚴苛，有利培養幽默的人生觀。

　　客觀上來講，追究自我或所有生物存在的意義或目標，總是

讓我覺得很荒謬。然而，每個人都有某些理想，決定自我努力的方向與判斷。在這方面，我從來不將安逸享樂視為人生目的，在道德上，我稱那是豬圈的理想。一直以來，都是真善美的理想照亮我前方的道路，為我增添勇氣、樂觀面對人生。若是沒有志同道合者的心靈相通，若沒有全神貫注在客觀世界上，即科學藝術領域永遠達不到的境界，那麼生命在我看來是空洞的。人類為富貴名利等世俗目標所做的種種努力，總是讓我藐視。

　　長久以來，我對社會正義和社會責任都有強烈的感覺；另一方面，我明顯地不需要與他人和社會有直接接觸。兩相對照之下，形成了奇怪的對比。我向來都是「獨行俠」，從來沒有全心屬於國家社稷和親朋好友，甚至是至親。在面對這些關係紐帶時，我向來維持距離感，也從來沒有失去對孤獨的渴求，而且這種感覺與年俱增。我深切體悟到，與別人的契合共鳴有其限度，但是對此不覺遺憾。當然，這會讓人失去些許天真無憂，但是另一方面，這樣可以大大擺脫受他人意見、習慣與判斷的影響，避免受到誘惑而將內心平衡建立在這些薄弱的基礎上。

　　我的政治理想是民主。讓每個人都享有一個人應得的尊重，沒有人受到偶像崇拜。然而命運很諷刺，我自己一直受到大家過度的讚揚推崇，這非我個人的功過造成。追究背後的原因，可能是對於我以個人微薄之力，經過不斷努力探究後得到幾項觀念，大家渴望了解卻不得其門而入，才會造成對我的崇拜。我相當清楚，一個組織要達成目標，必須有人擔任思考指揮的重責大任，但是接受領導的民眾不可受到強迫，必須要能夠選擇自己的領袖。在我看來，專制壓迫很快就會瓦解，因為暴力總是吸引卑劣

之徒，我相信暴君的背後必有烏合之眾，這是亙古不變的道理。基於這點理由，我向來極力反對在義大利和俄羅斯出現的制度。今日，歐洲存在的民主形式之所以受到質疑，並不應該怪罪「民主」本身，而是缺乏穩定的政府與公正的選舉制度。我相信，在這方面美國已經找到正確的道路，因為美國的總統任期夠長，有充分的權力真正履行職責。在另一方面，我肯定德國政治制度對於照顧貧困病弱的民眾，有較周延的規定。在生命盛會中，真正有價值的東西並不是政治上的國家，而是有創造性、有感情的個體與人格；唯有個人，才能有高尚卓越的創造，群眾集體的思想和感覺總是平凡魯鈍的。

　　講到這裡，讓我想到群眾生命中最糟糕的狀況，那就是令我十分厭惡的軍事制度。我覺得，一個人可以意氣風發隨軍樂隊聲在隊伍中劃一前進，就夠讓我鄙視了。這種人有個大腦，完全是陰錯陽差，其實一根簡單的骨髓就夠他用了。這種文明弊病應該盡快根除，聽令行事、殘暴不仁以及一切以愛國主義之名的胡言亂語，實在讓我痛恨到無以復加！戰爭對我來說，何等卑鄙下流啊！我寧可被碎屍萬段，也不願意沾染這種可恨的勾當。我對人類的評價很高，若不是政商利益團體透過學校和報紙為民眾系統性洗腦，戕害正確的判斷，這種可怕的東西早該消聲匿跡了。

　　我認為，人類所能擁有最美麗的經驗是神秘奧妙，這是真正藝術與科學起源的根本感情。凡不識神秘者，不再好奇驚嘆者，眼神將黯淡無光，彷彿行屍走肉般。正是這種神秘奧妙的經驗（縱使摻雜著恐懼），才會產生宗教：知道有某種我們無法看透的事物存在，觀察到最深奧的理性、最耀眼的美麗，以最原始的

形式直通我們心靈深處；正是這份體認和感動，衍生出真正的信仰。在這層意義上，而且唯有在這層意義上，我算是有虔誠信仰之人。我無法想像有一種神祇存在，會獎賞處罰子民，或是像人類一樣有「意志」存在；我不能、也不願想像有人可以超越肉體死亡而存在，讓那些脆弱的靈魂，不管是出於恐懼害怕或自大無知，好好珍惜這種想法吧！至於我，面對生命永恆的奧秘，並能意識與窺見到這個世界神奇巧妙的結構，自己又能全心投入探究彰顯在自然當中的理性一角，縱使何其渺小，卻都在在令我心滿意足啊！

05　生命的意義

取自一九三四年《我的世界觀》

人類生命的意義，或者說是所有生物生命的意義是什麼呢？想知道這個問題的答案，代表要有虔誠信仰。你問說：提出這個問題有意義嗎？我會回答：視自己與他人生命為無意義者，不僅不快樂，而且也不適合這個人生。

06　一個人的真正價值

取自一九三四年《我的世界觀》

一個人真正的價值，主要是從自我解放的手段和意義來決定。

07　善與惡

取自一九三四年《我的世界觀》。

　　凡對提升人類生命與生活最有貢獻的人，應當是最受愛戴的人，這點原則上是正確的。但若進一步問道這些人是誰，會發現到不小的困難。以政治或甚至宗教領袖為例，他們究竟為善或作惡較多，常常讓人很懷疑。因此，我真心相信為社會大眾提供最好的服務的人，是提供大家可以用來自我升華的工作去做，從而間接使人們本身獲得提升。這個道理最適合用在所有偉大的藝術家身上，但是某種程度上也適用於科學家。可以肯定的是，提升與充實個人素質的並非是科研成果，而是那股求知慾——不論是創造性或感受性的智力活動。因此，若僅憑《塔木德經》的知識成果來判斷其價值，肯定是不恰當的。

08　論財富

取自一九三四年《我的世界觀》。

　　我十分確信，世上的財富無法幫助人類進步，即使是最想做到的人也辦不到。以偉大高潔之士為榜樣，才能將我們導向高尚的思考和行為。金錢只會誘發自私自利，而且難免招致弊端。

　　有誰能想像摩西、耶穌或者甘地，竟然揣著大富翁卡內基的錢包嗎？

09　社會和個人

取自一九三四年《我的世界觀》。

當我們省視生活和工作時，很快會發現幾乎所有的行為和慾望，都與他人的存在密切相關。我們會看到，人類本性和群居動物十分相像，我們吃別人生產的食物，穿別人縫製的衣服，住在別人建造的房子裡。我們大部分的知識與信念是通過別人創造的語言為媒介，由別人傳授而來；若是沒有語言，我們的心智能力將會貧乏不堪，不過是高等動物而已。因此，必須承認我們之所以超越一般動物，主要優勢就是生活在人類社會裡。一個人若剛出生就離群索居，思考感情將停留在原始獸性，讓一般人難以理解。一個人之所以為「人」，與其說是靠個人力量，倒不如說因為身為偉大人類社會的一員，從出生到死亡，由社會指引我們的物質和精神生活。

一個人對於社會的價值，主要是看其思想、感情與行為如何促進人類生活來決定。我們會根據一個人在這方面的態度，來判斷他是好是壞；乍看之下，我們對人的評價彷彿完全以其社會素質為依據。

但是，細究下來並非如此。顯然，我們從社會傳承的一切珍貴成就，不論是物質、精神或道德方面，都是無數世代中具有創造力的個人所帶來，有人發現用火，有人發現種植作物，有人發明蒸汽機。

唯有個體才會思考，並能為社會創造新價值，甚至建立新的

道德標準，讓公共生活得以遵循。若是缺乏能夠獨立思考判斷的創造性個體，社會的向上提升無從想像，正如同缺乏社會土壤的滋養，個體人格的發展也無從想像。

因此，社會的健全與否相當程度取決於組成個體的獨立性，以及個體之間緊密的社會凝聚力。有人說得對，希臘歐美文化的真正基礎正是因為個體解放與相當程度的孤立而來，尤其是光輝燦爛的義大利文藝復興時期，更終止了中世紀歐洲的停滯不前。

現在讓我們來看看這個時代：社會興盛嗎？個人進步嗎？相較以前，現代先進國家的人口變得稠密，今日歐洲人口大約是一百年前的三倍，但是一流人才卻不成比例地減少，只有少數人因為創新有成，成為家喻戶曉的人物；團體組織在某個程度上取代了領導人物，尤其是在技術層面，在科學界也是可以看到這種現象。

缺乏傑出人物的情況，在藝術範疇裡尤其引人側目。音樂繪畫明顯退步了，對大眾的吸引力大幅滑落。在政治上不僅缺乏領袖之才，公民的獨立精神和正義感也都大幅滑落。以這種獨立精神為基礎的民主議會制度，在許多方面都發生動搖，也因為維護個人尊嚴與權利的意識不再強烈，使得獨裁四處竄生，並且受到容忍。任何國家裡綿羊般的群眾，在兩星期內就能被報紙煽動到群起激昂，準備穿上軍服去殺人和被殺，其實只是為了少數政黨利益的骯髒目的而戰。在我看來，所謂的義務兵制是個人尊嚴淪喪中最可恥的症狀，讓今日文明人類深受其害，難怪不乏先知預言人類文明或許會早見衰敗。我並不是這樣的悲觀主義者，我相信更美好的時代終將到來，讓我簡單說明這份信心的理由。

　　我認為，現在的文明衰敗之象是因為經濟與科技的發展，使得生存競爭加劇，嚴重戕害個人的自由發展。不過，科技進步意謂為滿足社會所需，個人必須付出的勞動會減少，同時迫切需要計畫分工，為個人帶來物質保障。這份安全感再加上個人能自由支配多出來的時間和精力，進而促成自我人格的發展。在這種方式下，社會可望恢復健康，也希望未來的歷史學家能將今日社會的病痛，解釋成是人類懷有遠大抱負，這不過是兒時病痛，一切都是因為文明進展過快所致。

10　新聞記者

取自一九三四年《我的世界觀》。

　　被要求為自己一切所言所行公開負責，不論是開開玩笑、興奮亂說或是一時氣話，可能會讓人覺得很不好意思，但至少算是合情合理。但是被要求為別人以自己名義說的話公開負責，自己卻無法辯駁，就是很可悲的處境了。你問說：「這種事會發生在誰身上呢？」嗯，凡是大眾有興趣的人，就會被記者追問。你笑說不相信，我卻有夠多的第一手經驗可以娓娓道來。

　　想像一下這種情況：有天早上一名記者來訪，態度友善地請你談談朋友N。起先，你當然覺得這種要求令人不悅，但是很快卻發現無法推託。如果拒絕談論，這個人會寫道：「我問某個應該是N最好的朋友，但是他小心迴避問題，這讓讀者不免心生結論。」因此在無法推卸的狀況下，你這麼說道：「N先生是一個

開朗直率的人，廣受朋友喜愛。凡事他都能正面看待，工作勤奮努力，占據他絕大精力。他熱愛家庭，賺得的每分錢都獻在妻子跟前……」

現在換記者的版本了：「Ｎ先生嬉皮笑臉，有討人歡心的本事，尤其刻意養成爽朗討好的作風。他根本是工作的奴隸，完全沒有時間思考跟自己不相干的事情，也無心動腦做其他事情。他寵溺妻子無以言喻，完全任憑掌控……」

在加油添醋方面，我遠不如真正的記者。但是，我相信上面這段對你和朋友Ｎ先生就綽綽有餘了。在第二天早上，他看了這篇和類似的報導，對你的憤怒無以復加，不管他的天性是如何開朗親切。對他造成的傷害，帶給你莫名的痛苦，因為你真的很喜歡他。

我的朋友，接下來會怎麼做呢？若是有答案，請馬上告訴我，我才能趕緊照辦。

11 祝賀一名評論家

取自一九三四年《我的世界觀》。

用自己的眼睛去感受和判斷，不受時尚風潮左右；能夠以簡單一句話，甚至巧妙一個字，來表達自己所見所思，那還不夠光彩嗎？不值得恭賀嗎？

12　致日本學童

愛因斯坦於一九二二年訪問日本，這段話發表於一九三四年《我的世界觀》。

捎信向大家問候，我覺得特別有理由這麼做，因為我曾親自造訪你們美麗的家園，參觀大城小鎮與遊覽山光水色；看到你們這些日本男孩子，熱愛自己美麗的國家。一本厚厚的冊子，裡面都是日本小朋友的彩色圖畫，一直放在我的書桌上。

若你們從遙遠的一方收到我的問候，請記得這是人類有史以來第一次，不同國家的人民能夠友善的交流溝通，不像從前各國之間彼此漠視而不相來往，甚至在互相仇恨或恐懼中度過。願這份互信互諒的博愛精神，日益滋長茁壯。記得我這位老人家從遠方捎來的問候，希望有朝一日，你們這一代的表現會讓我們上一代羞愧得無地自容。

13　時間膠囊之信

於一九三九年世界博覽會。

我們這個時代充滿發明家，各種發明大幅增進生活便利。我們使用引擎動力穿越海洋，也利用機械將人類從繁重勞累的工作中解脫。我們學會如何飛行，也可以用電波輕易將訊息傳送世界各地。

　　然而，商品的製造、分配混亂失序，每個人都活在恐懼中，擔心會失業窮困。此外，各國不時會互相爭鬥殘殺，讓人想到未來便擔心受怕。這是因為相較於極少數能為社會創造價值的人士，普羅大眾才智品性的差距實在是不可以道里計。

　　我衷心寄盼，後代子孫們讀到這段信息時，已經超越了這些困難，因而能為自己的成就感到驕傲。

14　談羅素的知識論

取自《當代哲學家叢書》第五冊《羅素的哲學》，由席爾普編譯自德文，一九四四年都鐸出版（Tudor Publishers）。

　　當編輯請我談談羅素時，出於對這位作者的欽佩尊重，我不假思索答應了。讀羅素的作品為我帶來無數歡愉的時光，在當代其他科學作家當中，只有范伯倫在我心中有同樣的地位。但是，很快我發現答應容易下筆難，我對於談談羅素作為哲學家和認識論學家的角色，起初滿懷信心，但是立刻察覺自己涉危履險，這就是為何過去我都小心局限在物理學領域裡。而物理學家面對當前的科學難題，促使他們比前人更深入去了解哲學問題。對這些困難的關注造就我在本篇文章的立場，不過我不打算在這裡深入討論這些物理難題本身。

　　在哲學思考的演變上，長久下來下面問題一直是重點：不涉及感官知覺，純綷思維可以提供何種知識呢？到底有沒有這種知識存在呢？如果沒有的話，究竟我們的知識和感官印象提供的素

材之間有何關係呢？針對這些問題以及幾個緊密相關的問題，各種哲學見解可謂百家爭鳴。然而，在這個成果極有限卻奮勇向前的過程中，可以看見一種系統性的發展趨勢：企圖用純粹思考來認識所謂的「客觀世界」（與純粹「概念與觀念」世界相對的「事物」世界），實際上受到越來越多的質疑。在此說明一下，我借用純正哲學家的作法，將這裡不正統的概念都加上引號；雖然這些概念在哲學督察眼中仍然存疑，不過請讀者暫時容忍。

　　在哲學發展初期，普遍相信純粹思辨的方式可以知道一切事物。任何人只要暫時忘記後來從哲學與自然科學學到的東西，便不難理解為何早期有這種幻想；甚至於對柏拉圖指稱，若和實際可經驗認識的事物相比，「觀念」（ideas）是更高層的「真實」（reality），也不會令人感到驚訝了。即便是斯賓諾莎和後來黑格爾的時代，這種偏見也是一股活躍的力量，一直扮演重要的角色。甚至，有人會聲稱若是缺乏這種信念，哲學冥思就失去其根本意義了。但是，我們不希望在此涉入這個問題。

　　這種主張思考具有無限洞察力的幻想比較貴族化，相對上另一種平民化的幻想稱為「天真的實體論」（Naïve Realism）。根據這派主張，事物本質就是透過我們感官察覺認識的那個樣子，這種幻想支配人類和動物的日常生活，成為所有科學的出發點，尤其是自然科學。

　　這兩種幻想無法分開解決。要克服天真實體論向來相對簡單，羅素在《意義與真理之探究》一書的導言中，以出奇簡單扼要的方式歸納這個過程：

我們都從「天真實體論」出發，即「事物的本質即它們表象
所呈現出來的樣子」的原則開始。我們認為草是綠的，石頭
是硬的，雪是冰冷的。但是物理學讓我們確信，草的翠綠，
石頭的堅硬，及雪的冰冷，並不是我們從自身經驗中認知的
翠綠、堅硬與冰冷，而是極不相同的東西。觀察者認為自己
在觀察一顆石頭，但若相信物理學，他其實是在觀察石頭對
自己的交互作用。因而，科學看似自相矛盾：科學最大的意
義在於客觀，結果卻不由自主陷入主觀。天真實體論導致物
理學，如果物理學是正確的話，卻證明天真實體論是錯誤
的；因此，如果天真實體論是正確的話，它便是錯誤的，所
以它是錯誤的。（十四至十五頁）

撇開這種巧妙的說明方式不談，這番話點出我從未想過的事
情。表面上來看，柏克萊和休謨的思考模式似乎與自然科學的思
考模式相牴觸。然而，羅素上面這段話揭露一種關係：如果柏克
萊相信，我們透過感官並非直接掌握外在世界的「事物」，而是
只有與「事物」存在具有因果關係的事件才會進入感官，然而這
種想法能有說服力，正是因為我們對物理思考模式具備信心，才
會有說服力；如果連物理的思考模式的基本特質都感到懷疑的
話，就沒有必要在客體與視覺動作之間插入任何東西，讓客體與
主體分開，而去質疑「客體的存在」。

然而，正是這種物理思考模式的成功，讓我們對於以純粹臆
測性的思考（purely speculative thought）來了解事物與相互關係
的信心產生動搖。人們逐漸認為對於一切事物的認識，不過是由

感官素材加工而來；在這種籠統模糊（刻意為之）的形式當中，今日這種態度被廣泛接受。然而，這份信念的依據，不是在於有人真的證明純粹思辨無法獲得對真實的知識，而是在於經驗程序（empirical procedure）已經顯示單單是它自身已足以成為知識的來源，伽利略和休謨率先明確支持了這項原則。

休謨看出，我們視為必要的概念（如因果律），無法從感官提供的材料中獲取，這種見解讓他對各種知識都抱持懷疑的態度。凡是讀過休謨的著作的人會很驚訝地發現，他之後有許多哲學家，甚至是備受推崇的哲學家，竟寫出如此晦澀不明的東西，而且還有讀者欣賞。休謨對於後輩最優秀哲學家的發展，留下不可磨滅的影響。讀到羅素的哲學分析時，讓人感覺到休謨的存在，因為羅素表達時的簡潔敏銳，常常讓我想到休謨。

人類總是渴求明確的知識，這就是為何休謨明確的主張令人感到沮喪。他表示，感官素材作為我們知識唯一的來源，透過習慣或許能為我們帶來信念和期待，但那不是知識，更不是對法則關係的認識。接著，康德帶著一個觀念登上舞台，雖然依他的表達形式肯定無法企及，不過這對於解決休謨的兩難：即凡是起源於經驗的知識永遠無法確定（休謨），仍邁出象徵性的一步。因此，如果有絕對明確的知識，那必定根植於理性。例如，在幾何學命題和因果原理上，就被認為是這種情況。可以說，這類型的知識是思考工具的一部分，不需要先透過感官素材取得（即先驗知識〔*a priori* knowledge〕）。現在，當然大家都知道這些概念並不具康德所說的確定性和必要性。不過在我看來，康德有一點看法是正確的：若是從邏輯觀點來看，我們必定要採納與感官經

驗材料全然無涉且確定是「正確」的概念。

　　事實上，我相信甚至可以斷言說：我們思考與語言表達出現的概念，從邏輯上來看都是思考的自由產物，無法從感官經驗歸納獲得。這點並不容易察覺，因為我們習慣將某些概念與概念的關係（命題），理所當然地與某些感官經驗結合，以至於沒有意識到在感官經驗的世界和概念、命題的世界之間，存在一條邏輯上無法橫越的鴻溝。

　　例如，整數序列顯然就是人類心智的一項發明，這種自創的工具可以簡化某些感官經驗的秩序，但是這種概念無法直接從感官經驗產生。我在這裡刻意選擇「數」的概念，因為是屬於科學前（pre-scientific）思維，還有其建構特徵很容易看出來。不過，越是日常生活中最原始的概念，就越難從大量根深柢固的積習中，認清這種概念是思考的獨立創造，因而產生一種「要命」的想法（指了解這裡的情況），認為概念是透過「抽象化」（刪減部分內容）的方式從經驗產生。現在，我想說明為何這種概念是要命的。

　　一旦熟悉休謨的批判，便容易相信所有無法從感官素材推得的概念和命題，因為具有「形而上學」的特徵，所以都要從思考中剔除；而一切思考唯有透過與感官材料的關係，才能得到實質的內容。我認為，後面這則陳述完全正確，但是依據它所做的思考準則卻是錯誤的，因為只要貫徹這種主張，會把任何思想都當成「形而上學」而完全排除。

　　為了讓思考不致退化成「形而上學」或是空談，只要概念體系中有足夠的陳述與感官經驗有足夠緊密的連繫即可。再者，從

利於整理與探查感官經驗的任務作出發點，概念系統應該盡量簡便、一致。不過除此之外，這種「體系」（邏輯上看來）不過是依照（邏輯上）任意規定的遊戲規則，對符號進行自由操弄而已。這既適用於日常生活中的思考，同樣也適用於更明確、有系統的科學思考上。

現在，大家會比較明白我下面說的意思：休謨用清楚的批判，雖然決定性地推進哲學發展，同時更造成一種危險。雖然這並非休謨之錯，但是在他批判之後，矯枉過正而產生一種要命的「形而上學恐懼」，成為當代實證哲學的一種病症，並與早期虛無飄渺的哲學推理形成對比；先前的學派主張，感官提供的素材是可以忽略、拋棄的。

不論我們如何推崇羅素在最新著作《意義與真理》的精闢分析，我仍然覺得「形而上學恐懼」的幽靈也在書中出現，造成了一定的傷害。例如，我認為這份恐懼導致人們將「事物」看成「一組特質」，而這些特質必須從感官素材取得，如果有兩個東西巧恰擁有所有相同的特質，就會被說成是同一個東西，迫使我們將東西之間的幾何關係也當成是特質（否則，我們就不得不把巴黎的艾菲爾鐵塔和紐約的摩天大樓，看成是「同一個東西」了）[2]。然而，將「東西」（物理學的「物體」）當成一個獨立的概念，與相關的時空結構一起放進系統裡，我不認為會造成什麼「形上學」的危險。

---

[2] 原注釋：比較羅素的《意義與真理之探究》，在一一九至一二〇頁「正名」該章。

在這本書中，我看到了羅素種種的努力，尤其是在最後一章中，他終於指出我們畢竟不能沒有「形而上學」，這點讓我特別感到高興。然而，對於他在字裡行間閃露知識分子錯置的道德責任，我卻不以為然。

15　數學家的心靈

為數學家阿達瑪的著作《數學領域的發明心理學》（普林斯頓大學出版社一九四五年出版）所寫的一篇證言。

法國數學家阿達瑪進行數學家的心理研究，欲了解數學家在研究時的心智運作。以下是兩個問題，以及愛因斯坦的回答。

（問題：）

知道下列這些問題的答案，對心理學研究會很有幫助：數學家的內在或心智圖像，以及會利用哪種「內在語言」，是否會根據研究主題，使用不同的運動、聽覺、視覺方法，與其綜合呢？

特別是在研究思考上，這些心智圖像或內在語言是以完全意識（full counsciousness），抑或是邊緣意識（fringe consciousness）的方式呈現呢？

（愛因斯坦的回覆：）

親愛的同仁：

　　以下我想要盡我所能，簡明回應您的提問。我對自己的答案不盡滿意，若是對您這份有趣又困難的研究有所幫助的話，我樂意回答更多的問題。

　　（A）不論寫或說的文字或語言，似乎在我的思考機制中並未扮演任何的角色。充當思考元素的心理實體似乎是某些符號以及隱約清楚的圖像，可以「隨我意願」再現與組合。

　　當然，這些元素與相關的邏輯概念之間具有一定的關連。而且很清楚，我心裡有一股慾望，希望最終能獲得邏輯相通的概念，這是我與上述元素之間進行的隱晦互動（play）的情感基礎。不過，從心理學的角度來看，在用可以與別人溝通的文字或符號，依邏輯建構出關連之前，這類結合活動似乎是創造思考的基本特徵。

　　（B）就我的情形來說，上面提到的元素是視覺與一些動作類型。只有在第二階段，當上面提到的聯想活動充分確定並且可以隨意再現時，才值得花費力氣尋找慣用的詞語或符號來表達。

　　（C）從上，我與上述元素之間的互動的目標，是要用來與吾人所尋求的某些邏輯關連做類比。

　　（D）視覺和動作。在我的情況中，詞語介入的階段完全屬於聽覺元素，但是這些只發生在上述的第二階段。

　　（E）就我看來，您所說的「完全意識」是永遠無法完全達到的極限。據我所知，這似乎與「意識狹隘性」（Enge des

Bewusstseins）有關。[3]

16 國家和個人良知

致「科學社會責任協會」的公開信，發表於一九五〇年十二月廿二日《科學》一一二卷七六〇頁。

親愛的科學家同事們：

如果在政府的命令下或是因應社會期待所從事的活動，而個人的道德良知卻認為是錯誤的事情時，應該怎麼辦呢？這的確是一個老問題。我們很容易聲稱，因為個人完全依賴所生活的社會，自然必須接受其規則，對於不可抗拒下遭強迫的行為，個人不該承擔責任。但是，此番論述明顯點出這概念如何牴觸了我們的正義感。

外在的強迫某種程度上可以減輕個人的責任，但是永遠無法完全抵消，在紐倫堡審判中這個想法不證自明。我們的制度、法律和習俗中的重要道德成分，可追溯到無數個人對正義感的詮釋和累積，除非受到個人責任感的支持，否則無法發揮道德作用。因此，努力喚起並加強個體的責任感，對於人類來說是很重要的貢獻。

在我們這個時代裡，科學家和工程師肩負特別沉重的道德責

---

[3] 補述：魏泰默教授曾試圖研究再現元素的單純關連或組合，相較於理解（organisches Begreifen）之間的差別，至於他的心理分析是否捉到要點，我無從判斷。

任，因為他們的所作所為決定了大規模毀滅武器的發展。因此，我覺得「科學社會責任協會」的成立正符合實際需求。在協會中藉由討論各種固有的問題，能夠讓個人更容易想清楚，對於本身的立場有明確的定位。再者，對於因為追隨良知而面對困境的人，彼此加油打氣也是相當重要的。

17　致李奧貝克的獻詞

取自慶祝李奧貝克[4]八十歲壽誕的兩冊紀念文集，出版於一九五三年五月廿三日。

我謹向此人致敬，他一生樂於助人，不知何謂恐懼，攻訐怨恨皆遠離其身。這是偉大的道德領袖，為人類在自作自受的苦難中捎來安慰。

融合智慧與權勢的嘗試罕見成功，或者轉瞬成空。

通常我們不願意說別人很聰明，除非對方是敵人。

極少人能夠泰然自若地表達與社會大環境意見相左的看法。大多數人甚至無法形成這樣的想法。

愚蠢的大眾永遠所向無敵，而且保證向來不缺。所幸，其暴虐無道因各自為政，勢力稍見消減。

要成為一群羊中潔白安分的一分子，首先要當一頭羊。

一個人腦海裡永遠安然並存的一切衝突與矛盾，使得所有樂

---

[4] 編注：著名的德國猶太教拉比、學者、神學家。

觀者與悲觀者的政治體系皆成幻影。

誰敢標榜自己是真理與知識領域裡的裁判,將受眾神譏笑至死。

在觀察與理解中獲得的樂趣,是大自然最美麗的恩賜。

關於自由

18　論學術自由

事涉一九三一年的崗貝爾教授一案。這位德國海德堡大學教授,勇於挺身揭發德國納粹與極右翼分子發起的政治暗殺行動,結果受到暴力攻擊,尤其是來自右派學生;收錄於一九三四年《我的世界觀》。

學術講座何其多,睿智高尚的夫子卻少見;學術殿堂何其大,熱切渴求真理正義的學子卻稀有。自然造物比比皆是,但是上選之才卻罕見其珍。

我們明知這點,為何還要抱怨呢?過去如此,未來還不是都一樣?當然,我們必須接受自然的安排,但還是有所謂「時代精神」的存在,即一代人的精神特質,彼此傳承而為社會帶來獨特的標記。因此,我們每個人都要盡到自己的一份責任,提升並改造時代的精神。

讓我們以百年前讓大學裡年輕人朝氣蓬勃的精神,與今日做對比。以往,人們相信人類社會會改善升華,尊重每份真摯的想

法，並且保有偉大思想家曾經獻身奮戰的寬容精神。當時人們追求更大的政治體，時人稱之為「德國」，且是大學裡的師生讓這些理想存活。

如今，社會也渴望著進步，邁向寬容與思想自由，朝向更大的「歐洲」政治體。然而，大學生和教授已不再投入實現人們的希望與理想了。任何冷靜清醒看著這個時代的人們，都必須承認這點。

我們今天聚在這裡省視自身。這次聚會表面上的理由是為了崗貝爾教授的案子，這位正義使者以勤奮敦勉、崇高勇氣和公正表率，執筆揭發未受懲罰的政治罪行，以寫書立論為社會提供了不起的貢獻。然而，如今他卻淪為學校裡不少師生極欲排擠驅逐的對象。

政治激情不容如此逾越過分。我深信，每個人虛心拜讀崗貝爾先生的文章過後，會與我有同感。若是想要打造健全的政治社會，像他這樣的人才是不可或缺的。

希望每個人用自己的雙眼做裁判，而不是任憑道聽塗說。

若是這樣，崗貝爾教授的案子縱使沒有好的開始，至少最後還會發揮正面影響。

19 法西斯主義和科學

致一九二五年到一九三二年之間在墨索里尼時期擔任司法部長和教育部長的羅科一封信，收錄於一九三四年《我的世界觀》。

親愛的部長先生：

　　義大利兩位極受推崇的著名科學家，在受良心折磨之下找到我，請我寫信給您，目的是請您盡可能防止當今威脅義大利學者遭到嚴酷折磨，我指的是對法西斯體制宣誓效忠的問題。請求您勸告墨索里尼先生，莫讓義大利的智慧之花受到這等屈辱。

　　不管我們的政治信念如何不同，但是我知道我們有一點基本共識：我們都讚賞歐洲知識分子的卓越成就，從中看到人類最高的價值。這些成就是以思想與教學的自由為基礎，奠定在渴求真理勝於一切慾望的原則上。正是這點基礎，讓歐洲文明自希臘崛起，在義大利文藝復興時期歡頌重生。這是我們最珍貴的財產，是由聖賢先烈的鮮血換取而來。因為他們的犧牲奉獻，義大利至今仍然受到尊崇敬愛。

　　我無意與您爭辯，有哪些國家的理由可以正當化對民眾自由的侵犯。但是對科學真理的追求（與日常生活實用無涉），應該受到各國政府神聖對待；而對於所有忠心侍奉真理的僕人來說，其神聖不可侵犯也是國家的最高利益。無庸置疑，這也攸關義大利國家的利益，以及她在世人眼中的聲譽威信。

20　論自由

取自《自由之意義》一書，由安遜編輯，紐約哈科·布列斯公司於一九四〇年出版，翻譯。

我知道，辯論基本的價值判斷是一樁吃力不討好的差事。例

如，如果有人主張將人類從地球上消滅，那麼我們將無法以純理性的立場來反駁這種觀點。但是如果對某些目標或價值有共識，就可以理性探討達成這些目標的方法與手段。下面要指出兩個目標，這裡的讀者應該都會同意：

第一，用來維持人類生活與健康的物資，都應該以最少的勞動力來生產。

第二，滿足物質需求確實是美滿生活不可或缺的先決條件。但是光這點還不夠，為了得到內心滿足，也應該能夠根據自己的特點和能力，盡情發展才智藝術潛能才對。

第一項目標需要增進所有知識，包括自然法則與社會發展法則，也就是促進所有科學研究。科學研究是渾然一體，各個部分以某種方法互相支持，只是我們還無法完全預期。然而，科學進步的前提要件是所有結果意見都享有自由流通的可能性，也就是對所有知識研究的範疇裡具有表達與教學的自由。我所理解的自由是指一種社會條件，它允許一個人可以表達對一般原則或特例的見解看法，而不至於為他帶來危險或重大不利。這種交流的自由，對於科學知識的發展推廣，具有不可或缺的實質助益。首先是這份自由必須由法律保障，但是光靠法律無法確保言論自由，為了使每個人都能表達自己的看法而不受罰，所有人都需要具備寬容的精神。這種外在自由的理想永遠不可能完全落實，但若是想要讓科學思考、哲學與創意思考等都能盡情發展的話，便必須孜孜不停地追求這份理想。

若要實現第二個目標，即讓所有人的精神發展都受到保障，則第二種外在的自由（outward freedom）是必要的。人們不應該

為了滿足生活所需,而工作到沒有時間或精力做自己的事情。若是缺乏這第二種外在自由,言論自由也沒有作用。如果合理分工的問題能夠解決,科技的進步可望提供這種自由。

科學發展與精神創造活動還需要另一種自由,可稱為內在的自由(inward freedom)。這種自由的核心精神是獨立思考,遠離獨裁威權與社會偏見的圍限,也不會受到違背哲理的常規習慣所影響。這種內在的自由是一種大自然少見的賜禮,也是值得個人努力的目標。不過,社會也可以促其發展,至少不要干涉阻礙。例如,學校可能透過威權影響,以及加諸年輕學子過度的精神負擔,而干擾到內在自由的發展。反之,學校也可能藉由鼓勵獨立思考,而促進這份自由。唯有經常主動追求外在與內在自由,精神發展與完備才有可能,也才能提升人們的外在與內在生活。

21 獲羅德&泰勒獎感言

一九五三年五月四日廣播播出(預錄)。

我欣然接受這個獎項作為美好友誼的象徵。一個不妥協、不合作的分子,因為固執而受到熱烈表揚,真的讓人異常欣喜。而且,我是在一個安全的「冷僻領域」不妥協,至今還沒有參議委員會覺得極需打擊這個領域當中威脅到一般民眾之內在安全的危險。

至於加諸在我身上的讚美之詞,我得小心不要反駁,因為至今還有誰相信真的有「謙虛」這種東西呢?我應該冒著被稱為老

偽君子的風險就好，當然你們了解我並沒有勇氣擔當這種風險。

因此，我唯一想表達的就是我對你們的謝意了。

22 現代審問制度

致信於紐約布魯克林一名曾拒絕在國會作證的教師威廉‧佛恩格列斯，刊登於一九五三年六月十二日《紐約時報》。

一九五三年五月十六日

謝謝來信。所謂「冷僻領域」，我指的是基礎理論物理。

眼前這個國家的知識分子面臨的問題十分嚴峻，政客在大眾面前無中生有、搬弄是非，成功灌輸大家懷疑一切知識活動的論調。至目前為止，他們詭計得逞了，現在更進一步打壓教學自由，若是不順從屈服的話，便拔除職位，讓不聽話的人無以為繼。

屬於少數的知識分子應該如何對抗這等邪惡呢？坦白說，我認為只有甘地採取不合作的革命方式才行得通。每一個被召到委員會面前的知識分子，應該拒絕作證，也就是說必須準備好坐牢與面臨經濟困頓，犧牲自己的福祉，以換取國家文明的福祉。

然而，拒絕作證者不該援引大家熟知的憲法第五修正案「避免自證其罪」為由，而是應當主張對於沒有過錯的公民，要求他屈服於這種審問是可恥的，而且這種審問違反憲法的精神。

若有足夠多的人願意採取這嚴正的一步，他們將會獲得勝利。否則，這個國家的知識分子面對為他們量身打造的奴役，是咎由自取。

P.S. 這封信不必被視為「機密」。

23　人權

一九五四年二月廿日對芝加哥十誡學會的演講。

各位女士先生：

　　你們今日開會，共同關注人權的問題。在會上，你們決定頒獎給我，當我得知消息時，為這個決定有點傷感。因為當一個組織找不到更適當的人選來給予肯定時，是何其不幸呢？

　　漫漫一生，我投入所有研究的心力，渴望對物理真實結構有更深入的了解。我從來沒有傾力改善人類的命運，或是挺身對抗不公不義，改變人類關係的傳統形式。長期以來，我唯一做的事情是，只有當我覺得某些公共事件很糟糕或是很不幸時，才會表達自己的意見，因為保持沉默讓我有罪惡感，好像是共犯同謀。

　　人權的存在與維護並不是從天上掉下來的。隨歷史發展，先聖先賢構思出做人處事與良好社會結構等理想，並傳授教導我們。這些理想信念是從歷史經驗醞釀累積所得，也是從人類對美與和諧的渴望中孕育而生，理論上大家都容易接受，然而自古至今，卻因人類動物本能的反撲，總是受到踐踏。因此，歷史上充滿了為人權奮鬥，而且是永無休止的奮鬥，永遠無法贏得最終的勝利。然而若因此厭倦這番奮鬥，將意謂社會的毀滅。

　　今天我們要談論的人權，主要指以下的訴求：保護個人免於他人或政府恣意侵犯；保障工作權以及確保適當的報酬；溝通與

教學的自由；個人對政府組織能充分的參與。雖然現今這些人權保障在理論上都獲得了承認，但是卻因為種種法律上或形式上的手段，遭受的摧殘侵犯甚至比上一代還嚴重。還有另一項人權很少被提及，但卻非常重要，即個人有權利和義務不參與自己認為是錯誤或是有害的事情，其中最重要的是拒絕服兵役。我知道有些具有非凡道德勇氣和正直凜烈的人士，因為這點與國家機關發生衝突。審理德國戰犯的紐倫堡大審，即是默認這項原則：因執行政府命令而犯下的罪行無法免除，個人良知應超越國家法律權威之上。

今日，我們主要爭取的是政治信仰的自由，以及討論與教學研究的自由。在美國，因為恐懼共產主義而採取的種種手段，已經讓世人無法諒解，並讓我們國家受到嘲笑。對權勢飢渴而試圖以這種方式掠取政治利益的政客們，我們還要容忍多久呢？有時候，這些人似乎已經失去幽默感，以至於法國人所謂的「嘲笑到死」對他們來說也不痛不癢了。

論宗教

24 宗教與科學

為紐約《時代雜誌》撰寫，刊於一九三〇年十一月九日（一至四）頁；德國版刊於一九三〇年十一月十一日《柏林日報》。

　　人類所做所想的一切，都與內心深處感覺的滿足與痛苦的減輕有關。希望了解精神層次的運動與發展的人，一定要謹記這點。感情與需求是人類一切努力與創造背後的動力，不管這些努力與創造外表看起來如何崇高。那麼，是什麼樣的感情和渴求將人們帶向最廣義的宗教思想與宗教信仰呢？只需想一下，便足以明白是各式各樣的感情產生了宗教思想與經驗。在原始人心裡，最主要是「恐懼」引發宗教觀念，包括對飢餓、野獸、疾病和死亡的恐懼。因為在這個階段，對因果關係的認識通常極為粗淺，人類心靈造出想像的東西多少與自己相似，而各種令人恐懼的事情，便是根據這些東西的意志和行動而生。因此，人們為確保贏得喜愛，就根據代代相襲的傳統進行儀式或是獻祭，討好祂們、或是讓祂們對凡人大發慈悲。就這層意義上，我稱這為恐懼式宗教（religion of fear）。雖然並非特定人士創造出來，但是恐懼式宗教慢慢形成一個特殊的僧侶階級，以此獲得了必要的穩定性；在人類與害怕的神鬼之間，這些僧侶階級將自己設定為中間人，並藉此建立權勢。在許多情況裡，位居領導、統治或是權貴階級的人士，為了鞏固世俗權力，於是將統治權力與祭司功能結合；有時候，則是統治階級與祭司階級為了各自的利益，兩方勢力互相結盟。

　　社會需求是形成宗教的另一項來源。父母與領袖免不了死亡與犯錯。對指導、關愛與扶持的渴求，讓人們形成上帝這個概念中的社會或道德面向。這是神的國度（God of Providence），祂會保護、處置、獎賞和懲罰。根據信仰者想像力的有限，上帝愛惜部落或人類的生命，甚至是生命本身；祂是人們傷心難過或願

望無法滿足時的安慰者；祂保守死者的靈魂。以上這些，都是社會或道德的上帝概念。

猶太經典將從恐懼式宗教到道德式宗教的發展，做了巧妙的說明，這種發展在《新約》中持續可見。所有文明人的宗教，特別是東方人，主要都是道德宗教。從恐懼式宗教發展到道德宗教，是人類生活的一大進步，然而，認為原始宗教完全根植於恐懼，文明人的宗教純粹建立在道德上，則是一種偏見，我們必須提防。事實上，所有宗教多少都混合這兩種類型，差別在於當社會生活水平提高時，道德宗教居主流地位。

這些類型的宗教共通點在於上帝概念的擬人化。一般而言，只有資質非凡的個人或是整體層次特別高的群體，才能超越這類層次之上。但是有第三個階段的宗教經驗屬於這些人，儘管很難找到一種單純的形式，我稱之為宇宙宗教情懷（cosmic religious feeling）。我覺得，要和完全沒有這種經驗的人解釋清楚這種感覺是非常困難的事，特別是這類宗教沒有對應的人格化上帝存在。

有些人感覺人類的慾望目標都是無足輕重，卻感受到自然界和思考世界中展露的崇高升華與奧妙秩序。他覺得個人存在彷彿是一種「監獄」，他想要感受整個整體的宇宙。宇宙宗教感情在人類早期發展階段已見萌芽，例如在許多大衛詩篇和一些猶太先知都可發現；佛教包含這種元素更為強烈，在西方透過叔本華精彩的介紹便可得知。

歷來的宗教天才都是因為抱持這種宗教情感而特別突出，在他們心中沒有所謂的教條，或是以人形象想像而成的上帝，自然

也不會有教會拿來當中心教義宣揚。因此每個時代，在異端分子中可以找到充滿這種最高宗教情感的人士，許多時候他們被同時代的人視為無神論者，有時候則被稱為聖人。以這種眼光看來，德謨克利特[5]、阿西西的聖方濟[6]和斯賓諾莎[7]都是極為類似的人。

　　既然沒有明確的上帝觀念，也沒有神學存在，那麼宇宙宗教情感該如何傳承表達呢？在我看來，喚醒這份感覺並保持蓬勃生氣者，正是藝術和科學最重要的功能。

　　到這裡，我們可以把科學和宗教做關連，結果與一般認知大相逕庭。從歷史看來，人們總是傾向於將科學和宗教當成勢不兩立的敵人，理由很明顯。一個人若是徹底接受因果法則的普適性，也就是對因果假說完全認真的話，片刻也受不了有上帝存在會干涉事件發展的想法。這種人不需要恐懼宗教，也不用社會或道德宗教。一個會獎賞處罰的上帝，對他來說簡直匪夷所思，理由十分簡單，一個人的行為是受到內部和外部的必然性所決定，即使上帝也不能叫個人對自己的行為負責，如同無生命的物體不能為發生在它身上的運動負責一樣。有人因此指控科學危害道德，但這並不公平。一個人的道德行為應該是建立在同情心、教育、社會關係和需求上，並不需要任何宗教基礎。若是一個人為了害怕死後受到處罰，又希望死後獲得獎賞，才來約束自己的行為，那就太可悲了。

5　編注：早期的希臘哲學家，也是最早提出原子論的西方哲學家。

6　編注：西元十二、十三世紀的天主教修道士，是歷史上最受崇敬的聖徒之一。

7　編注：西元十七世紀時的猶太裔荷蘭哲學家，以其提出的泛神論而留名，著有根據歐幾里得幾何學之形式所寫的《倫理學》。

因此，不難看出為何教會總是與科學對抗，並且迫害熱衷從事科學研究的人。另一方面，我堅信宇宙宗教情感是科學研究最崇高強烈的動機。只有獻身努力讓理論科學獲得開創發展的人士，才能掌握這份感情，光靠這股力量投入與現實生活幾乎毫無關連的研究工作中。例如，為解開天體運行的力學原理，克卜勒和牛頓投入多年孤獨的研究，他們是多麼深信宇宙的合理性，多麼渴望了解浩瀚世界透露的幾許心思，才能辦得到啊！若是主要從實際結果來認識科學研究的人，常會對上述這些人的心態得到完全錯誤的看法，他們面對周遭懷疑的世界，卻對世代各地具有同樣情懷的人們指引道路。唯有也獻身相同目標的人，才會深切體會到底什麼力量鼓舞啟發這些人，賦予他們堅定不移的志向，不管面臨多少次的失敗。我認為，正是宇宙宗教感情給予這種人動力，當代有人說得很中肯，在這個物質主義充斥的時代，只有認真嚴肅的科學研究者是信仰最虔誠的人士了。

25 科學的宗教精神

取自一九三四年《我的世界觀》。

我們很難在認真做研究的人當中，找到不具宗教情懷的人，但是這與一般普羅大眾的宗教信仰並不相同。對於凡夫俗子來說，大家都想承蒙上帝的垂憐厚愛，又害怕恐懼祂施加懲罰。這種感覺類似於小孩對父親的感情升華，對於祂抱持個人關係的層次，不管祂被渲染成是多麼令人敬畏。

但是科學家卻衷心相信普遍的因果關係，認為未來和過去一樣，每一分都是必然和確定的，而道德不是神聖的東西，純粹是人的事情。這份宗教情感呈現出來的，是對自然法則的和諧感到驚嘆稱奇，自然所顯露的高超智慧，讓人類一切的系統思考與行為都顯得微不足道。這種感覺是科學家生活和工作的指導原則，只要他能成功擺脫自私與慾望的枷鎖束縛。無疑地，這與歷代宗教領袖懷抱的感情極為相似。

26　科學與宗教

第一部分於一九三九年五月十九日發表於普林斯頓神學院，收錄在一九五〇年《晚年文集》。第二部分出自於「科學、哲學、宗教與民主生活方式關係會議」，一九四一年由紐約出版成文集《科學、哲學和宗教研討會》。

I.

在十八世紀末葉與十九世紀，普遍認為知識和信仰之間有無法妥協的衝突。在先進之士的心中流行一派見解，主張應該是由知識逐漸取代信仰的時候了，未以知識為根據的信仰稱為「迷信」，必須加以反對。根據這派主張，教育唯一的功能是開拓思考與知識的道路，而學校是民眾受教育最主要的機關，應當專門為此而設。

在這種粗糙包裝中，理性的成分幾希。因為任何明智的人，

可以立刻看出這派觀點的立場過於偏頗。但是，如果要將事情本質搞清楚的話，赤裸直爽也有它的好處。

沒錯，信念最好受到經驗與清楚的思考支持。在這點上，我們應該全然同意極端的理性主義者。然而，其缺點在於對於人類的行為和判斷為關鍵必要的「信念」，無法只用這種硬邦邦的科學方式找到。

因為，科學方法只能告訴我們事實之間的相互關係影響，超出之外的沒辦法。對於客觀事實的求知慾屬於人類最高層次的能力，你當然不會懷疑我想要貶低人類這方面的成就和努力。但是同樣清楚地是，知識不會指導我們「應當」怎麼做；一個人可以對於事物擁有最清楚完整的知識，但卻不能導出什麼才是人類「應當」追求的目標。客觀的知識提供我們達成目標的有力工具，但是終極目標以及實現該目標的渴望必須有另外的來源。唯有設訂目標與對應價值後，人類的生存與作為才會獲得意義，這點應該不證自明。獲得真理真是美妙無窮，然而卻極少能作為引導，甚至不能證明我們對真理的渴望與追尋是正當且有價值的。因此，在這方面純理性概念出現根本的限制。

但是，我們也不該認定理智思考對於立定目標與道德判斷上不具作用。當我們了解到為了達成一項目的，某些手段將會有用時，手段本身也變成一種目的。理智讓我們認清楚手段和目的之間的相互關係，但是僅憑思考，無法讓我們掌握到終極與根本的目標。在我看來，讓這些基本目標與價值清楚浮現，並快速融入個人的感情裡，正是宗教對人類的社會生活提供最重要的功能。

如果有人問，為何這些基本目標具有正當性？既然無法僅憑理性來陳述證明，我們只能回答說：在一個健康的社會裡，這些基本目標是強大的傳統，它們作用在個體的行為、志向和判斷上；這些基本目標是有生命力的存在，不必為其存在尋求正當性。這些基本目標不是樣品展示般的存在，不是透過強大的人格特質為介質而彰顯。我們不該強加證明，而是簡單明確地感受它們。

我們的志向和判斷的最高原則源自於猶太／基督教傳統。這是非常崇高的目標，憑我們微薄的能力，所能達到的非常有限，但是卻為我們的目標和價值觀提供確實的基礎。若是將其目標從宗教形式中抽離出來，僅看其純粹人性的一面，或許可以表述如下：賦予個人自由與負責任發展的空間，才能讓他自由快活地運用一己之力，服務全人類。

在這裡，不容將國家或某個階級奉為神聖，更不能將個人奉為神聖。正如同用宗教的話說：我們所有人不都是天父的孩子嗎？的確，縱使將人類當成一個抽象的整體而奉為神聖，也不符合該理想的精神。只有個人才有靈魂，而個人崇高的天命是服務而非統治，或是以任何方式強迫別人信仰自己。

如果取其實質而非形式，也可以將這些話用來闡述基本的民主立場。真正的民主人士就像我們所謂真正有信仰的人士一樣，是不會崇拜國家的。

那麼，在這方面教育和學校的功能何在呢？我認為應該幫助年輕人培養一種精神，讓這些基本原則對他來說如同呼吸的空氣；僅憑教導，顯然不足。

若是仔細看待這些崇高的原則，並將其與我們這個時代的生

活與精神相比較，會明顯發現現代文明人類正處於危急當中。在極權統治的國家，統治者無所不用其極，殘害這種人本精神。在情況稍輕的地方，則是民族主義當道、嚴苛不講寬容。用經濟手段壓迫個人的國家，也對這些最珍貴的傳統威脅扼殺。

不過有識之士之間，已經意識到巨大的危險正在蔓延，力求在國內與國際政治領域、立法與一般組織範疇上尋找因應之道。毫無疑問，我們極需這樣的努力。然而，我們似乎忘記古人知道的一件事，那就是如果缺乏昂揚振奮的精神，一切方法終究不過是虛有其表的工具。如果我們心中渴望達成目標的動力夠強大，那麼就不會缺乏尋找達成目標的方法，並且化為行動。

II.

我們所了解的「科學」是什麼，並不難達成共識。科學是我們長久以來企圖以系統化思考，努力將這個世界可感知的現象盡可能徹底連繫起來。大致說來，就是用「概念化」的過程，嘗試將事物的存在進行後驗重建（posterior reconstruction）。但是當我問自己「宗教」是什麼時，就無法輕易作答了。縱使我當下找到一個滿意的答案，我還是覺得無論如何，都無法涵蓋曾經深思過這個問題的人們所提出的各種想法。

因此，在探討「宗教是什麼」之前，我想先問那些在我看來虔敬的信徒究竟有怎麼樣的心理特徵？我認為，一個受到宗教啟發的人會盡最大的努力讓自己從私慾羈絆中解放出來，腦海中充滿著思想、感情和抱負，為這些超越個人的價值而奮鬥不懈。我覺得，重要的是這份超越個人內涵的力量，以及對它深遠意義的

堅定信念，而不在於是否企圖將這份內涵與某個神祇結合，否則釋迦牟尼與斯賓諾莎就不算是宗教人物了。因此，一個有信仰的人士之所以虔誠，是指他深信超越個人的目標之崇高與重要，這些目標不需要、也不可能具有理性基礎，但是其存在如同個人存在般是必然與實在的。在這層意義上，宗教是人類長久以來的努力，想要清楚完整地掌握這些價值與目標，並不斷加強擴大其影響。若是根據這些定義來看待宗教與科學，那麼兩者之間似乎不會有衝突。因為，科學只能確定「是什麼」，而非「應該是什麼」。在科學的範疇之外，仍然必須對各種判斷進行評價。另一方面，宗教只涉及人類思考行為的評價，無法指明事實之間的關係。因此，過去以來大家所謂的宗教和科學衝突，應該說是對上述情況的錯誤理解。

反過來說，若宗教團體堅持《聖經》上一切記載都是絕對的真理時，就會發生衝突，因為這意謂宗教介入科學範疇，教會針對伽俐略和達爾文學說進行迫害就屬這種情況。另一方面，科學界的代表人物經常根據科學方法，針對價值與目的做出根本的判斷，這樣就與宗教發生對立，這些衝突都是源自於致命的錯誤。

現在，縱使宗教和科學領域涇渭分明，兩者之間仍然存在牢固的依存關係。雖然宗教可以決定目標，但是從最廣義來說，宗教還是從科學中學到哪些方法可以促成目標的達成。另一方面，只有全心渴望追求真理與知識的人們才能創造科學，然而這種感覺卻是從宗教範疇湧然而生。這裡也有信仰的成分存在，即相信世間的法則是合乎理性的，也就是可以由理性來理解。我無法想像一個真正科學家不具這種深刻真摯的信仰。這種情況可以打一

個比喻來形容：科學沒有宗教是跛足的，宗教沒有科學則是盲目的。

　　雖然我在上面斷言，宗教和科學情懷實際上不存在衝突，但是我必須在一個重要的地方加以保留，這裡涉及歷史上宗教的真實內涵。此處的保留與「上帝」的概念有關，在人類精神進化的初期，人類以自己的形象想像創造上帝，認為其意志運作會決定或影響到表象世界。人類企求改變神明的意向，藉由巫術或祈禱的方式，希望一切對自己有利。現代宗教教義中的上帝概念，就是將古老神祇的概念予以升華，例如，人類向神明祈求實現願望，就是擬人化特性的表現。

　　當然，想像有一個萬能、公正、仁慈與人格化的上帝存在，無疑能夠為人們帶來安慰、幫助和指引；再者，這個簡單的概念有一個好處，讓大多數智慧未開的民眾也容易接受。但是，另一方面，這種概念本身也具有關鍵弱點，而且自古以來便讓人痛苦不安，那就是如果神是無所不能的，每件事情包括每個人的行動想法與感覺抱負等，也都是神的工作，那麼在萬能的神面前，如何期待人要為自己的行為思想負責呢？因而，在施予獎賞處罰時，神多少都變成要獎懲自己，那麼這如何符合祂具有的仁慈公正呢？

　　今天宗教和科學領域的衝突，主要來源在於「擬人化上帝」的概念。科學目的在於建立通則，決定物體和事件在時間和空間中的相互關係。對於這些自然規則或定律，絕對普適性是必要的，儘管它不能被證明。這主要是一種計畫，嚴格來說這種計畫能否實現，目前只建立在部分成功的基礎上。但是，幾乎沒有人

會否定這些部分成功的真實性，而聲稱這是自我欺騙的結果。基於這些自然法則，我們能夠精準預測一定範圍內隨時間的現象變化，縱使大眾對於這些法則的內容所知極為有限，但也深植在現代人的意識裡。只要想想看，以幾道有限的簡單法則，便能對太陽系的行星軌道預做精準的運算。同樣地，雖然沒有那麼精準，但還是可能事先算出電動馬達、傳輸系統或無線裝置的運作方式，甚至是處理更新奇的事物也一樣成功。

當然，當一個複雜的現象牽涉過多的因素時，大多數時候科學就沒有辦法了。以天氣為例，縱使要提早幾天預測都不可能。然而，沒有人懷疑我們面對的是一種因果關係，且起因成分多為已知。這個領域的現象之所以超出準確預測的範圍之外，是因為各種作用因子龐雜，而不是自然缺乏秩序的緣故。

對於生物範疇的法則，我們的考察洞悉不算深入，但是仍然足以讓我們感覺到必然性的支配，例如遺傳的規律有序，以及毒物（如酒精）對有機體行為的作用。這裡欠缺的仍然是對通則關連掌握，而不是對秩序本身的認識。

一個人若越相信一切事物皆規律有序（ordered regularity），便會更加堅信這種有秩序的規律就是全部，不再有空間留給本質不同的因素作為事物的起因。對他而言，無論是人的支配或神的支配，都不是自然事件的獨立起因。當然在現實中，對於人格化上帝會干涉自然事件的教義，科學永遠無法完全駁倒，因為這種教義總是能夠躲進科學知識尚未能涉足的領域裡。

但是我相信，部分宗教人士這樣的行為不僅不值得，同時也是錯誤的。因為無法光明正大，只能躲在黑暗裡生存的教義，會

對人類進步造成數不清的傷害，必定會失去對人類的影響力。為了美好的道德而奮戰，宗教導師應當有魄力放棄人格化上帝的教義，也就是放棄恐懼與企盼的源頭，雖然這在過去給予神職人員莫大的權力。他們應該努力孕育人性中的真善美。確實，這是更困難的任務，但是絕對更有價值。[8]在宗教導師修練與精進自身之後，他們肯定會快樂體認到：透過科學知識，真正的宗教已提升境界，變得更崇高深奧。

　　如果宗教的目標之一，是盡力讓全人類從自私自利與害怕恐懼中解脫束縛，那麼科學知識還可以在另一方面幫助宗教。固然科學的目標在於發現通則，提供事實的關連與預測，但這並非唯一的目標。科學也要設法將發現的各種關連性，簡化成數目最少的獨立概念元素。我認為，科學在努力以理性統整事物表象中，獲得了最大的成就，但是這種企圖也讓科學面臨最大的風險，容易淪為妄想錯覺的犧牲者。不過，凡是對科學進步成功有深刻體會者，會對自然孕育彰顯的恢弘理性感到無比崇敬與感動，領悟到其深沉內蘊是凡人難及，因而心生謙卑，讓自己超脫於個人慾求束縛之外。然而，從最高的意義來說，我認為這種態度就是宗教的態度；科學不僅滌清宗教擬人化的糟粕，也讓我們對生命的認識達到宗教的精神境界。

　　在我看來，當人類精神越見進步時，便越能肯定會通往一條真正宗教的道路，它不是因為恐懼生命、恐懼死亡與盲目信仰造成的，而是出於對理性知識的追求。就這層意義而言，我認為

---

[8] 原注：此部分思想在塞繆爾《信仰和行動》一書中，提出有力的說明。

教士若想對得起自己崇高的教育使命，一定要當一名導師指引
眾人。

27　宗教與科學能不能和平共處？

寫給紐約「自由牧師會」的回應，一九四八年六月刊登於
《基督教紀事報》。

宗教和科學之間真的存在不可跨越的矛盾嗎？宗教可以被科
學取代嗎？長久以來，這些問題的答案都引起相當大的爭議，甚
至掀起痛苦的爭戰。然而在我心中，如果冷靜思考這兩個問題的
話，無疑只會得到它們並不矛盾的答案。不過，讓答案變得複雜
的是，雖然大多數人容易對何謂「科學」達到共識，但是對「宗
教」的意義卻可能有不同的見解。

就此處的討論目的而言，我們不妨將科學定義為「以系統思
考尋求感官經驗的規律性關連」。科學直接產生知識，間接產生
行動的手段。若是先設定好明確的目標，科學會可以讓我們行動
有條理。至於設定目標與陳述價值等功能，則超越科學的範疇。
固然，就科學對因果關連掌握的程度，可能會對目標與價值的相
容與否提供重要的結論，但是目標和價值之獨立、基礎的定義，
則超越科學所能及的範圍。

宗教的情況則相反，人們普遍認為宗教涉及的是目標和價
值，一般也涉及人類思考與行動的感情基礎，至少是對人類先天
不可改變的遺傳特質所沒有決定的部分。宗教關係到人類對自然

整體的態度，關係到個人與群體生活的理想，也關係到人們之間的關係。宗教為達成這些理想，對傳統施加教化影響，並且以簡單易懂的思想與故事（史詩和神話）來傳承，進而對人們的價值與行為發揮影響力。

就是這種宗教的傳統神話，或說是象徵性的內容，可能與科學發生矛盾。只要宗教思維針對涉及科學領域的課題提出僵硬的教條義理時，就會發生衝突。因此，若想要保存維護真正的宗教，關鍵是應該避免在與實現宗教目的無關緊要的課題上引發衝突。

當我們思考現有各種宗教的本質時，也就是撇去其神話的部分，我認為它們根本上並無差異，我不同意「相對主義」或傳統理論倡導者主張它們有差異。這一點也不讓人驚訝，因為以宗教訴求維繫的民族，其道德上總是以維護促進群體與個體的心智與活力為目標，否則這個群體必將滅亡；一個民族以虛偽矯詐和謀殺作惡為榮，事實上是無法長久的。

不過，面對不容易判斷好壞與取捨的情況，就像很難決定什麼是一幅優美的畫作或是音樂一樣，或許直覺感受比理性了解容易吧！同樣地，人類偉大的道德導師在某方面是生活藝術中的天才。除了最基本的箴言是為了保護生命與免去不必要的痛苦而提出，其他的箴言雖然看來與基本生存無法相提並論，但是我們還是賦予極高的重要性。例如，是否應該毫無保留地追尋真理，縱使必須犧牲重重幸福才能成功呢？有許多這樣的問題，從理性來看無法輕易回答，或者根本無法回答。不過，我並不認為所謂「相對主義」的觀點是正確的，即使是涉及到更微妙的道德決

定時。

　　縱使以最基本的宗教教規來衡量現今文明人類實際的生活狀況，我們也必然會對於現狀深感痛苦失望。因為，雖然宗教規定個人與群體間要如兄弟般友愛，實際景象卻更像戰場，而非交響樂團。在經濟和政治上，到處都將無情地犧牲同胞以追名逐利視為指導原則，這種競爭風氣甚至流行到學校，破壞人與人之間友愛合作的感情；成功不是因為熱愛有創造力和思想的工作，而是出自於個人野心與害怕被排擠的心態。

　　有些悲觀論者主張這種現況是人類天性固有，我認為懷抱這類觀點的人們是宗教真正的敵人，因為他們暗示宗教義理都是烏托邦理想，不適合作為人世準則。然而，在一些所謂的「原始文化」進行的社會型態研究，似乎明顯指出這種失敗主義的論調毫無根據。這個問題對於研究宗教非常重要，我建議關心的人去看潘乃德所著的《文化模式》。[9] 書中提到普韋布洛印第安人部落在苛刻的生活條件下，完成了一項艱鉅的任務，讓大家從互相競爭作惡的災難中解救出來，培養出和睦相處的生活方式，不受外在壓力而減損幸福快樂。

　　這裡提出對宗教的解釋，暗示科學對宗教態度的倚賴；在這個物質主義盛行的時代裡，這種關係太容易被忽略了。雖然，科學結果完全與宗教或道德考量無關，但是那些在科學上有偉大開創成就的人們，全都浸淫在真正虔誠深摯的信念當中，他們相信

9　編注：潘乃德是美國著名人類學家，《文化模式》為其代表作之一，另外還著有《菊花與劍》。

我們這個宇宙是完美的，可用理性去探究追尋。若非這股信念異常強烈，若非這番對知識的探求受到斯賓諾莎「對上帝的理智之愛」（*Amor Dei Intellentualis*）所鼓舞，那麼他們會很難孜孜不倦地投入，憑藉這股信念達到至高的成就。

28　道德文化的必要

一九五一年一月於紐約道德文化學會七十五周年紀念宣讀的賀信，收錄於一九五三年《我的世界觀》。

我覺得有需要在道德文化學會周年紀念獻上恭賀與祝福。誠然，現在不是我們能夠對過去七十五年來在道德層面上的辛勤成就感到滿意的時刻，因為我們很難斷言今日人類生活的道德層面，整體而言比一八七六年時更加令人滿意。

當時流行的觀點是，靠著辨察科學事實得到的知識，以及對偏見和迷信的克服，就可望得到一切。當然，這一切都很重要，值得最優秀的人努力奮鬥，而且過去七十五年來成就不斐，也透過文學和舞台傳播出去。然而，光是靠清除障礙本身並無法提升社會與個人生活。因為除了消極的結果之外，更需要積極的抱負和努力，為我們群體的生活塑造合乎倫理道德的結構，才更為重要。在這方面，科學並不能拯救我們，我認為過分強調往往只著重實用與實際知識的智育的態度，會直接危害到道德價值觀。我不認為科技進步對人類直接造成的危害，會比「務實」（matter-of-fact）的思考習慣對於壓抑人類互信互諒的作用更加嚴重，後

者已為人類關係蒙上一層霜。

　　實現道德與美學層面的目標，和科學比起來反倒更貼近藝術所關注的重心。當然，了解我們的同胞非常重要，但是這份了解唯有在憂喜與共的同情心支持下，才能開花結果。當宗教去除迷信的元素後，就成為培養灌溉道德行為最重要的泉源。在這層意義上，宗教成為教育重要的一部分，然而卻甚少受到關注，更是毫無系統可言。

　　當前世界政治局勢的可怕困境，與人類文明遺漏這部分的罪過有很大的關係。如果沒有「道德文化」，人類就不會得救。

論教育

29 達伏斯的大學課程

一九二八年，愛因斯坦參加達伏斯舉辦的國際大學課程，此處是瑞士著名的結核病患休養中心。這場演說是發表在「物理學之基本概念與發展」課堂前，收錄於一九三四年《我的世界觀》。

　　「元老院的議員都是彬彬有禮的紳士，元老院則是個張牙舞爪的野獸。」（*Senatores boni viri, senatus autem bestia.*）我有一個朋友在瑞士當教授，有一次系上惹惱他，便回了一句挖苦的話。比起個人，群體受到的良心和責任感指引總是比較少。這事為人類造成多大的苦難啊！這是戰爭與各種壓迫的起源，讓人世

間充滿痛苦、嘆息和磨難。

　　然而，真正有價值的事，唯有靠眾人無私合作來達成。因此，對本性善良的人們來說，唯有大家奉獻犧牲，將促進生活與文化當作唯一目標，推動社會向前邁進，沒有比這更快樂的事情了。

　　當我聽到達伏斯推出的大學課程時，就讓我感受到這種純粹的快樂。這裡基於迫切的需要，展開「醫心」的工作，雖然一般人或許對這份需求無法顯而立見。許多年輕人踏進這山谷，寄望滿山陽光具有療效，能重新恢復身體健康。但是當他們長期與鍛鍊心志的正常工作脫離太久，沉溺在病弱無助的思維裡無法自拔，很容易失去內心的韌性，也就是在人生奮鬥中能堅持自我的意識；結果變成溫室的花朵，往往當身體復元了，卻發現難以回到正常生活。對大學生來說尤其如此，在青年養成時期曾經中斷的智能訓練，很容易留下日後難以彌補的缺口。

　　不過一般而言，適度的活動腦筋就像適度的體力勞動一樣，既不會妨礙治療，更有間接的幫助。基於這份認識，設置大學課程不僅可幫助這些年輕人為日後的專業做準備，同時也刺激他們從事智力活動，可說是在精神層面上提供了腦力活動、訓練與保健的功能。

　　我們不要忘記，這項事業非常適合幫助各國人士建立關係，進而強化歐洲共同體的觀念。因為新機構在誕生時排除各種政治目的，在這方向的努力將達到最佳的效果；推動與達成國際主義事業的最佳方式，就是共同合作從事讓人生有意義的事情。

　　基於這些理由，我很高興看到在創辦人的活力和智慧下，達

伏斯的大學課程已經克服初創時期的困難，讓這份事業獲得相當的成功。願其欣欣向榮，拯救許多在療養院生活貧乏的年輕人，豐富他們寶貴的精神生活。

30 教師和學生

對一群學童講話，收錄在一九三四年《我的世界觀》。

親愛的孩子們：

我很高興今天看到在我面前的你們，是生長在充滿陽光與幸福國度的快樂青年。

請記住，你們在學校學到美好的東西，都是世世代代的成就，由世界各國人民以無窮的熱忱和精力完成。所有一切都交在你們手中繼承，希望你們能受用無窮，並加以發揚光大，有朝一日忠實交到自己子女的手中。如此，我們這些終究會逝去的凡夫俗子，才能在這些大家共同創造的不朽事物上獲得永生。

若能謹記在心，你們將會找到人生與工作的意義，對於其他國家和時代也會獲得正確的態度。

31 教育和教育工作者

給一位年輕女孩的回信，收錄在一九三四年《我的世界觀》。

　　讀過妳十六頁的手稿，讓我發出會心一笑。寫得不錯，有見地，很真摯，說得頗有道理，然而卻很典型的女性化，我指的是妳很會聯想，且充滿憎恨。我曾經受過老師們類似的待遇，他們不喜歡我的獨立，找助理時就跳過我（不過，我必須承認自己不像妳是個模範生）。但是，我覺得不值得花時間寫下我的學校生活，更不願意為了有人要印或真的去看而負責。此外，若老是去抱怨那些以自己方式，也想在世間爭得一席之地的人們，總是會弄壞自己的形象。

　　因此，收拾妳的脾氣，將手稿留給你的子女，或許他們能從中獲得安慰，不用在意老師對他們的說法或看法。

　　順帶一提，我來普林斯頓大學只是做研究，不是來教書。整個來說，課堂教學已經太多了，尤其是在美國學校。我覺得，唯一有意義的教育方式是樹立模範，若是有人辦不到的話，至少可作為借鏡警惕。

32　教育與世界和平

一九三四年十一月廿三日致美國進步教育協會的賀詞。

　　由於地理位置的關係，美國何其有幸能在學校教導健全的和平主義，因為沒有嚴重的外來侵略危險，無須灌輸年輕人軍事主義。然而，如果對於和平教育的問題，只是感情用事而非著眼實際，恐怕就有危險了。若是未能徹底了解問題的根本困難，終將一無所成。

　　首先，美國青年應該明白，即使美國領土被實際入侵的可能性不大，但是美國隨時都可能被捲入國際紛爭中。只需以美國捲入前次世界大戰為例，便能證明這份認知的必要。

　　就像其他國家一樣，美國的安全保障還是要建立於世界和平的基礎上。年輕人不能姑息，認定透過政治孤立可以獲得安全，恰恰相反，應該喚起大家對廣泛的和平問題的認真關注。尤其應該讓年輕人清楚明白，由於美國政客在世界大戰結束時未支持威爾遜總統提出的自由計畫，阻礙了國際聯盟在解決這項問題上的努力，他們應該負起多大的責任！

　　這裡應當指出，只要強權國家不願意放棄使用軍國主義的方式追求更高的世界地位，光是要求裁軍撤武，將會一事無成。再者，應向年輕人說明，像法國提出設立國際組織來維護各國安全的提案是有道理的。為了保障安全，需要簽訂國際條約來共同抵抗侵略者；這些條約是必要的，但並不夠充分，需要多加一步，讓防禦性軍事武器國際化，進行大規模的軍隊整併與輪調駐防，以免駐守在任何一國的軍事力量為該國單獨留用。在籌畫這些的時期，年輕人就應該明白問題的重要性。

　　國際團結的精神也應該加強鞏固，阻礙世界和平的沙文主義則須加以打擊壓抑。在學校，歷史教育應該成為講述文明之進步的方法，而不是傾力灌輸帝國主義力量與軍事勝利的思想。在我看來，可推薦學生看威爾斯的《世界史綱》來了解這方面的觀點。最後，地理和歷史一樣，至少具有間接的重要性，可以啟發大家對於各民族的特性都能抱持一份同情與理解，包括那些被認為是「原始」或「落後」的民族在內。

33 論教育

一九三六年十月十五日在紐約州阿爾巴尼為「美國高等教育三百周年紀念會」發表的演講，由艾倫尼特翻譯，收錄在一九五〇年《晚年文集》。

在紀念的日子裡，一般都是先回顧過去，尤其是懷念對文明發展有卓越貢獻的人士。這種對先進的緬懷追思確實不該忽略，尤其是回憶昔日最美好之處，對激發今日後生晚輩勇於投入非常理想。但是，這應該由自幼就與本州有關係且對過去如數家珍的人來闡述才恰當，而不是由我這個像吉普賽人到處流浪，從各種不同國家汲取經驗的人來說三道四。

因此，我可以發揮的空間不大，只能談論些不受時空限制，長久以來一直與教育密不可分的問題。即使在這方面，我也不敢說自己是權威，尤其向來都有無數知書達禮的人士探討過教育問題，已充分表達對這些事情的看法。而我這個在教育領域算是半吊子的人來說，膽敢在沒有學理基礎、只憑個人經驗與信念的情況下大發議論呢？倘若這真的是一個科學問題，想想看還是沉默是金比較好。

不過，教育茲事體大，自有不同考量。在這裡，光知道真理並不足夠，而是應該不斷努力求進步，否則不進反退。好比是沙漠中一尊大理石雕像，不斷受到風沙掩埋威脅，必須不停出手拂拭，才能使大理石像在陽光下繼續閃亮，而我也應該出一臂之力。

　　學校向來是讓珍貴的傳統代代相傳最重要的方式。相較於過去，這個道理更適用於今日，因為在現代經濟生活的發展下，家庭作為傳統與教育傳承者的角色已然式微。因此，人類社會的傳承與健全比以往更加依賴學校的角色。

　　有時候，我們會將學校看成只是一種工具，力求將最多的知識傳承給成長的下一代。然而這並不正確，知識是死的，學校卻是為活人而設，應該要培養年輕人造福人類社會的特質與能力，但這並不表示個體性應該毀掉，讓個人像蜜蜂或螞蟻一樣，成為群體的工具而已。若是一個群體，只是由制式個體構成，沒有個人的原創性與目的，將成為一個不幸的社會，沒有發展進步的餘地。相反地，學校的目標應該是訓練獨立思考行動的個人，而個人視服務群體為最高的人生課題。據我判斷，英國的學校制度最接近這份理想的實現。

　　但是，應當如何實現這份理想呢？以道德說教來實現嗎？絕非如此。言語永遠是空洞的聲音，空談理想總是走向毀滅沉淪的道路。人格不是靠嘴巴耳朵打造出來，而是靠行動與付出。

　　因此，最重要的教育方法是鼓勵學生實際行動。這包括小學生第一次學寫字、博士生寫畢業論文，也適用於背一首詩、寫一篇作文、解釋一段話、解一道數學題目，或是練習一種運動等。

　　但是，每一項成就背後都有動機存在，那是成就的基礎，又會因為成就而強化滋養。這就是最大的差別所在，也是學校教育最重要的價值：同一份工作的出發點可能是因為害怕與強迫；對權威與勝利具有野心；或對該科目有興趣，對真理與理解有渴望，亦即出自每個健康小孩都擁有的天生好奇心，只是它往往很

早就消褪了。同樣一份工作的完成，對於學生的教育影響可能大
不相同，端視工作的基本動力是因為害怕受傷、出於個人慾望，
或是希望快樂而定。無疑地，學校行政階層以及教師的態度，對
於學生心理基礎的塑造養成也會造成影響。

　　對我來說，學校最糟糕的作法是以恐懼、強迫與權威的方式
進行教學。這樣的處理方法會摧殘學生的健全心理與真誠自信，
製造出百依百順的人。這類學校在德國和俄國司空見慣，不足為
奇。我知道美國的學校沒有這種最糟糕的情形，在瑞士與大部分
民主國家也是如此。要避免學校出現這種最壞的事情，其實相對
簡單，只要讓教師擁有的強制手段最少，讓學生純粹因為老師的
才智品德，而懂得尊師重道。

　　第二個動機是野心抱負，或說得婉轉一點是想獲得肯定讚許
的目標，這也源於人類固有的天性。缺少像這類的精神激發，人
類之間的合作將完全不可能。渴望贏得大家的認同肯定，當然是
人類社會最重要的凝聚力量之一。在這種複雜的感情裡，建設與
破壞力量緊密相依。想要獲得認同肯定是一種健康的動機，但是
渴望別人承認自己比同學或同事更強、更好、更聰明，很容易導
致自我膨脹與自我中心，反倒對個人或對群體造成傷害。因此，
學校和老師宜避免用這種刺激個人好強爭勝的方式誘導學生認真
唸書。

　　達爾文的生存競爭以及物競天擇說，一直被許多人引用來當
作鼓勵競爭風氣的權威論述。有些人甚至走火入魔，以偽科學的
方式企圖證明個體之間破壞性經濟鬥爭具有必要性。但這是錯誤
的，因為人在生存奮鬥時之所以有力量，正因為是群居性社會動

物的緣故；就像螞蟻在蟻丘之中爭鬥，對生存沒有太大的意義一樣，人類社會成之間也是如此。

因此，應該小心不要灌輸年輕人把傳統的成功當成人生目標。因為，成功人士從同胞那裡獲得的東西，通常都遠遠超過自己對社會的貢獻。一個人的價值應是看他能夠付出多少，而不是能夠得到多少來決定。

不論是在學校或人生中，工作上最重要的動機是工作中的快樂、對成果的快樂，以及體認到對社會有貢獻。我認為學校最重要的工作，在於喚醒與加強年輕人的這些心理作用。在我看來，這類心理基礎才能讓大家真心愉快地追求知識藝術等人生最高的財富。

要啟發這些具有創造性的心理力量，當然比用強迫的方式或是喚醒個人好勝心更不容易，但是會更有價值。重點是鼓勵發展孩子純真好玩的天性以及想要獲得肯定的慾望，然後導向社會重要的領域上，這種教育便是建立在學生天性渴求成功與肯定的基礎上。若是學校從這種觀點運作成功的話，新一代的學生會給予高度肯定，將學校指派的作業當成一種「禮物」，像我便認識喜歡上學勝於度假的孩童。

這種學校會要求老師在工作上有如一名藝術家。要如何在學校孕育這種精神呢？這好比是要保持身體健康一樣，沒有治百病的萬靈丹，不過某些必要條件卻不難達成。首先，老師應該在這樣的學校中成長；第二，老師應該擁有廣泛的自由，可以選擇上課教材與方法。因為對他而言，工作上創造的樂趣，也是會遭強迫和壓力扼殺的。

　　如果各位用心聽到這裡，可能會很好奇一點。我細說自己認為該用何種精神來教育年輕人，但是還沒有談到科目課程的安排，也沒有談到教學方法，而文科或理工科究竟孰輕孰重呢？

　　我的回答是，依我之見這些都是其次的。若是年輕人以體操和健走訓練肌力耐力，以後便會適應做每一種體力勞動，思考訓練與才藝練習也是相似的道理。因此，我很認同有人這樣定義教育：「若是一個人忘記在學校所學一切內容，留下來的東西便是教育。」正是如此，在古典文史教育和自然科學教育兩派人士之間的爭鬥中，我自是不急著選邊站。

　　另一方面，對於學校是否應該直接教導專業知識以及生活應用技能等，我想提出反對的意見。人生有各種面向的要求，使得學校的專門訓練顯得不可能。此外，我更反對將人當成沒有生命的工具來對待。學校應該維持一貫的目標，讓年輕人離開學校時具有調和的人格，而不只是一位訓練有素的專家，我認為這點也適用在專業技術學校上。發展獨立思考與判斷的廣泛能力一向最為重要，而非獲得專業的知識。若是一個人掌握學科的基礎，並學會獨立思考行動，自然會找到自己的道路，也更能適應各種發展變化，勝過專注細部知識訓練的人。

　　最後，我希望再度強調，這裡好像講得滿肯定的，其實純屬個人意見，沒有什麼基礎，只不過是個人當學生與當老師的經驗有感而發罷了。

34　論古典文學

一九五二年二月廿九日刊載於《青年商人》月刊。

只有看報紙、最多閱讀當代作品的人，對我來說像是嚴重近視，又不肯戴眼鏡的人。這種人完全受制於當代的偏見與風潮，因為他不看、也不聽其他東西。當一個人只有自己思考，沒有受到他人思想與經驗的刺激與啟發，無論怎麼努力頂多只是故步自封、閉門造車。

一個世紀之中，只有少數有識見的人，有清楚的腦袋與風格，以及良好的品味。他們流傳下來的作品，是人類擁有最珍貴的資產。我們要感謝古代幾位作家，讓中世紀的人們能夠逐漸從五百多年迷信無知的黑暗生活中脫離。

目前我們最該克服的，就是現代派的短視近利了。

35　保證人類的未來

致加拿大於一九五二年三月二日至八日舉辦的「教育周」賀信，收錄於一九五三年《我的世界觀》。

核子連鎖反應的發現不必然帶來人類的毀滅，如同火柴的發明不代表世界將陷入火海，但是我們必須竭盡一切努力防止濫用。在現今科技發展的階段，只有一個具有強大執行力的超國際組織，才能夠保護世人。一旦明白這點，我們才會有力量做必要

的犧牲，共同確保人類的未來。若是未能及時達成目標，我們每個人都要負責，而坐待別人行動，也是一種風險。

這個世紀科學的進步，有知識的人都會給予高度評價，縱使只有日常接觸應用科技的人也是如此。然而，若是牢記科學的基本問題，就不會高估近來的成就。好比搭乘火車，若只看附近的物體時，感覺移動速度超快，但如果注意看遠方的高山時，景色似乎變得很緩慢，科學的基本問題也是如此。

在我看來，甚至談論「我們的生活方式」或是「俄國人的生活方式」都沒道理。在兩種情況中，面對的都是一堆傳統習俗，而非一個有機的整體。無疑，更有意義的是去思考哪些制度和傳統對人類有害，哪些有利；什麼使人生更快樂，或更痛苦？之後，我們應該努力採取最好的方式，不管是自家已經採用，或者是從世界其他地方取經。

現在來談教師的薪資。在一個健康的社會，從事有用的活動都應該得到報酬，可以過一份像樣的生活。從事任何對社會有價值的活動，都會帶來內心的滿足，但是這不能當成報酬的一部分；老師無法用內心的滿足來填飽家人的肚子。

36 培養獨立思考的教育

一九五二年十月五日刊於《紐約時報》。

教導一個人專業知識是不夠的；專業知識或許可以讓人變成一種有用的機器，但不一定擁有和諧發展的人格。學生對於「價

值」能夠有所了解並且具備深刻感情，是至為重要的，同時也必須對真善美擁有鮮明的感受力，否則，擁有專業知識的人更像是一隻訓練有素的狗，而不是一個均衡發展的人。還有，為了掌握與他人和群體的恰當關係，必須學會理解人類的動機、想像和痛苦。

這些珍貴的東西是透過與教育者親身接觸而灌輸傳給年輕一代，不是（或至少主要不是）透過教科書來教導他們。當我建議「人文學科」很重要時，心中想的正是這點，而不是歷史與哲學領域中那些枯澀的知識。

過分強調競爭制度，以及過早根據實用性劃分專業，將會扼殺所有文化生活倚賴的精神，包括專業知識在內。

還有一點很重要，有價值的教育要培養年輕人獨立批判思考的能力。這種發展受到極大的威脅，因為學太多太雜（學分制度），導致年輕人課業負擔過重，造成膚淺。教育應該被視為是一項珍貴的禮物，而非沉重的責任來領受。

談朋友

37　林寇斯

奧地利工程師林寇斯生於一八三八年，卒於一九二一年，以文筆犀利、善於批評國家與社會問題聞名，也以勇於推動消除社會醜惡現象著稱，一些著作在奧匈帝國時期遭禁；本篇文章收錄於一九三四年《我的世界觀》。

　　林寇斯不只是才華出眾的工程師與作家，也是少數秉持時代良心的傑出人物。他孜孜不倦提醒世人，社會對個人的命運有責任，並且指出社會應該如何落實責任的道路。社會或國家對個人來說不是盲目崇拜的對象，社會之所以有權要求個人犧牲，完全是建立在社會有責任給予個人發展和諧人格的機會上。

38　向蕭伯納致敬

一九三〇年愛因斯坦訪問英國時所寫，收錄於一九三四年《我的世界觀》。

　　極少人有足夠的獨立性，能看透當世的弱點和愚蠢，並且保有自我不受影響。而這些孤單的少數人，在面對眾人的冥頑不靈時，往往很快會喪失撥亂反正的熱情。唯有極少數人能以幽默詼諧和翩翩風采，以中立的藝術為媒介，立起一面明鏡，讓世人更看清自己面目。今日，我以十二萬分敬意向這位大師致敬，他讓我們所有人如沐春風。

39　祝賀柏林納七十歲壽誕

取自《自然科學》，一九三二年二十卷九一三頁。柏林納是德國物理學家，一九一三年開始擔任該周刊編輯，一九三五年卻因為猶太人身分而遭納粹解職。七年後，在八十歲時於即將被納粹遣送前夕自殺身亡。

　　我要藉此機會告訴我的朋友柏林納和本刊讀者，為何我高度肯定他的為人與貢獻。我必須趁這個機會講明白，因為這種場合是唯一的機會；基於客觀中立的訓練，我們往往將評論個人之事視為禁忌，凡人如我只有趁像這樣的特殊場合，才能稍微僭越。

　　在揮灑一點自由之後，現在讓我們回到客觀性。科學研究領域已見大幅擴張，每一門科學的理論知識都更加深奧。但是人類智慧融會貫通的能力，一樣極為有限。因此，研究人員涉及的範圍勢必會局限在越來越小的知識領域。更糟糕的是，這種專門化讓人們難以對科學整體窺得全貌，若缺乏這番認識，隨著科學的進步發展，恐怕會有害真正的研究精神。這種情況很像是《聖經》裡巴別塔的故事，每位認真的科學家都痛苦地發現，被迫放逐到越發狹窄的知識範疇裡，恐將使研究人員喪失開闊的眼界，淪落到技術人員的層次。

　　我們都遭遇到這個害處，卻未努力減輕問題。但是柏林納以令人欽佩的方式來拯救我們，至少在講德語的世界裡。他知道現有的科普刊物啟發外行人已經足夠，同時也明白必須要有一份涵蓋廣闊的期刊，專門提供科學家極欲了解的相關科學問題、方法與結果等發展訊息，以便形成自己的判斷。伯林納以偉大的智慧與相當的決心投身於這個目標，經過多年認真努力，為大家與科學獻身服務，讓我們感激不盡。

　　他必須爭取成功的科學家來共同合作，請他們盡可能用簡單易懂的方式表達，讓不是專家的人們也能了解。他常常告訴我，為了追求這項目標，他必須打了多少戰役。他用以下這道謎語，來形容遭遇的困難：「問：科學作者是什麼？答：介於含羞草和

刺蝟之間的綜合體。」柏林納之所以有成就，在於他強烈渴望讓涵蓋盡可能廣的科學研究領域，擁有清楚全面的表達。這份感情也驅使他完成一本物理教科書，是多年辛勤工作的果實，之前還有一位醫學生對我說：「若是手上沒有這本書的話，我不可能在有限的時間內，能對現代物理的原理有一份清楚的概念。」

　　柏林納為能夠清楚表達與傳達科學而努力，他讓科學問題、方法和結果在許多人心中生根萌芽。若是沒有這份期刊，這個時代的科學生活將無法想像。讓知識活起來並且保持生命力，與解決專門的問題都是同等重要的。

40　洛倫茲對國際合作使命的貢獻

本篇文章寫於一九二七年。洛倫茲是荷蘭理論物理學家，是當時最偉大的科學家之一。他的研究涵蓋物理學諸多領域，但最出色的貢獻是電磁學相關理論；其發現為現代許多物理學發展奠定基石，尤其是相對論。在一次世界大戰後，洛倫茲將大量精力投入國際合作的重整，特別是科學家之間。由於他聲譽斐然且享有各國學者的尊重，努力獲得了成功，晚年並擔任國際聯盟的知識分子合作委員會的主席；這篇文章收錄在一九三四年《我的世界觀》。

　　隨著十九世紀科學研究普遍專門化，在一門科學領域居於領導地位的人，罕見能同時在國際組織與國際政治的領域裡，為社會提供可貴的服務。這不僅要求要有力量、遠見及名聲成就，同

時也不能有國族偏見，必須為共同的目標犧牲奉獻，在我們這個時代已經很稀罕了。沒有別人能像洛倫茲這般完美地集所有特質於一身，其為人散發著一種神奇的魅力：特立獨行又固執的天性（在學者之間尤其常見），讓人不會輕易聽令行事，最多只會心不甘情不願接受領導。但是當洛倫茲站上主席的位置時，一種合作愉快的氛圍總是油然而生，無論與會者的目標與思維如何不同。這份成功的秘訣不僅在於他能快速掌握人與事，對語言的掌握也令人驚嘆，最重要的是可以感覺到他專注手中的事情，工作時便心無雜念，讓大家卸下心防與固執。

在大戰前，洛倫茲在國際關係事業上的活動，局限在主持物理學家的會議，最著名的是索爾維會議，頭兩屆是一九〇九年與一九一一年在布魯塞爾舉行。接著歐戰爆發，對於所有關心促進人類關係的人們來說真是重大打擊。不論是戰爭結束前與戰爭結束後，洛倫茲致力國際和解的工作，尤其是重建知識界與科學界友好有成的合作關係。外人恐怕難以想像這是多麼艱鉅的工作，因為戰爭期間累積的新仇舊恨未了，許多有影響力的人士堅持不肯妥協的態度，容許自己跟隨大環境沉淪。洛倫茲彷彿是一名醫生，面對拒絕服用細心調配藥物的頑固病患而努力。

不過，當他看出哪條才是正確的道路後，他絕不退卻。大戰之後，他加入「研究委員會」的理事會，這是由戰勝國的學者創辦，「同盟國」的學者和學術團體則被排除在外。他之所以甘冒得罪同盟國學術界的風險而進入委員會，無非是希望促使理事會擴大，邁向真正的國際化。在不斷努力後，他和其他明辨是非的人士成功將這則排除條款從章程拿掉。然而，企圖恢復學術團體

之間豐碩交流合作的目標卻未能成功，因為同盟國的學術界對在之前接近十年的時間之中，幾乎完全被排除在國際科學會議之外很氣惱，也養成小圈圈的習慣。不過，如今有很好的理由可望盡快破冰，這得感謝洛倫茲處事圓融，為了完成使命全力以赴。

洛倫茲也以另外一種方式，投身為國際文化事業服務。他同意加入國際聯盟知識分子合作委員會，這是五年前柏格森擔任主席時呼籲成立。在洛倫茲主持委員會的最後一年，受到附屬機構巴黎研究院的積極支持，成為不同文化圈知識與藝術活動範疇之間的橋樑。他睿智謙虛與人本精神的個性發揮良好作用，本著「服務而非統治」的原則，可望帶領人們走向正確的道路。

願他樹立的典範，將這股精神發揚光大！

41 洛倫茲悼文

洛倫茲生於一八五三年，卒於一九二八年；本文收錄於一九三四年《我的世界觀》。

我是以德語學術世界、尤其是普魯士科學院的代表，以及更重要的是以學生與仰慕者的身分，站在這位時代巨人的墓前。他的聰明才智帶領我們從馬克士威的研究跨入現代物理學，奠定重要的基石與方法。

他傾心陶冶人生，精雕細琢有如藝術品。他仁慈慷慨又富正義感，對人世洞悉透徹，讓他成為各涉足領域的領袖。人人樂意跟隨他，因為感覺他從不以領袖自居，只是為了服務大家。其成

就和榜樣將成為鼓舞與祝福，永遠活在世世代代的心中。

42　創造家洛倫茲的為人

一九五三年在荷蘭萊頓為洛倫茲百年冥誕紀念致詞，收錄於
一九五三年《我的世界觀》。

在世紀交替之時，各國理論物理學家都以洛倫茲馬首是瞻。
然而，對於洛倫茲在理論物理學基本觀念發展上所扮演的關鍵角
色，當今物理學家多半未能完全明瞭。這件怪事的理由在於，因
為洛倫茲的基本觀念已經融為大家觀念的一部分，讓人很難想到
當初這些想法有多大膽，又如何簡化了物理學的基礎。

當洛倫茲開始獨創性的科學研究時，馬克士威的電磁理論已
經獲得成功。但是這個理論本身的基本原理相當複雜，讓關鍵要
點無法清楚呈現。雖然場的概念已經取代遠距作用，但電場和磁
場還未被視為基本實體，而是被當成介質所處於的物理狀態，後
來又被當成連續體來處理。結果電場一分為二，成電場強度和介
電質位移兩個場，在最簡單的情況中，這兩種場以介電常數連
繫，但是原則上它們被當成獨立實體處理，磁場也是同樣的情
形。根據這種基本概念，真空被當成有物質存在的一種特殊情況
處理，在真空中場強度與介電質位移的關係「恰好」特別簡單。
尤其是，這種解釋讓電場和磁場不能與物質的運動狀態脫鉤，因
為物質被看作是場的介質。

洛倫茲對運動物體電動力學的研究，讓當時流行的馬克士威

電動力學可以得到一個很好的解釋。洛倫茲對該理論進行關鍵性的簡化。其研究僅以下列假說為基礎：

電磁場存在於空無一物的空間中，由一個電場向量和一個磁場向量組成。場是電荷原子而生，而場又回頭過來對電荷施力；電磁場和物質之間唯一的關連，在於基本電荷緊附物質原子而存在，且帶電質點受牛頓運動定律所支配。

在這個簡化的基礎上，洛倫茲建立出一個完整的理論，涵蓋當時所有已知的電磁現象，包括運動物體的電動力學。這套理論融會貫通且清晰優美，在實證科學上難得一見。在這項基礎上，唯一不另加假設就無法完全解釋的現象即著名的邁克森與莫里實驗；若不是把電磁場視為真空中存在的現象，就無法想像該項實驗會導致狹義相對論。的確，關鍵步驟正是將電磁場化為真空中（當時稱「以太」）的馬克士威方程式。

洛倫茲甚至發明了後來以他命名的「洛倫茲轉換」，雖然他並沒有看出其特性。對他來說，真空的馬克士威方程式只適用於特定一組靜止坐標系。這真是一種矛盾的狀況，因為該理論對於慣性系的限制，似乎比古典力學更強，從實證觀點來看完全沒有道理，結果促成了狹義相對論的誕生。

感謝萊登大學的慷慨，我經常到那裡找知交埃倫費斯特相聚，因此常有機會聆聽洛倫茲講課，這是他從教職退休後固定為一小群年輕同事開的課。從他崇高心靈流露而出的，永遠有如藝術作品般清晰優美又流暢自然，是我未曾在別人身上感受到的。

我們年輕人只要認識洛倫茲崇高的心靈，便會特別欽佩與尊敬他。然而當我想到洛倫茲時，我的感覺遠不只是敬佩。在我一

生中，他對我個人的意義遠超過其他人。

　　正如他對物理和數學掌控自如，對自我的掌控更是如此。他幾乎沒有平常人的弱點，但卻從來不會表現得高人一等。大家都知道他很優秀，但是從不覺得有壓迫感。雖然他對人世未心存幻想，但是待人接物總是滿懷關愛。他從未給人霸氣的印象，總是盡力幫忙服務大家。他認真待人接物，從不流於輕薄怠慢。一抹幽默與他相隨，從眼神和微笑流露而出。這一切配他恰如其分，因為儘管他獻身科學，但他深信人類的認知理解無法穿透事物本質太深。唯有到了晚年，我才能夠完全體會這種謙沖與懷疑並蓄的態度。

　　儘管努力嘗試，我發現語言或至少是我自己的語言，無法在這篇短文道盡一二。所以，我想引用洛倫茲讓我印象特別深刻的兩段話作結尾：

　　「我很高興屬於這個國家，它太小了，而不致幹大蠢事。」

　　世界大戰期間，有人想說服他說人類的命運是由強權和武力解決，他這樣答道：

　　「或許您說得對，但是我不想活在這樣的世界裡。」

43　悼居里夫人

一九三五年十一月廿三日，於紐約羅里奇博物館舉行的居里夫人追思會致詞，收錄於一九五〇年《晚年文集》。

像居里夫人這般受世人景仰的人物，在走完人生旅程的這

刻，讓我們不要只限於緬懷她為世人帶來的研究成果。一流人物對於一個世代與歷史進程來說，其品行道德的影響力也許更甚於單純的才智成就；事實上，即使個人的才智成就，也十分仰賴人格特質，大家常常會忽略這一點。

我很榮幸，過去廿年來與居里夫人之間保有真誠崇高的友誼，她的恢宏大度讓我越發敬佩。她的堅定自持、心志高潔、客觀公正與剛正不阿等，難能可貴地集於一人之身。她覺得自己無論何時何刻，都只是社會的僕人，謙沖自抑永不自滿。她對社會的殘酷粗暴與不公不義感到憤慨，這讓她外表看來相當剛直，似乎過於枯燥嚴肅，容易被不熟悉的人誤解。一旦她認定是正確的道路，她便毫不妥協，堅定追求。

她一生中偉大的科學成就，是證明放射線元素的存在並分離出來。這不僅是歸功於她的大膽直覺，更有賴於她全心投入，在最艱困的環境下堅持到底，在實驗科學史上實屬罕見。

若是居里夫人的胸襟與奉獻，能夠有一小部重現在歐洲的知識分子身上，歐洲可望迎向更加光明的未來。

44　聖雄甘地

一九三九年對甘地七十歲壽辰發表談話，收錄於一九五〇年《晚年文集》。

甘地是人民的領袖，從未倚恃任何強權；他是一位政治家，其成功不是因為掌握謀略或技術，而是眾望所歸的人格魅力；他

是勝利的鬥士，永遠反對使用武力；他是虛懷若谷的智者，以不屈不撓的精神，竭力促使人民向上提升與改善命運；他以身為一個人的尊嚴，勇敢迎戰歐洲之暴橫，永遠更高一籌。

後世之人或許難以相信，這世上真的曾經有這樣一個人活著過。

45　悼念普朗克

一九四八年於普朗克追思會致詞，收錄於一九五〇年《晚年文集》。

以偉大創見造福世界之人，無須後人讚揚，成就本身已給他更大的回報。

然而，今日所有代表追求真理和知識的人們都從世界各地湧來，這是一件好事，也是不可或缺的。大家在此見證，即使這個時代政治狂潮與野蠻暴行有如一把利劍，在痛苦恐懼的人民面前揮舞張狂，但是我們對追尋真理的理想，仍然旗幟高張不受動搖。這份理想無論何時何地都是連繫科學家們的紐帶，尤其在普朗克身上完滿體現。

雖然希臘人已經想到物質的原子特性，且十九世紀的科學家已提高其可信度，但是普朗克的輻射定律首次精準確認原子的絕對尺度，並與其他假設無關。更重要的是他也明確指出，除了物質的原子結構外，能量也具有原子結構，並且受普朗克引進的普適常數 h 支配。

這個發現成為二十世紀一切物理學研究的基礎，此後幾乎支配其發展。若是沒有這項發現，將不可能建立適用的原子分子理論，以及支配能量轉換的過程。此外，這打破了古典力學和電動力學的整體架構，為科學帶來一項新任務，要為所有物理學找到一個嶄新的概念基礎。儘管已有部分成效，但是現在離一個滿意的答案仍然很遙遠。

在向他致敬之時，美國科學院表示期盼追求純粹知識的自由研究，可繼續保持通暢無礙。

46　向科恩致敬

一九四九年十一月十五日為「科恩學生紀念基金會」發表致詞。

各位女士先生：

在這個動盪不安的大都會裡，很高興知道有人未完全受到當前世事紛擾所影響。這項研討會見證，有識之士之間的關係不會受到亂世所擾，也不會遭到陰陽相隔。與我們特別親近的人們，大多數已經不在人世，最近則是科恩先生離開了我們。

我知道他是一名熱心助人且特立獨行的善心人士，我經常有幸與他討論共同有興趣的問題。不過，當我偶爾想談談他崇高的人格時，卻痛苦發現對於他心裡的想法並不夠了解。

為了稍微填補這份空白，我拿他與奈格爾合著的《邏輯和科學方法》來看。然而，我並未感到很輕鬆，反倒是因為時間太少

而焦慮不安。但是開始看之後，卻變得欲罷不能，有時候心頭雜念全飄移到後頭去。

　　幾小時之後當我回神過來，自問到底什麼讓我著迷不已。答案很簡單，他不是將準備好的答案拿出來，而是先提供各種思考事情的方法，進而引發科學好奇心。接著，才是嘗試以完整的論述清楚說明問題。作者真誠推理的過程，讓讀者分享內心如何思索推敲，這正是天生教師的標記。知識以兩種形式存在：儲存在書本裡的死知識，以及在人們意識裡的活知識。第一種也許不可或缺，不過其重要性僅居次，第二種形式才是至關重要的。

第二部分

論政治、政府與
和平主義

47 科學的國際主義

寫於一次世界大戰不久後，收錄於一九三四年《我的世界
觀》。

　　當民族主義和政治狂熱在戰爭期間達到高潮時，費歇爾在科
學院會議上說了擲地有聲的一句話：「先生們，科學現在而且永
遠都是國際的，別再試圖抗拒了。」真正偉大科學家都深切感受
到這點，縱使在政治紛擾的年代，當他們被心胸狹窄的同事孤立
時，也會堅持如此。戰爭期間，每邊陣營裡選出來的代表違背神
聖的職責，讓國際科學院協會瓦解；當時到現今，召開會議時敵
對陣營的科學家們便遭到排除。政治考量被放大看待，讓純粹客
觀的思考方式無法得勝，使得我們偉大的目標必然受挫。

　　不受當前激情所惑的有志之士們，如何修補知識界的裂痕
呢？當前大多數知識分子依舊激憤不已，無法舉辦真正大格局的
國際會議。要重建科學研究人員的國際組織，所面對的心理障礙
依舊堅不可摧，只靠少數高瞻遠矚之士的努力，一時還難以克
服。這些有識之士在推動修復國際協會之健康的重大任務上，可
以與全世界志同道合者保持緊密連繫，堅定不移地在各自的領域
倡導國際視野與共識。全面的成功仍需要時間，但無疑終將實
現。我特別要利用這個機會，向眾多的英國同事致謝，在艱困的
歲月裡，他們維護與支持知識分子組織體的願望始終不渝。

　　無論在什麼地方，公民個人的態度都比政府官方聲明更正
面。有識之士應該牢記「元老院的議員都是彬彬有禮的紳士，元

老院則是個張牙舞爪的野獸」這句話，不要讓自己被激怒或誤導。

若說我對國際組織的進展滿懷信心希望，與其說是因為我對同行科學家的聰慧才智有信心，不如說是因為經濟發展的迫切壓力使然，甚至這極仰賴科學家的工作，所以即使立場保守的科學家也不得不幫助建立國際組織了。

48　告別信

一九二三年愛因斯坦寫給國際聯盟的知識分子合作委員會的辭職信，抗議國際聯盟處事不周。杜福佛倫斯是當時德國外交部一名高官，後來變成國際聯盟首任德籍副秘書長。一九二四年，愛因斯坦為了反制德國沙文主義者利用他前一年的退出來反對國際合作，於是重返知識分子合作委員會；本文收錄於一九三四年《我的世界觀》。

敬愛的杜福佛倫斯先生：

您惠賜來信不能置之不理，否則您可能對我的態度產生誤解。我決定不再赴日內瓦的原因如下：很遺憾，經驗告訴我整個委員會並沒有認真下決心，去促進國際關係的實質改善。在我看來，大方向倒比較像是「做些表面工夫」（*ut aliquid fiery videatur*）；在這方面，我覺得委員會比整個國際聯盟還要糟糕。

正是因為我渴望盡一切所能，推動建立一個超越國家的國際仲裁和調解機構，對這目標的堅持使我覺得不得不離開委員會。

委員會已經成為各國少數族群受壓迫的幫兇，允許各國各自設立一個國家委員會，成為該國知識分子與知識分子合作委員會之間唯一的溝通管道。當各國少數族群努力反抗文化壓迫時，委員會這種作法等於是刻意放棄給予他們道義支持。

此外，委員會對於迎戰各國教育中的沙文主義與軍國主義傾向，態度一直很冷淡。因此，我無法寄望委員會會在這個至關重要的領域上，有何認真作為。

另外，對於義無反顧投身推動國際秩序與反對軍國體制的個人與組織，委員會自始至終都無法給予道義上的支持。

委員會從來沒有試圖抵制某些成員的任命，雖然明知他們經常嚴重違背應盡之職責。

我無意與您進一步爭辯，從字裡行間裡您應當明白我的決心。寫訴狀不是我的事情，只是想表達我的立場。您應該清楚，之所至此表示我已經不抱任何希望。

49 知識分子合作研究院

可能寫於一九二六年，收錄於一九三四年《我的世界觀》。

今年，歐洲各國政治領袖首次體認到傳統政治組織之間的勾心鬥角必須罷休，歐洲大陸才能恢復昔日的繁榮。歐洲的政治組織必須加以鞏固，並且應該逐步廢除關稅壁壘。終結這一切不能單靠條約來實現，最重要的是民眾心理必須有所準備。我們必須試著逐步喚醒大家團結的意識，並非止於前線而已，國際聯盟為

此創設「知識分子合作委員會」。該委員會十足國際化，完全屬於非政治團體，主要任務便是讓戰爭期間被孤立的各國知識分子能夠彼此連繫接觸。結果證明這是一項艱困的任務，因為我得承認至少在我最熟悉的國家裡，文藝界與知識分子仍受到狹隘的國族主義支配，而且其程度遠遠比政治人物還要嚴重。

迄今，該委員會每年召開兩次會議。為發揮功效，法國政府決定永久設置一個「知識分子合作研究院」，現在才剛剛成立。這是法國政府慨然相助，值得稱許感謝。

錦上添花容易，對自己遺憾或不認同的事情保持緘默也很容易。然而，只有誠實才能幫助我們進步，所以，除了對這名新生兒致意之外，我不會對批評卻步。

平日我都可以觀察到，委員會工作的最大障礙是對自己在政治上的公正客觀缺乏信心。我認為，需要盡力加強信心，並且避免任何傷害。

因此，由於法國政府出資在巴黎設立知識分子合作研究院，成為委員會的一個永久機關，再加上是法國人擔任院長，讓外界很難避免產生一個印象，認為委員會為法國掌控。又因為一直是由法國人擔任委員會主席，更加深這份印象。雖然這些法國人都是聲譽卓然之士，到處備受尊敬推崇，然而這種感覺依然存在。

「我已經說了該說的話，拯救了自己的靈魂。」（*Dixi et salvavi animam meam*）我衷心希望新成立的研究院能經常與委員會交流互動，成功推動共同的目標，並贏得全世界知識分子的信任與肯定。

50 對世界經濟危機的思考

接下來兩篇文章是在一九三〇年代世界經濟危機時撰寫，雖
然當前情勢並不相同，但有些建議的補救措施已被不同的國
家採用，因此應該納入這些文章。收錄於一九三四年《我的
世界觀》。

一個經濟學的門外漢之所以膽敢對當前經濟危機表達看法，
是因為專家之間意見紛雜，令人無所適從。我要說的沒什麼新鮮
處，只是表達出一個獨立誠實人士的看法；我沒有階級或國籍偏
見的包袱，只是嚮往人類生活和諧美滿。如果接下來我寫的東
西，看起來言之鑿鑿，不過是為了行文方便，不是對自己太過自
信，或是認為自己對於這些問題的淺見毫無謬誤，因為這些問題
實在是異常複雜啊。

在我看來，這場危機的本質與過去不同，是在全新的情況下
產生，而這種情況是由於生產方式快速進步所致。現在，全世界
一切的生活消費用品，只需用到部分人力來生產。在完全自由放
任的經濟體制下，必然會導致失業。

大多數人都被迫在最低工資下維持生計，在此我不細究原
因。假設有兩家工廠生產同類商品，在其他條件一致下，讓工人
的工時和勞動力都達到極限的那家工廠，得以雇用較少工人，自
然生產的商品會比較便宜。在今日的生產方法下，無可避免只會
用到部分的勞動力。雖對於受雇者有不合理的要求，然而其餘勞
動力更是完全被排除在生產過程之外。這終究將導致銷售與利潤

下降，讓企業破產，進一步造成失業增加並減損產業信心，也讓民眾在銀行的儲蓄借貸活動減少，最後銀行因為擠兌而破產，使得工業齒輪完全停擺。

　　也有人說這次危機是由其他因素造成，討論如下：

　　生產過剩：在此必須區分實際生產過剩與表面生產過剩兩種不同的情況。所謂實際生產過剩，我指的是生產超過需求，或許可適用在目前美國汽車與小麥的生產上，雖然這也是值得懷疑。通常人們所謂的「生產過剩」，是指某種商品的產量超出銷售量，儘管該消費商品在消費者之間仍有短缺的情形，我稱這種現象為「表面生產過剩」；在這個情況中，並不是缺少需求，而是消費者的購買力不足。我認為，這種表面生產過剩只是危機的另一種說法，因此不能解釋危機。有人企圖用生產過剩來解釋當前的經濟危機，不過是在玩文字遊戲罷了。

　　賠款：償還賠款對於債務國與其經濟是很沉重的負擔，迫使他們走向破產，結果也損害到債權國。這是不爭的事實，但是經濟危機卻也出現在關稅壁壘很高的美國，可見這並非是世界危機的主要原因。債務國因為支付賠款導致黃金短缺，最多只能作為停止支付賠款的理由，並無法解釋世界經濟危機。

　　新關稅壁壘的設立、不具生產性的軍備負擔加重、潛在戰爭風險引致政治不安定：這些事情都使歐洲的情況更加險峻，卻沒有真正影響到美國。從美國出現的危機看來，這都不是主要因素。

　　中國和蘇聯兩個大國退出市場：這的確打擊世界貿易，但在美國感受也不深，因此不可能是危機的主要成因。

戰後下層階級的經濟崛起：即使為真，這也只會引起商品匱乏，而非供給過剩。

到此我不會再勞煩讀者，列出其他無關緊要的原因。能肯定的是，科技進步雖然解除人類生存所需付出的大量勞力，但現在卻也成為我們目前處境困難的主要原因。因此，有人甚至大聲疾呼要禁止所有技術革新，這顯然是荒謬的！但是，如何才能找到更理性的方式解決其中的矛盾呢？

若是我們能設法維持大眾的購買力（以商品計量）在一定水準以上，那麼像今日我們遭遇的產業循環停滯將不會發生。

要做到這點，在邏輯上最簡單也是最大膽的方法是完全的計畫經濟，消費商品由社會進行生產與分配，基本上蘇聯今日就是嘗試採行這種方式。最後要看這種強迫性的實驗會產生何種結果，胡亂臆測是不負責任的作法。在這種制度下製造的商品，會比私人企業享有更多自由的制度下更為經濟嗎？這種制度伴隨的恐怖威嚇，西方人任誰也不願意去碰，若是沒有這些強迫手段的話，還能推行下去嗎？這種強硬、集中的經濟制度，會不會走向保護主義與阻礙冒險創新？不過我們也得小心，莫讓這些疑慮成為偏見，妨礙客觀判斷的形成。

我個人的看法是，如果於目標無礙，尊重現有傳統習俗的方法較為可取。我也不相信，突然將經濟交由政府管理會有利於生產，而是應該保留私有企業的活動範疇，只要本身不受壟斷機制箝制即可。

不過，經濟自由應當受兩方面的限制。不管是哪種產業，應該立法縮短每周工時，系統性消除失業。同時，應該限定最低工

資，使得工人的購買力跟得上生產力。

此外，在企業主組織下而變成壟斷的行業裡，必須由國家控制價格，才能使資本收益保持在合理的範圍內，並防止人為操控生產與消費。

在這種方式下，或許才有可能在生產與消費之間建立適當的平衡，既不用對企業自由限制太多，同時也能制止生產工具（土地和機器）的擁有者，對工薪階層（最廣義而言）進行不人道的剝削壓榨。

51　生產和購買力

收錄於一九三四年《我的世界觀》。

我不相信，解決目前困境的方法在於生產力和消費的知識，因為基本上這種知識是緩不濟急。在我看來，德國的問題不在於生產設備擴充太多，而在於有一大部分人口缺乏購買力，他們因為工業革新的緣故，被排除在生產過程之外。

我認為，黃金本位制有嚴重的壞處，黃金供給短缺會自動導致信用緊縮與通貨總額減少，在這種狀況下使得物價與工資無法快速調整因應。

我認為，目前問題的自然解決之道如下：

第一，立法依各產業部門減少工時，以解決失業問題，並且限定最低工資，使大眾購買力跟得上商品供需量。

第二，控制流通貨幣總量以及信貸規模，使物價水準維持穩

定，並廢除任何通貨標準制。

第三，對於因壟斷獨占而失去自由競爭的商品，立法限制其價格。

52 生產力和勞動力

一封回信，收錄於一九三四年《我的世界觀》。

在我看來，世界經濟最根本的問題在於勞動市場幾乎毫無限制的自由，碰上了生產方法的突飛猛進。要滿足今日全世界的需求，並不需要所有的勞動力，結果造成失業問題以及工人之間的惡性競爭，這些都會降低購買力，使得整個經濟體系失去動力，難以承受。

我知道，自由派經濟學家主張勞動力的節省將會由需求增加而得到平衡。不過，首先我不相信這種論點，縱使是對的，上述因素也總是迫使大部分人的生活水準降到不自然的低點。

我也同意閣下的看法，絕對有必要採取行動，讓年輕人共同參與生產過程。此外，不應當讓老年人參與某些種類的工作（我稱為「不適合」的工作），而是給予一定的收入，因為他們已從事社會認可的生產工作夠久了。

我也贊成分散大城市，但不是將某種類型的人（如老年人）安置在特定鄉鎮。坦白說，這種想法讓我感到不寒而慄。

同時，我主張必須避免貨幣價值波動，可根據消費情況選擇某些種類的商品來當標準，以取代金本位制；如果我沒有記錯的

話，凱恩斯很久以前就提出這樣的建議。若是引進這套制度，我們或許可以容許某些程度的「通貨膨脹」，只要相信國家會合理運用這筆「意外之財」的話。

因此就我看來，您計畫中的弱點在於心理層面，或是說您忽略了這個層面。資本主義同時在生產與知識方面都帶來了進步，這並非意外；遺憾的是，利己主義與競爭比起公德心與責任感更是強大，據說在俄國，連拿到一塊像樣的麵包都不可能！……或許我對於國家和其他形式的公共體制太過於悲觀，完全不抱任何希望。官僚主義會扼殺一切成就，我看過和遇過太多可怕的警惕，即使是人稱模範的瑞士也不例外。

我傾向於認為，國家對於工業唯一真正的用處是成為限制與管理的力量，讓工人之間的競爭維持在健康的範圍，使所有兒童都有健全發展的機會，並且將工資提高到所有生產的商品都可以消費掉。若是由獨立自主的專家依客觀公正的精神來制定措施，那麼國家可望透過管理功能來發揮決定性的影響。

53 學生裁軍會議談話

約一九三○年對一群德國和平主義學生發表講話，收錄於一九三四年《我的世界觀》。

前人為我們帶來高度發達的科學技術，成為一項最珍貴的禮物，讓我們可望創造自由與美麗的人生，達到上一代人從未享受過的程度。然而，這份禮物也對人類的生存帶來危險，和先前的

威脅一樣不容小覷。

文明人類的命運比以往更依賴我們能夠發揮的道德力量。因此，我們這個時代面臨的任務，當然不會比上一代達成的任務更加容易。

食物與生活必需品的供給，可以用比以前更少的工時製造。另外，勞動力與產品分配的問題，變得更加困難。我們都知道經濟力量的自由運作，個人對財富權力追求的不受約束，無法自然讓上述問題得到讓人可以接受的解答。生產、勞動力和分配需要以明確的計畫組織安排，以避免寶貴的生產能量被耗費，並讓大部分人口陷入貧窮而喪志。

若是利己主義漫無限制，導致經濟生活產生可怕的後果，對於國際關係的影響更是不利。軍事武器的製程方法進步快速，若是不趕快找到防止戰爭之道，人類的生活將變得苦不堪言。先前的嘗試都以失敗收場，讓這項目標更具迫切的重要性。

有人企圖以限制軍備與議定戰事守則來降低風險，然而戰爭不是打牌，玩家都會乖乖遵守規則。當生命危在旦夕時，規則與責任都會被拋在一旁；唯有完全避免一切戰爭，才會有用。創設國際仲裁法庭還不足夠，必須有條約保證該法庭的裁決將會由各國一致協力生效；若是缺乏這種保證，各國永遠不敢真的裁撤軍備。

例如，假設美英德法政府堅持日本政府應立即停止在中國的戰爭行動，否則將遭到全面經濟抵制，大家認為日本政府敢無視這項聲明，而讓整個國家陷入危險嗎？那為何不這麼做呢？為何世人都要活在恐懼中呢？因為大家都求取自己曇花一現、朝不保

夕的優勢，卻不肯將整個人類社會的幸福繁榮擺在自己前頭。

　　這就是為何我一開始告訴大家，今日人類的命運比以往更仰賴道德力量。通住幸福安康的道路，在於隨時隨地的摒除和節制私利。

　　追求這種過程的力量從何而來？唯有年少時有機會以學習鍛鍊心志與拓展視野的人，才能夠產生這種力量。因此，我們老一輩的人期許後生晚輩能夠努力奮鬥，做到我們做不到的事情。

54 論一九三二年裁軍會議

發表於《民族》周刊，一九三一年一三三卷三〇〇頁，德文原文收錄於一九三四年《我的世界觀》。

I.

　　我可以從一則政治信條談起嗎？這則信條是「國家為人民而設立，非人民為國家而存在。」我認為，這則道理也可以用在科學上，這是老生常談，凡是相信「人」就是最高價值的人士都會這樣主張。若不是在這種組織化與制式化的時代這點常有被遺忘之虞，我本應不需要一提再提。我認為國家的最高使命在於保護個人，讓大家有機會發展成為具創造力的人。

　　也就是說，國家應該是人民的僕人，而非人民是國家的奴隸。當國家強迫我們服兵役參與戰事，便是違反這項原則，尤其是這種奴役兵制的目標與結果，是殺害其他國家的人民或干涉其

自由發展。唯有促進個人自由發展時，我們才會為國家做這種犧牲。對每個美國人來說，這或許是耳熟能詳的道理，但並非對每個歐洲人都是如此。因此，我們希望美國人能大力支持，共同來反戰。

　　現在談到裁軍會議。當我們想到它時，是應當笑、應當哭，還是抱持希望呢？設想有一個城市，居民脾氣暴躁、不誠實、又愛吵架。在那裡生活經常面臨危險，重重阻礙中簡直沒辦法過正常健康的日子。市議會非常想要改善這種糟糕的狀態，但是大家都堅持有帶刀上街的權利。經過多年的研議後，市議會決定妥協，對民眾可攜帶刀子的長度和銳度提出一個問題。當然，若不明令禁止械鬥，並由司法與警方依法執行，事情就會維持老樣子。不管如何定義刀子的長度和鋒利程度，都只是讓最強壯、最愛鬧事的人得利，弱者只能任憑擺布。大家都明白這個比喻的意思，的確，我們有國際聯盟和仲裁法庭，然而國際聯盟不過是開會的地方，而仲裁法庭也沒有辦法強制執行決議。這些機構對於任何遭受攻擊的國家，都無法提供安全保障。若是記住這點，對於法國拒絕沒有保障便逕行裁軍的態度，應該不會像現在那般嚴詞批判。

　　除非所有國家都一致同意限制自己國家的主權，並聯合起來對抗公然或暗中違反仲裁法庭決議的國家，否則將永遠無法從目前全球混亂與恐怖的狀態脫離。我認為，沒有其他花招可以讓各國既維持毫無限制的主權，又能保證會一同抵抗侵略。難道還需要新的災難發生，才會刺激所有國家強制執行國際法庭的每項決議嗎？迄今的發展讓我們很難有理由相信，不久的將來情勢會改

善。但是每個關切文明與正義的人，都應當盡一切力量說服同胞，必須讓所有國家共同承擔這樣的國際義務。

有人說這種主張高估了國際組織機制的效能，卻忽略心理層面或說是道德層面上的因素，這點意見並非沒有道理。有人主張精神裁軍必須走在實質裁軍之前，他們進一步正確地指出，國際秩序的最大障礙是猖狂的民族主義怪獸，以冠冕堂皇實則濫用的「愛國主義」之名行之天下。在過去一個半世紀以來，這個「神主牌」到處荼毒生靈。

要判斷這番異議是否具有價值，首先我們必須了解到在外在機制與內在心理之間的相互關係。機制不僅依靠傳統的情感模式，根源存續也都歸因於情感，而現有機制也會反過來對民族的情感模式發揮強大的影響。

依我之見，現今民族主義在各地旗幟高張，都與義務役兵制（或是稱作好聽的「國軍」）密不可分。一個要求國民服兵役的國家，一定得培養民眾的愛國精神，為從軍報國打下心理基礎。在學校除了宗教之外，國家還得讓年輕人崇拜這種暴力的工具。

我認為實行義務役兵制，是白種人道德淪喪的主要原因，不只嚴重威脅到文明的存續，更威脅人類的生存。這項詛咒與社會重大進步幸福都是源自於法國大革命，不久就襲捲所有國家。

因此，凡是希望培育國際精神並迎戰沙文主義的人士，都應該挺身反對義務役兵制。今日因為良心而拒絕服兵役的人所受到的殘酷迫害，比起幾世紀前宗教殉道者所承受的苦難折磨，有過之而無不及。我們能夠像《凱洛格公約》[1]那樣，一方面譴責戰爭，一方面又讓每個人在各自國家的戰爭機器下求生存嗎？

如果在裁軍會議上，不只局限於討論組織層面的技術問題，同時也從教育角度上直接處理心理問題，我們需要創造一些國際上的法律手段，讓個人得以拒絕服兵役，這種作法無疑會產生巨大的的道德作用。

總結一下我的觀點：只就限制軍備達成協議並無法提供保障，強制仲裁必須有強制執行力作後盾，由參與各國保證，願意共同以經濟和軍事制裁來對抗侵略者。義務役兵制是不健康的民族主義溫床，必須加以打擊；最重要的是必須以國際為基礎，對出於良心拒服兵役的人士給予保障。

II.

若是社會制度的發展能夠跟得上科技進步的話，那麼十九世紀發明天才創造的成果，早已可讓我們的生活幸福無憂。結果，這些得來不易的成就，在我們這代手中好比是三歲娃兒玩刀；我們雖然擁有優異的生產技術，然而製造出來的不是自由，卻是憂慮與飢餓。

科技進步帶來最大的壞處，是提供武器來毀滅人類的性命與辛苦耕耘的果實，我們老一輩的人在世界大戰[2]已經遭遇過這種恐怖。在我看來，比這種毀滅更可怕的是戰爭迫使我們成為卑賤

---

[1]　編注：又稱《巴黎非戰公約》，全名為《關於廢棄戰爭作為國家政策工具的普遍公約》（General Treaty for Renunciation of War as an Instrument of National Policy），於一九二七年由美國國務卿凱洛格與法國外交部長白里安（Aristide Briand）共同發起。凱洛格因此獲得一九二九年的諾貝爾和平獎。

[2]　編注：指第一次世界大戰。

的奴隸。試問，社會逼迫我們去做每個人都覺得是罪大惡極的事情，難道不恐怖嗎？只有少數人有道德勇氣去反抗，我認為他們是世界大戰裡真正的英雄。

不過還有一線希望，我相信今天世界各國負責任的領袖大多真心希望消除一切戰爭。這是一定得做的事情，其最大阻力卻是所謂的國族傳統，透過教育機制像遺傳病般代代相襲。但是，這項傳統最主要的載具是軍事訓練，而受重工業與軍隊控制的新聞媒體也同樣一起推波助瀾。沒有裁軍限武，就沒有持久的和平，反之若持續目前這等規模的軍備競爭，終將導致毀滅性的新災難。

這就是為何一九三二年的裁軍會議，將會決定這一代和下一代的命運。想到以前會議的整體結果如何少得可憐，有識之士應當明白要竭盡全力喚醒公眾重視一九三二年會議的意義。各國政治人物唯有獲得大多數民眾對和平的堅定支持為後盾，才可望達成這項偉大的目標；我們每個人的言論行動，都要負責促成這種輿論的形成。

如果代表們拿著既定政策的指示而來，把國家的威信置於法案通過之上，那麼裁軍會議的命運已經注定會失敗了。這點似乎大家都很明白，在最近頻繁召開的一系列雙邊會談中，政治人物都會討論相關問題，為裁軍會議奠下基礎。我覺得這是非常珍貴的機制，因為兩個人或團體聚在一起討論事情，通常會比較有理性、誠實和冷靜，免得有第三者在場時雙方會覺得很拘謹。唯有充分詳盡的準備後，將意外排除掉，因真心誠意創造出信賴的氛圍，才有希望大會成功。

在這些重大課題上，成功不是靠聰明機智與否，誠實自信才是正道。感謝老天，我向來認為，道德元素無法由才智取而代之。

我們不能只是等待與批評，必須全力以赴達成使命。這個世界的命運，掌握在世人之手！

55 論美國與一九三二年裁軍會議

收錄於一九三四年《我的世界觀》。

今日的美國人非常關心國家的經濟狀況，而負責任的領袖最主要想致力改善國內嚴重的失業問題。比起平常的時候，如今美國人更少意識到它對世界其他地方的命運的影響，尤其是歐洲祖國。

但是，經濟力量的自由運作，不會自動克服當前的困難。我們需要社會的調控措施，讓勞動與商品之間有更健全合理的分配；若是做不到這點，就連最富裕的國家的人民也會遭遇困頓。事實是因為科技的進步，造成所需勞動減少，在經濟力量自由運作下，卻無法讓所有勞工都有工作。計畫的調控與組織變得有必要，使科技進展能讓大家都受惠。

如果經濟情勢無法以系統調控來整頓，那麼處理國際政治問題更是棘手得多！幾乎已經沒有人相信，以暴力的戰爭作為解決國際問題的手段對人類是有利或有價值的。然而，對於戰爭這種早該被淘汰的野蠻遺跡，我們態度卻不夠堅定一致，沒有積極追

求防止戰爭的手段。我們需要反省並認清問題，勇敢承擔起來，以堅定有效率的方法達成這項偉大的使命。

如果真的想要消滅戰爭，必須聲明自己贊成國家釋出部分主權給國際機構，若是出現爭端時，也願意讓自己的國家服從國際法庭的裁判；必須以堅不妥協的方式，支持全面裁軍，正如不幸的凡爾賽條約所擘劃的一樣。除非廢止激進的愛國軍事教育，否則毫無進步的希望。

至今所有裁軍會議通通宣告失敗，這是過去幾年來最讓世界文明先進國家蒙羞之事。其失敗不只是野心政客不擇手段要陰謀造成，也是各國民眾漫不經心的冷漠造成；除非情況有所改變，否則一定會毀掉前人寶貴的成就。

我相信，美國人只是沒有認清自己在這項課題上肩負的責任。

他們無疑這麼想：「如果歐洲因為自己人吵鬧不休與作惡多端而毀了，就讓歐洲毀了吧。威爾遜總統播下善良的種子，卻在冰冷無情的歐洲人身上一無所獲。我們美國強大安全，不急著在別人的事情裡攪和。」

這並非高瞻遠矚的態度。歐洲的困頓，美國有部分要負責。雖然美國一方面再三強調，欲致力於幫助提振歐洲衰頹的經濟與道德風氣，另一方面卻助長歐洲巴爾幹化[3]，因此要分擔政治道德敗壞之責，以及由絕望而衍生的報復心態。我敢保證，這股氣焰不會止於美國的門口，請大家睜大眼睛，提防四周啊！

---

[3] 編注：指一個地區分裂成為多個相互衝突對立的政治體。

　　事實很簡單，可以這麼說：要保存人類文明創造出來最優秀的東西，裁軍會議將是你我最後一次的機會。關鍵就在大家身上，因為美國是世界上最強大、也相對最健全的國家，是舉世的焦點與希望所在。

56　裁軍問題

收錄於《我的世界觀》一九三四年版。

　　裁軍計畫要獲得成功，最大障礙在於一般人不知道問題的困難艱鉅。大部分的計畫是逐步而成，例如，以民主取代君主專制。然而，我們現在關心的目標無法一步步漸進達成。

　　只要戰爭可能存在，各國為贏得下次戰爭的勝利，便會堅持做最好的軍事準備。同時，為了讓民眾做好應戰的準備，也免不了以好戰的傳統思想教育年輕人，鼓勵發展狹隘的民族虛榮心，並且發揚好戰精神。所謂「武裝」，是表示同意為戰爭而非為和平做準備。因此，人們無法一步步卸除武裝，必須一舉成功，否則就完全失敗。

　　在國家的歷史中要發生這種深遠的改變，必須以強大的道德力量為前提，揚棄根深柢固的傳統。若是沒有做好準備，願意在發生衝突時完全交付國際仲裁法庭決定各國的命運，並且毫無保留簽訂這種條約，便是沒有真正的決心避免戰爭，這就是全有或全無的情況。

　　不可否認的是，以前確保和平的嘗試失敗了，因為半吊子的裁軍是不夠的。

　　裁軍與安全是一體兩面。當所有國家承諾會落實國際機構的決議時，安全才能獲得保障。

　　因此，我們現在站在分岔路上。我們選擇的是和平的道路，或是繼續走武力這種與人類文明不配的老路子，一切都操之我們手上。一方面，個人自由和社會安全召喚著我們；另一方面，個人奴役與文明毀滅威脅著我們，就看我們如何選擇自己的命運了。

57　仲裁

收錄於一九三四年《我的世界觀》。

　　短期內要推動全面裁軍，唯有達成保證每個國家安全的共識，並設立一個永久獨立於各國政府存在的國際仲裁法庭才有可能。

　　所有國家應無條件承擔義務，不僅是接受仲裁法庭的決議，同時也要加以落實。

　　我建議設置各區的仲裁法庭，負責歐洲與非洲、美洲和亞洲三區，可將澳洲分配到其中一區。超越上述三區仲裁法庭權限之外的問題，宜交由聯合仲裁法庭負責。

58 致佛洛伊德

此私人信件大約寫於一九三一年或一九三二年初，收錄於一
九三四年《我的世界觀》。

親愛的佛洛伊德教授：

您對探求真理的渴尋已經超過一切，這是多麼讓人欽佩啊！
您清楚無比地指出，在人類心靈中，「侵略毀滅」的本能與「愛
和生存」的本能綁在一起，無法分開。但是，在您精闢的分析
下，同時可以看到您深深渴望追求人類於內於外都能免除戰爭的
目標。這向來便是被尊奉為超越時代與地域之限制的道德與精神
領袖所追求的偉大目標，從耶穌基督、歌德到康德，無一例外。
雖然這些人想要將人世導入正軌的努力成效有限，然而他們都是
公認的領袖人物，難道這不別具深意嗎？

我深信，超脫地域之限制脫穎而出的偉大人物們，都具有這
樣的理想。然而，他們卻對政治事件的發展幾無影響力。這個領
域攸關國家的命運，但是看起來似乎都難逃統治者暴虐無道的主
宰。

政治領導人或政府的地位，有的是由武力取得，有的是大眾
選擇產生。不管是道德或才智，他們都不是各國最優秀的代表。
如今，知識精英對於國家的歷史沒有直接的影響力，由於不夠團
結，使他們無法直接參與解決當代問題。難道您不認為，一群過
去成就有目共睹、行誼舉止公正無私的人自由組織起來，或許在

這方面能帶來改變？該組織具有國際性，成員需要經常交換意見來保持連繫，若是可以在報紙上署名表現意見（署名在任何場合都是負責任的表現），或許可以形成一股可觀的道德力量，有助於解決政治問題。當然，這種組織可能會染上讓學術團體衰退墮落的通病，因為人性的不完美，這種危險總是緊緊相隨。不過儘管如此，難道不應該冒險朝這方向努力嗎？我認為這是我們迫在眉睫的任務。

若是我上面說的知識分子協會能夠成立，它也必須不斷努力動員宗教組織，一起共同對抗戰爭。今天許多善良的人士在自怨自艾中耽溺，這個新組織可望給予他們鼓舞支持。最後，我相信若這個協會成立的話，由於組成分子在專業崗位上都備受敬重，對於國際聯盟內同樣為此偉大目標奮鬥的成員來說，也可望形成珍貴的道德後盾。

比起世上其他人，我更衷心希望對您提出這番建議，因為您最不會變為被自己慾望蒙蔽的傻瓜。而且，您發自內心的深刻批判，背後都有最強烈的責任感支持。

59 和平

這篇文章表述了一九三〇年代盛行的觀點，雖然現在普遍認為此文對和平事業之詮釋已經過於狹隘，不過結論仍可適用，收錄於一九三四年《我的世界觀》。

確保國際和平的重要性，向來受世世代代偉人的肯定，然而

現今由於科技進步，已將這個道德前提變成文明生死存續的問題；積極參與解決和平問題成為一種道德責任，任何有良心的人都無法推卻。

我們必須體認到，勢力強大的軍火集團正在各國竭盡一切力量，阻止以和平方式解決國際爭端，各國領導者唯有確實得到大多數民眾的堅定支持，才能達成和平解決爭議的偉大目標。在今日的民主政府裡，國家命運操之在民眾自己手裡，大家必須永遠牢記。

60　和平主義者的問題

收錄於一九三四年《我的世界觀》。

各位女士先生們：

很高興有這個機會，跟大家淺談和平主義的問題。過去幾年，事件發展一再說明，我們絕不能再將對抗武力與好戰浪潮一事留給政府！另一方面，眾多成員要組成大型團體機構也是困難重重，無法讓我們達成目標。在我看來，在這情況下最好的方法是採取「良心拒服兵役」的激進方式，而且必須由團體組織的協助，給予各國這種勇敢的良心犯道義與物質的支持。在這種方式下，能成功讓和平主義的問題受到矚目，被視為是一種真正的奮戰，可以感召強大的精神。這是一種違法的抗爭，但是當政府強迫人民做罪惡的勾當時，這就成了民眾為真正的權利所做的奮戰了。

　　許多人以正統的和平主義者自居，以愛國主義之名嘲笑這種作法絕非和平主義。我認為，在危急存亡之秋不應該仰賴這些人，世界大戰殷鑑不遠。

　　由衷感謝大家給我這個機會，能夠表達個人的看法。

61　義務役兵制

收錄於一九三四年《我的世界觀》。

　　我認為，非但不應該容許德國推行義務役兵制，更應該阻止所有國家施行這種制度：開始時應該除了傭兵之外，其餘皆不得允許，規模裝備應該於日內瓦討論。站在法國的立場，這也比眼睜睜看著德國推動義務役兵制好。而且，這麼做可以避免對民眾進行軍事教育產生的致命心理衝擊，以及牽涉到的人權侵犯。

　　再者，若兩個同意強制仲裁的國家把傭兵軍隊合編為統一組織，也有助於解決雙方的所有爭端，同時意謂雙方可負擔財政減輕並提高安全保障。這種合併的過程或許能推廣擴大，演變成一種國際警察，最後再隨著國際安全確保而逐漸式微。

　　您願意踏出第一步，與朋友們討論這個提議嗎？當然，我完全不堅持非要這項提議不可，但我認為關鍵是要帶著積極的計畫前進；只有消極的政策，是不太可能產生實際效果的。

62　婦女與戰爭

回應美國婦女。文中「手無寸鐵的老百姓」是指愛因斯坦本人。收錄於一九三四年《我的世界觀》。

我認為，下一次戰爭應該把愛國婦女同胞送到前線，而不是男人。這對於戰場這個讓人百思不得其解、苦不堪言的地方，至少算是新鮮事。況且，為什麼不讓婦女同胞的英雄情懷找到更加壯麗的出口，非得要攻擊一個手無寸鐵的老百姓呢？

63　致和平之友的三封信

收錄於一九三四年《我的世界觀》。

I.

我知道，在關懷人類命運的驅動下，偉大崇高的你們正悄悄完成一項至關重大的工作。雖然用心觀察體會的人不多，但是這些人的力量將決定人類是否會陷入昏聵，而此昏聵竟然被許多受欺瞞的群眾視為理想。

在一切太遲之前，或許各國得明白要退多少步，才能避免大家互相廝殺。事實已經證明，訴諸良心以及國際精神的力量並不足夠，目前這些力量是如此薄弱，以至於竟容忍與文明最大的敵人和談。屈服看似是政治智慧，實際上是違反人性的罪行。

我們不能對人類絕望，因為我們自己就是人。依然有您這樣勇敢無懼的人存在，真是令人感到安慰。

II.

坦白說，和平時期還採用徵兵制的國家發出這樣的宣言，在我眼裡似乎毫無價值。我們必須努力奮鬥，全面從兵役制度解放。的確，法國不得不為一九一八年的勝利付出慘痛代價，因為那場勝利讓法國子民自此陷入人類最不堪的奴役形式。

請在這場奮鬥中，繼續努力不懈。你們面對的是德國保守分子和軍國主義者的強大同盟，若是法國不肯放棄全面徵兵制，長期下來將無法阻止德國要求跟進。德國人最終會奪得對等權利，到時候相對於每個法國軍奴，就會有兩個德國軍奴，當然對法國沒有好處。

唯有我們完全廢除強迫徵兵制，才有可能以和平共存、幸福安康與博愛世人等精神，來灌輸教導年輕人。

我相信，當發起以良心拒服兵役的號召時，若同時有五萬人響應，將形成勢不可擋的力量。在這方面個人難起作用，但任誰也不願坐視我們當中最優秀的人才，在這種以愚昧、恐懼和貪婪三大勢力為靠山的制度操縱下，投入毀滅一切的戰爭中。

III.

您在信中提及的觀點無比重要，軍火業確實是人類最大的禍害，是民族主義橫行背後隱藏的邪惡力量。

國有化或許有幫助，但是很難決定到底要包括哪些產業在

內：航空產業嗎？金屬礦產和化學工業呢？

至於軍火業和戰爭原料出口，雖然國際聯盟多年來已經致力控管這種可恨的交易，然而眾所皆知，幾乎一事無成。去年，我請教一位知名的美國外交官，為何日本沒有受到商業制裁，迫使它終止軍事計畫呢？他的回答是：「牽涉的商業利益太過龐大了。」人民若接受這種說辭，根本就沒救了。

您以為我一呼百諾嗎？真是錯覺啊！只要我不礙事，人們就會奉承我。但是，如果我追求的目標與他們的背道而馳，他們會立刻翻臉誹謗，以捍衛自身的利益，而旁觀者多半做壁上觀，真是懦夫啊！您曾經考驗過同胞們是否具備公民道德勇氣嗎？大家默默遵守的信條是：「別管事，少說話。」您可以確定的是，我會照您信中所說盡力而為，不過，恐難如您所願立見成效。

64 積極的和平主義

收錄於一九三四年《我的世界觀》。

我認為自己很幸運，親眼見證法蘭德斯區人民[4]的和平示威。對所有關心未來的人士，我覺得需要大聲說出來：「在這個反省並喚起良知的時刻，我心與你們同在。」

現今時局令人沮喪，我們切莫自我欺騙，若沒有認真奮鬥將

---

[4] 譯注：法蘭德斯區人民（Flemish people）即比利時北部法蘭德斯區內說荷蘭語的族群。

不可能改善。大多數人不是毫不在意，便是容易受誤導，少數真正有心做事的人真是屈指可數。想要繼續操縱戰爭機器的陣營勢力龐大，他們會不惜一切代價，使輿論淪為殺人的共犯。

今日，當權者在表面上似乎有意鞏固長久和平。但是，從軍備競賽不斷攀高這一點看來，很明顯他們根本不足以與好戰派抗衡。在我看來，若是希望能避免淪為戰爭的奴隸，只有靠人民自救，必須堅定宣示完全裁撤軍備。只要有軍隊存在，任何嚴重的衝突都會導致戰爭。和平主義若不積極反對各國武裝，注定不成氣候。

但願民眾的良知和常識能被喚醒，讓我們共同創造國家生命的新階段；屆時人們回顧戰爭時，會認為那是祖先們令人難以理解的脫序行為。

65 歐洲時局觀察

收錄於一九三四年《我的世界觀》。

從現今世界（尤其是歐洲）的政治局勢看來，經濟需求已在短時間發生質變，而我認為無論在實質和心理層面上，政治發展都跟不上腳步。各國利益都應該置於更廣大的國際社會利益之後。邁向新的政治思維與情懷是一場艱困的奮鬥，因為我們要對抗的是數百年傳統，然而歐洲的存續必須仰賴這份成功。我堅信，一旦克服心理障礙，真正問題的解決就並非難事。想要創造適宜的氛圍，最根本在於志同道合者齊力團結。願我們一起努

力，成功搭造國際間互相信賴的橋樑。

66　德國和法國

收錄於一九三四年《我的世界觀》。

法國和德國之間的互信合作，唯有法國獲得不受軍事攻擊的保證才有可能。但如果法國提出這般要求，肯定會讓德國視為挑釁。

不過，照下面的步驟似乎可行。讓德國政府主動向法國提議，雙方共同出席國際聯盟會議，向所有會員國表示將遵守下列約束：

第一，服從國際仲裁法庭各項決議；
第二，協同國際聯盟所有會員國，以所有經濟和軍事力量，
　　　共同對抗任何破壞和平或拒絕服從國際和平決議的國家。

67　文化與繁榮

收錄於一九三四年《我的世界觀》。

如果評估重大政治災難對人類文明發展造成的傷害，必須記住高等的文化就像是一株需要細心呵護的植物，仰賴一套複雜的生長條件，無論何時都只能在極少數地方成長茁壯。要開花結

果，首先需要一定程度的繁榮，使得小部分人可以從事與維持生命沒有直接必要的工作；第二，要有尊重文化價值與成就的道德傳統，由其他提供生活必需品的人們，提供這群人生活所需。

在上個世紀，德國這兩方面的條件都實現了。整體來看，國家的繁榮程度中等但已然足夠，尊重文化的傳統風氣鼎盛。在這個基礎下，德國結出文化果實，對現代世界整體發展做出重大貢獻。然而，今日雖然大致保留尊重文化的傳統，經濟榮景卻已不再，德國產業界幾乎完全被切斷原料供應，這是工業人口生存的根基，也突然失去供應知識分子生活必需品的餘裕。在這種情況下，藉此維繫的傳統也勢必瓦解，讓果實纍纍的文化苗圃成為一片荒蕪。

就人類是重視文化的種族而言，防止文化荒蕪對人類有益處。文化對於解救眼前的危機有幫助，可重新喚醒現在被民族主義浪潮掩蓋的群體，讓他們享有更崇高的感情，使人類價值獨立於政治與戰火而存在。重視文化才能改善各國的工作條件，讓國家得以生存，繼而締造文化的果實。

68　少數族群

收錄於一九三四年《我的世界觀》。

少數族群，尤其是從外貌特徵即可判斷者，被一起生活的多數民族視為次等人種，似乎是普遍之事。其命運悲慘不僅在於遭受不公平的對待，讓少數族群在社經方面上自然居於劣勢，同時

也容易在多數族群的暗示影響下，使得大部分受害者也屈服於相同的偏見，將自己人視為次等。這種更糟糕的情況，可藉由少數族群加強連繫與刻意教育而克服，讓他們在精神上享有自由。

美國黑人朝這方向堅定前進，是值得肯定與幫助的。

69 時代的繼承者

收錄於一九三四年《我的世界觀》。

以前的人可以將知識文化的進步，單純看成是繼承先人勞動的果實，讓生活更加美好便利。但是，我們這一代的苦難，卻說明這不過是要命的錯覺而已。

人類的遺產也帶來詛咒，若要證明它利大於弊，我們還得加把勁。從前一個人只需從自我中心釋放到某種程度，就能成為社會有價值的一員，今日卻還必須克服國家與階級中心的思想。唯有達到這樣的高度，才能貢獻一己之力，改善人類的命運。

面對這份時代最重要的要求，小國人民不管是在政治或經濟上都比大國人民更有優勢，因為後者容易受到誘惑，以武力達成目的。現今荷蘭和比利時之間達成的協議，是過去幾年來歐洲情勢中唯一的亮點，鼓舞我們寄望小國未來會擔綱要角，放棄個別國家無限上綱的自決權，讓世界避免與軍國主義一起沉淪。

70 贏了戰爭，卻輸掉和平

一九四五年十二月十日於紐約亞斯特酒店第五屆諾貝爾紀念晚宴演講，收錄於一九五○年《晚年文集》。

今日，物理學家的處境與諾貝爾當年並無不同。諾貝爾發明了當時最強大的炸藥，殺傷力所向無敵。為了贖罪彌補與減輕良心不安，他設立獎項來促進與實現和平。今日，一群參與製造有史以來最可怕與最危險武器的物理學家，即使沒有罪惡感，也深受責任感所折磨。我們不能不一再警告，也不能片刻鬆懈努力，一定要讓世界各國（尤其是各國政府）明白，除非他們改變對待彼此，以及塑造未來的態度，勢必會挑起無法言喻的災難。我們幫忙製造這項新武器，是為了防止人類公敵搶先達成；以納粹的思維，那會意謂著無法想像的毀滅以及全世界的奴役。我們將這項武器交給英美兩國，是因為將他們看成是全人類的依託與自由和平的戰士。但是目前為止，我們既沒有看見和平的保證，也沒有看見《大西洋憲章》[5]向各國承諾的自由保障。我們贏了戰爭，卻輸掉和平，強國曾經團結奮戰，如今卻在和平協議上四分五裂。世人受保證享有免於恐懼的自由，然而事實上自戰爭結束後，恐懼卻急劇增加；世人曾被保證享有免於匱乏的自由，如今雖然有些人生活富裕，但是大部分人卻面臨飢餓窮困；國家被允

5　編注：一九四一年八月，美國總統羅斯福與英國首相邱吉爾為了因應二次世界大戰而提出《大西洋憲章》，其中宣示不擴張領土、不違背人民意願而變更領土、民族自決、各國經濟與社會合作、海上航行自由等原則。

諾自由與正義，但是從過去到現在，我們再三目睹悲慘的景象，所謂的「解放部隊」射殺追求獨立和社會平等的民眾，以武力支持既得利益的政黨與個人。領土問題和權力之爭，雖然已是過時的老問題，卻仍然壓過對大眾幸福與公平正義的追求。請容我特別以猶太同胞的例子來說明白，這凸顯了普遍的症狀。

若納粹暴力只針對或主要針對猶太人，世上其他國家就會袖手旁觀，甚至與公然犯行的納粹德國政府簽訂協議條約。後來，當希特勒快要占領羅馬尼亞和匈牙利時，邁丹尼克和奧斯威辛兩處集中營都已回到盟軍手裡，那時候大家都知道納粹用毒氣室來殺害猶太人，但營救羅馬尼亞和匈牙利猶太人的努力卻都落空了，因為英國政府對猶太移民緊閉巴勒斯坦的大門，也沒有其他國家願意收容這些被拋棄的人民。讓他們就像居住國家被占領的弟兄姐妹一樣，任他們被消滅。

我們永遠不能忘記斯堪地納維亞、荷蘭和瑞士等小國的英勇作為，以及家園被占領，卻竭盡所能來保護猶太人性命的民眾。我們也不要忘記蘇聯的人道精神，當納粹軍隊往波蘭推進時，他們是唯一為幾十萬猶太人打開大門的大國。但是，在一切未能阻止而發生的事情之後，今日又如何呢？歐洲正在重新劃分領土，但未將居民的意願掛在心上，歐洲的猶太人僅存戰前的五分之一，仍然被拒絕進入巴勒斯坦的避風港，留給他們的仍然只有飢寒交迫與敵意環伺。即使是今天，沒有國家願意或能夠提供他們一塊地方，讓他們能夠安居樂業。許多人仍然被盟軍留置在條件惡劣的集中營中，為他們處境的不堪和絕望留下證明。民主原則是這些人被拒於巴勒斯坦之外的藉口，但實際上西方列強支持

「白皮書」[6]禁令，只不過是屈從於五個地廣人稀的阿拉伯國家施
壓威脅而已。當英國外相告訴可憐的歐洲猶太人，表示他們應該
留在歐洲，因為那裡需要他們的天分才幹，另一方面卻勸告他們
不要搶在隊伍前面，以免引來新仇舊恨的迫害，這真是諷刺啊！
唉，想想六百萬犧牲者，他們實在也不想被納粹推到隊伍前頭
啊！

　　戰後世界的景象並不是一片光明。就物理學家而言，我們不
是政客，也從來沒想過沾染政治。但是，我們知道一些政客不知
道的事情，並感到有義務大聲說出來，提醒那些有責任的人：沒
有僥倖安逸的退路，必要的改變已經不能再無限延宕，也沒有時
間錙銖議價。現今局勢需要有勇氣的大作為，讓我們對整個政治
概念的態度進行徹頭徹尾的改變。願促使諾貝爾設置巨額獎金的
精神，那種推動人類之間互愛互信與寬容的精神，能夠在當權人
士心中綻放，否則人類文明將注定毀滅。

71　原子戰爭或和平

取自波士頓《大西洋月刊》一九四五年十一月與一九四七
年十一月，與時事評論員斯溫（Raymond Swing）的談話紀
錄。

---

[6] 編注：一九三九年英國首相張伯倫頒布了一份白皮書，規定五年內猶太人可再
移民七萬五千人，此後不再接受猶太移民，並指出除非得到巴勒斯坦人的支
持，否則英國不會允許一個猶太國家的成立。這份白皮書被許多猶太人視為是
對猶太人的背叛，但阿拉伯人也並不滿意，他們希望完全停止猶太人的移民。

I.

　　釋放原子能並沒有造成新的問題，只是更迫切需要解決既有的問題，對我們可以說是「量變」而非「質變」。只要有主權國家擁有強大的力量，戰爭就無法避免，我不能預測戰爭何時會來，只是確定戰爭一定會發生。這點在原子彈製造出來之前便是一項事實，原子彈改變的是戰爭的毀滅性。

　　我不認為，在戰爭中使用原子彈會消滅整個文明。或許，地球上三分之二的人口會死，但會留下夠多會思考的人們以及書籍，讓人類可以從頭開始重建文明。

　　我不認為，原子彈的製造秘密應該交付聯合國組織，或是直接與蘇聯共享。兩種方式都很像是一個擁有資金的人，希望找別人合夥共創事業，卻一開始就給對方一半的錢。原本只是期待對方合作，但對方可能會拿錢另外開辦一個競爭的事業。我認為，原子彈的秘密應該託付給世界政府，而美國應該立刻宣布願意這麼做。這個政府應當由美國、英國和蘇俄共同創立，因為只有這三大國家擁有強大的軍事力量，應當將全部軍事武力移交給世界政府。世界上只有這三個國家擁有強大的軍事力量，應該會讓建立世界政府更加容易才對，而不是更加困難。

　　既然美國和英國都擁有原子彈的機密，而蘇聯沒有，那麼應該邀請蘇聯籌組並草擬世界政府憲章，有助消除蘇聯的不信任；他們之所以已經產生這種感覺，是因為原子彈被視為機密，主要就是為了防止他們取得。當然，草稿不會是最後定案，但是這樣做，應當會讓蘇聯感覺到世界政府將會保障其安全。

　　我認為，由美、英、蘇三國各推派一名代表對這部憲章進行協商，將是明智的作法；背後必須設有顧問，但只有徵詢時才給予意見。我相信，這三個人能夠研擬出可行的憲章草案，讓三方都可接受；若六、七人或以上共同參與研擬，反倒可能會失敗。在三大強國草擬並採行憲章後，應該邀請小國加入世界政府。小國有自由不加入，雖然選擇不加入也能獲得安全，但是我確定小國會希望加入。這些國家自然應當有權力對三大國家草擬的憲章提案修正，但是不論小國加入與否，三大國家應可逕行組織世界政府。

　　世界政府應當有權力裁決一切軍事議題，此外還需要再加一項權力，那就是當有國家出現少數壓迫多數族群，因情勢不穩而恐導致戰爭時，世界政府必須介入。阿根廷和西班牙就是出現這樣的情況，應該要處理。所謂「不介入」的概念必須要終止，因為這也是維持和平的分內事。

　　世界政府的建立，不該等到三大國家都達到相同的自由民主程度才進行。雖然蘇聯確實是由少數人統治，我並不認為那裡的內部情勢會威脅世界和平。必須記住，蘇聯人民並沒有悠久的政治教育，要改進蘇聯的國內狀況，必須有賴少數人推動，因為大多數人沒有能力辦到。若我生長在蘇聯，相信自己會隨環境調適。

　　我認為，在建立掌控全球軍事力量的世界政府時，並不需要改變三大國家的內部結構，由草擬憲章的三個人就各自不同的結構設計出方法，讓三方有可能共同合作。

　　我會不會擔心世界政府變成獨裁統治？當然會，但是我更擔

心戰爭再度來到。任何政府某種程度都是一種禍害，但是相較之下戰爭為害更烈，尤其是毀滅性越來越大的戰爭，所以世界政府還是比沒有好。若是不能透過協議的過程來創設世界政府，我相信世界政府最終還是會出現，但恐怕會以更危險的形式出現，因為經過一次或多次的戰爭後，總會導致一個強權勝出，最後以壓倒性的軍事霸權宰制世界。

現在，我們擁有原子彈的秘密，我們不可以失去，若將這項秘密交付聯合國組織或交給蘇聯，我們便是在冒險。不過，我們應該盡快明確表示，並非為了自己的權力而保留原子彈的秘密，是希望透過一個世界政府來確立和平，我們也會盡全力促成世界政府的建立。

我明白有人雖然也認同這終極目標，但是主張用漸進的方式來設立世界政府。然而，以漸進的方式來達成目標的問題在於美國自己已經持有原子彈，無法說服其他未持有原子彈的國家與人民。這會製造恐懼和猜忌，讓敵對國家的關係危險惡化。所以，雖然主張漸進者認為自己正走向世界和平，事實上卻是一步步走向戰爭。我們沒有時間這樣浪費，要避免戰爭就必須迅速行動。

我們也無法持有原子彈的秘密太久。我知道，有人主張沒有其他國家具備足夠的經費投注研發原子彈，所以美國肯定可以長久持有機密。美國人經常犯的錯誤，便是以金額多寡來衡量事物，但是其他國家以人力、原料和用心來研發原子彈便能做得到，因為人力、材料和使用原子彈的決心才是必要一切，而非金錢。

我不認為自己是原子能釋放之父。我並沒有直接參與，事實

上，當初我只在理論上相信它是可能的，並沒有料見在我有生之年會發生。那時意外發現了連鎖反應，我完全沒有想到，是哈恩[7]在柏林發現的，一開始他還沒有解釋正確。最後，是邁特納[8]提出正確解釋，逃離德國將資料交到波耳[9]手中。

我不相信，要確保我們創造一個偉大的原子科學時代，必須像組織大公司般將科學組織起來才行。我認為，人們可以組織起來運用一項發現，而非組織人們來獲取發現，唯有自由的個體才能創造發現。不過，倒是可以設立某種組織，讓科學家確保享有自由適宜的工作環境。例如，美國大學的科學教授應該減輕教學工作，才有時間做更多研究。你可想像有一個科學家組織，一起做出了達爾文的發現嗎？

我也不相信，美國龐大的私人公司符合時代的需求。要是萬一有外星訪客，看到這個國家允許私人公司享有廣大的權力，卻沒有要求承擔相當的責任，難道不會覺得很奇怪嗎？我要強調的是，美國政府必須繼續掌控原子能，這並非是因為社會主義更為可取，而是因為原子能是由政府所發展，無法想像將這項人民資產交付給任何人或團體。至於社會主義，除非在國際上已創造出

7　編注：德國放射化學家，於一九四四年獲諾貝爾化學獎。

8　編注：奧地利物理學家，她長期與哈恩合作。一九三八年哈恩發現了一個核分裂（nuclear fission）的現象，邁特納在一九三九年發表了《中子導致的鈾的裂體：一種新的核反應》（*Disintegration of Uranium by Neutrons: A New Type of Nuclear Reaction*），成功解釋了這個現象。由此邁特納奠定了原子彈和原子能的基礎。邁特納多次拒絕美國邀請她參與的曼哈頓計畫，儘管如此，仍有人稱她為「原子彈之母」。

9　編注：丹麥物理學家，一九二二年諾貝爾物理學獎得主。

可以掌控所有軍事力量的世界政府，否則社會主義可能比資本主義更容易招致戰爭，因為那代表權力的更加集中。

要估計原子能何時可用在建設性目的上，是不可能的。現在只知道如何利用相當大量的鈾，至於使用小量的鈾來開車或開飛機，目前是不可能的，也無法預測何時能實現。無庸置疑，終究有一天會實現，但是沒人可以預測究竟是何時，以及可以用哪種比鈾更常見的材料來產生原子能。估計可以用來產生原子能的材料，應該是原子量較大的重元素，由於較不穩定，這些元素相對也較稀少，因為在放射衰變之後，大半原料也都消失了。所以說，雖然原子能釋放對於人類確定是一大福音，但是短時間內恐怕無法實現。

我自己不是口才便給之人，無法說服大家目前人類面對的問題有多急迫。因此，我想推薦善於說理的里夫斯[10]，其著作《剖析和平》簡明清晰，恕我在這裡借用浮濫的一詞，這本書對於戰爭課題與世界政府需求上的說明著實生動有力。

雖然我預見核能在不久的將來會成為一大福音，但是目前我得說它是一大威脅。也許這有好處，警醒人類重新為國際事務帶來秩序；若是沒有恐懼形成的壓力，恐怕將坐以待斃。

II.

自從第一個原子彈完成後，並沒有讓世界遠離戰爭，隨後的發展只是提高戰爭的毀滅性。我無法對原子彈的發展說出第一手

---

[10] 編注：匈牙利著名作家、出版商。

知識，因為我並未在這個領域工作，但是相關人士明確告訴我們，新製造的原子彈威力越來越強大。這個可想而知，將原子彈越造越大，造成前所未有的巨大破壞範圍；還可能利用放射性氣體散播在廣大區域，在不損壞建物的情況下，造成嚴重人員傷亡。

我不認為有必要超越這些可能性，去思考更廣泛的細菌戰，因為我懷疑它造成的危險，能夠與核戰相提並論。我也不去考慮是否有可能發動一連串的連鎖反應，範圍大到足以破壞整個或部分地球，因為若是人造原子彈爆炸會發生這種事情，那麼持續射向地球表面的宇宙射線老早就將地球破壞殆盡了。

不過，就算是排除這種星球徹底毀滅的可能，我們還是應該對核戰日益成長的規模有深刻體悟。我們要體認到，除非防止另一場戰爭發生，否則造成的毀滅規模很可能是空前絕後，讓人類文明幾難倖存。

在核子時代的頭兩年，還有另一個現象要注意。雖然大眾對於核戰恐怖的本質已有警惕，但是卻毫無行動，甚至將警告拋諸腦後。或許，避免不了的危險，還是忘掉比較好吧；或許，已經用盡一切方法防範的危險，也可以被忘掉了。這麼說來，如果美國疏散工業與都市之後，或許民眾就可以高枕無憂了吧。

我得在這裡說，美國沒有真的採取這類預防措施或許是一件好事，因為這麼做恐怕會讓其他國家相信，美國已經聽任原子戰發生，並且正為戰爭做準備，因而更容易促成原子戰爭。但是，政府對於避免戰爭沒有任何作為，卻做了那麼多事情讓原子戰爭更加可怕，我們不能再對眼前的危險視而不見。

　　我認為自從原子彈問世後，儘管美國在聯合國裡提議要對核能進行超國家管制，但是並沒有實際行動來避免戰爭。而且，美國只是附帶條件的提案，蘇聯現在已經決定不予接受，使得美國有可能將失敗歸咎於蘇聯。

　　然而，在指責蘇聯的時候，美國人不應該昧於一項事實，他們並未主動聲明在實現超國家控制方案之前，願意放棄將原子彈當作一般武器使用。這樣會增加他國恐懼，認為只要有國家拒絕美國的提案，原子彈就成為美國軍方的常規武器了。

　　美國人可能相信，自己絕不會發動侵略性或預防性戰爭，自然沒必要多此一舉，公開宣布自己不會再度使用原子彈。然而，國際上已鄭重邀請美國宣布放棄使用原子彈（即禁用原子彈），美國卻強調除非提出的超國家控制方案獲得採納，否則將不做此宣誓。

　　我認為，這是一項錯誤的政策。我知道，不排除動用原子彈的可能性，確實能獲得一些軍事好處，因為可恫嚇其他國家發動戰爭，以免美國動用核武反制。不過，有一得必有一失，這恐怕會讓各國更不能理解為何要透過超國際組織控制原子能的用意。雖然美國獨占使用原子彈的能力，或許沒什麼軍事壞處，然而一旦有其他國家能夠製造相當數量的原子彈，美國恐怕會因為沒有國際協議的保護而受創嚴重，再者美國又是產業集中與都會生活發達之地，對於攻擊更顯得脆弱。

　　美國拒絕宣示禁止原子彈，卻同時獨占原子彈，這造成另外一個問題，即無法回到戰前公認的道德標準。不要忘記，美國製造原子彈是為了防止德國人先發制人。轟炸非軍事中心是由德國

人先開始，日本人再跟進。面對這種情況，盟軍以牙還牙、連本帶利，還算是具有道德正當性。然而，如今既無挑釁，也無報復之需求，美國卻拒絕宣布除非遭受攻擊作為報復之用，否則不准使用原子彈，意在挾持原子彈作為政治資本，讓人難以諒解。

我並不是說美國不應該製造與儲備原子彈，我相信美國必須這麼做，以便嚇阻其他國家製造原子彈並進行核戰攻擊。但是，嚇阻應該只是囤積原子彈的唯一目的。同樣的道理，我認為聯合國也應擁有原子彈為軍事武器，但唯一目的在於起嚇阻作用，避免侵略者或挑釁國家發動核彈攻擊。聯合國與美國或其他強權都一樣，不應該率先動用原子彈。囤積原子彈卻不承諾不會率先使用，正是利用持有原子彈來遂行政治目的。可能是美國希望藉此恫嚇蘇聯，接受對原子能進行超國家控制。然而，製造恐懼只會增加對立，並且提高戰爭的風險。我認為，這種政策背離超國家控制原子能的真正美意。

一場戰爭才剛結束，我們被迫接受敵人淪喪的低道德標準。然而，如今我們非但沒有擺脫低道德標準的感覺，自主地恢復人類生命的神聖不可侵與確保平民百姓的安全，反倒將戰場上敵人的低標準當成自己現在的標準。可以說，我們因為自己的選擇，開始走向另一場墮落的戰爭。

可能是公眾還沒有充分意識到，下一場戰爭恐怕會有源源不絕的原子彈供應。或許，可以用上次戰爭結束前已有三顆原子彈爆炸，來評估未來的危險。公眾可能不明白的是，就破壞性而言，原子彈已經成為最經濟的攻擊方式。在下一場戰爭，將會有夠多夠便宜的原子彈，除非美國軍政領袖與社會大眾具有更強的

決心不使用原子彈，否則核戰恐難避免。再者，除非美國人體認到他們不會因為擁有原子彈而更強，反倒會因容易受原子彈攻擊而更加脆弱，否則他們就難以在促進互相了解的精神下，推動成功湖[11]的政策或是改善與蘇聯的關係。

但是，我也不認為美國不肯禁止在報復之外動用原子彈，是造成與蘇聯就原子彈控制無法達成協議的唯一原因。蘇聯已明確表示，將盡一切力量阻止超國家政權誕生。他們不但拒絕原子能議題，大方向上也完全拒絕，等於是已排除加入世界政府的任何提議。

葛羅米柯[12]先生說得並沒有錯，美國核武控管提議的中心思想，在於認為國家主權與核子時代不相容。他宣稱蘇聯無法接受這份主張，但給的理由很模糊，明顯是一種託詞。但實際上蘇聯的領導人似乎相信，他們在超國家體制下無法保存蘇維埃國家的社會結構。蘇聯政府決心要維護現有的社會結構，因為蘇聯領導人本身就是靠這種結構的本質而保有權力，他們將會盡一切可能阻止超國家政權的誕生，不管是控制核武或其他事情。

對於在超國家政權中維持現有社會結構的困難度，蘇聯人也許有部分是對的，雖然他們早晚會理解到，比起孤立於法治世界之外，這種損失小多了。但是此時此刻，他們似乎受恐懼牽制，我們得承認美國對這部分也有責任，不僅是因為原子能的關係，而是在許多方面。的確，美國在操縱蘇聯政策時，彷彿深信恐懼

---

[11] 譯注：紐約地名，在一九四六至一九五一年間是聯合國總部所在地。
[12] 編注：蘇聯外交官，一九四〇年代曾任駐美大使、蘇聯駐聯合國代表，五〇年代後擔任蘇聯外交部長長達二十多年。

是最佳的外交工具。

　　不過，雖然蘇聯努力阻止超國家安全體系的形成，但是沒有理由說其他國家不應該試圖進行。前面已經指出，蘇聯人有一種本事，會施展一切手腕阻止不希望的事情發生，但是一旦發生了，他們也很會變通調適。所以，美國與其他強國不要讓蘇聯有機會投票否決超國家安全組織的設立；大家或許可以抱持希望，當蘇聯發現無法阻止這種政體後，可能就會一同加入。

　　目前為止，美國已經表明沒有興趣維護蘇聯的安全；美國向來只對自己的安全有興趣，這是主權國家之間權力衝突競爭的特徵。但是，我們無法事先知道，若是美國民眾迫使領導人追求新的政策，以法治取代現今國際關係的無政府狀態時，會對蘇聯人的恐懼造成何種衝擊。在法治世界裡，蘇聯的安全將會等同於我們自己的安全，若美國民眾真心伸張這點的話（在民主制度下應當有可能），或許可讓蘇聯人的想法產生一百八十度大轉變。

　　目前蘇聯沒理由相信，美國人民實際上並不支持政府以恫嚇為本的備戰政策。若是有證據顯示，美國民眾渴望以超國家法治政權這種持久的方式來維護和平，那麼或許會改變蘇聯民眾的認知，以為美國當今思維會造成蘇聯的安全威脅。直到對蘇聯提出真正具說服力的提案，並受到美國大眾意識覺醒所支持，否則沒有人可斷言蘇聯的反應會如何。

　　也許蘇聯人起初的反應，會拒絕這種法治世界的提議。但是，當蘇聯人明白縱使沒有他們，這種世界仍然會誕生，而且他們加入的話可望也提高自身安全，那時候他們的想法必然也會改變。

　　我贊成邀請蘇聯加入可提供安全保障的世界政府，若他們不願加入，那麼便不需要他們，可逕行建立超國家安全體系。但我得澄清，這種方式危機四伏。若是真的採行，一定要清楚表明新政權的組織不是針對蘇聯而起，而是這種組織本質會比單一國家更多元有利，比較不會訴諸侵略或預防性戰爭，可望大幅降低戰爭的機會。同樣地，世界政府的組織大過任何單一國家，自然比任何國家都更強大；再者，由於地理範圍涵蓋更為廣闊，所以軍事手段也更難摧毀。這個組織將致力於超國家安全，因此反對國家至上的概念，這常是掀起戰爭的一大因素。

　　若是在沒有蘇聯的狀況下設立超國家政權，在推動和平時更有賴於進行的技巧與真誠。我們應該強調永遠都希望蘇聯加入，要讓蘇聯和已加入組織的國家明白，不會因為某個國家拒絕加入，就明裡暗裡施以處罰。如果蘇聯一開始不加入，必須向他們保證日後加入時，一定會受到歡迎。共同創造這個組織的國家必須了解，他們設立組織的最終目標是獲得蘇聯的支持與加入。

　　這些都是抽象的原則，一個不完整的世界政府到底要用哪些條件誘使蘇聯加入，並不容易勾畫。但是對我而言，有兩個條件很清楚：一是新組織不得有軍事秘密；二是每次集會不管是討論條約或政策時，蘇聯都可自由派員出席觀察。這將可以摧毀秘密黑箱，世界上許多懷疑揣測都源自於此。

　　建議創設一個未保有軍事秘密的政體，可能會讓重視軍事機密的人士皺眉頭。這種人所受的教育，讓他相信洩露機密必然會使好戰國家企圖征服世界（至於所謂原子彈的「機密」，我想憑蘇聯自己的力量，短期之內必定會發現）。我承認，未保有軍事

機密容易有風險，但如果有足夠多的國家集中力量，可望提高大家的安全保障，所以應當可以承擔這種風險。再者，這有助於消除恐懼疑慮與不信任，並助長我們的信心。而對和平日益滋長的信心，可望讓我們放鬆，取代在主權國家的世界中因戰爭而引發的焦慮緊張。假以時日，這或許能誘使蘇聯領導人對西方態度軟化。

依我之見，在超國家安全體系中的成員不應該根據任意獨斷的民主標準為依歸。應該要求所有會員國，對於派到超國家組織的大會與會議代表，必須由各國民眾以不記名投票選出。這些代表必須代表人民，而不是代表政府，將可望提高該組織的和平本質。

我並不建議要求會員國達到特定民主標準。民主制度與準則是歷史發展的產物，在享有民主制度的國家裡，常常會忘了這一點；以任意獨斷制定的標準為依歸，恐加深西方與蘇聯體制之間意識型態的分歧。

然而，現在將世界推向戰爭的並不是意識型態的分歧。縱使所有西方國家在保有國家主權的情況下採行社會主義，很有可能東、西方的權力衝突仍會持續。在我看來，對於現行經濟體系的激烈爭辯非常不理性，美國的經濟生活是否應該像現在由少數私人掌控，或是應該受國家控制，也許是很重要的議題，但是卻不足以重要到可以合理化所有激情。

我希望看到超國家的會員國將軍事力量集中，自己只保留地方警察。接著，我想要看這些軍隊進行混合編制與分配，像以前奧匈帝國一樣。當時的作法是不讓軍隊與官員固定駐守在家園，

以免受制於地方族群勢力的牽扯，輪調的方式被認為對於整個帝國更好。

　　我希望超國家政體的權力僅限於安全範疇，但不確定是否有可能。從經驗上看來，或許超國家政體對經濟事務具某些管轄權比較好，因為當今經濟事務恐讓各國發展受挫而埋下暴力衝突的種子。然而，我還是比較希望看到該組織的功能局限在安全事務上，也期盼以聯合國為基礎來建立此超國際政體，以免中斷與犧牲對和平的持續追求。

　　不管一開始有無蘇聯加入，建立世界政府都是極大的挑戰，在這一點上我不會欺騙自己。我知道有風險存在，例如我不希望各國在加入超國家組織後又允許退出，因為這有發生內戰的風險。但是，我也相信世界政府終將來臨，問題在於容許付出多少代價。我相信，縱使爆發另一場世界大戰，世界政府終究也會成立，但那將是贏得戰爭的勝利者以武力而建，最後得靠將全體人類永久軍事化才能維持下去。

　　但是，我相信世界政府也可透過協議遊說來達成，而且代價極低。只是若採用這種方式，光訴諸理性並不足夠。在這方面，東方共產制度有它的長處，因為它具有宗教性的力量，可引發宗教般的感情。除非以法治為和平的基礎，背後加上宗教般的力量與熱情推動，否則極難成功。對於世人道德教誨負有重任的人士，現在面臨一項挑戰與機會，因為我認為原子科學家已經明白，僅憑理性說服無法喚起美國人認清核子時代的真相，也必須訴諸深摯強烈的感情，而這正是宗教的基本成分。希望不只在教會裡，在大專院校與輿論機構裡都能明白自己在這方面責無旁貸。

72 軍國主義思想

取自紐約《美國學人》一九四七年夏季刊。

　　在我看來，現今國際情勢的關鍵點在於我們面前的問題無法
孤立看待。首先，有人可能提出這樣的問題：基於種種理由，私
人經費來源已不足因應學術研究需求，日後學術研究機構須更加
仰賴國家經費的支持，那麼是否意謂著為了研究的目的，也可以
將徵收的稅金交付到軍隊手中支配呢？就這個問題，明智之士
肯定會回答：「不！」顯然，研究經費該如何做最佳分配事關重
大，應當交給對這類問題最有經驗的科學研究人士才適合。

　　然而，如果通達事理的人還是寧願將大部分經費分配給軍事
機構，只能說是他們重視自己的政治前景，更勝於對文化層面的
關切，那麼我們應該來探究這些「務實」政治觀點的起源與影
響。我們很快會發現這些問題不過是冰山一角，只有放在更廣泛
的架構裡才能全盤評估並做出正確判斷。

　　我這裡要談的思維，對美國來說是新的東西。這些想法的出
現，是因兩次世界大戰將所有力量集中在贏得戰爭的軍事目標，
因此發展出「軍事第一」的思維與心態，後來又因為突然的勝
利，更加助長這種精神。這種心態的特點是將羅素鏗鏘有力的名
言「赤裸的權力」看得無比重要，超越人我關係的一切作用與影
響。特別是德國人受到俾斯麥成功所誤導，經歷了這種心態與思
維的轉變，結果不到百年他們就完全毀了自己。

　　我必須坦言，戰後美國的外交政策讓我不禁想到德皇威廉二世的態度，而且不只是我，其他人也有同樣痛苦的聯想。軍國主義思維的特徵在於認為物質因素如原子彈、戰略基地、各種武器、原料物資等等是最重要的，而人的慾望與想法（即心理因素）被認為是不重要或次要的。至少在理論上，這與馬克思主義有一定程度的類似，個人被矮化成為工具，變成一種「人力物資」。在這種思潮下，指引我們抱負志向的正常目標消失不見了，而軍國主義思維高唱「赤裸的權力」本身就是目標，這真是人類最荒誕離奇的錯覺了。

　　在這個時代，軍國主義比以往更加危險，因為攻擊武器比防衛武器更加強大。因此，必然會導致預防性戰爭，隨之而來是普遍缺乏安全感，犧牲國家應給予民眾的照顧與福利。在這種情況下，政治上的獵巫行動、各種控制（如教學研究與媒體監控等等）似乎無從避免，在平日大眾會抗拒並給予限制，今日卻因為軍國主義的思維占上風，而無法發揮作用。所有價值都會逐一受到重新審視，凡是未能滿足軍國「烏托邦」目的者，都會被斥為無用。

　　在我看來，除了提出一個有遠見、誠實、勇敢的政策，在超國家基礎上建立安全保障之外，沒有其他方式可幫助我們擺脫現狀。讓我們衷心期盼，只要外界還需要美國扮演領導角色時，我們能夠找到足夠多有道德力量的人士，在這條道路上好好帶領我們的國家。那麼，這裡討論的問題也不復存在了。

73　致蘇聯科學家公開信

取自一九四七年十一月廿六日莫斯科《新時代》雜誌，轉載於一九四八年二月芝加哥《原子科學家會報》。

一封公開信：愛因斯坦博士的錯誤觀念

　　著名的物理學家愛因斯坦先生，不僅是因為科學發現而舉世聞名，近年來他也極為關注社會與政治問題。他在廣播發表談話，在報刊上寫作文章，他參加許多公共組織的活動，也多次發聲抗議納粹野蠻行徑。他倡導永久和平，發言反對新戰爭的威脅，並反對軍事主義分子極欲掌控美國科學界的野心。

　　蘇聯科學家與與廣大的蘇聯人民，都極欣賞這位科學家在這些倡議舉動背後的人道主義精神，雖然他的立場不總是一致，也不夠清楚明確。然而，最近愛因斯坦的一些談話，有些方面讓我們覺得不僅是錯誤，甚至明顯有損於其熱烈擁護的和平志業。

　　我們覺得有責任提醒大家注意這一點，以便澄清一個重要的問題，即如何最有效率地追求和平。從這個觀點來看，愛因斯坦博士最近一直在倡導「世界政府」的想法，必須予以慎重思考。

　　對於「世界政府」的想法可謂百家爭鳴，除了明目張膽的帝國主義者想藉此作為無限擴張的障眼法之外，資本主義國家裡也有不少的知識分子被這個想法的可行性迷惑，而未能了解真正的意義。這些所謂支持和平自由思想的人士認為，「世界政府」是一帖靈丹妙藥，可對抗世界萬惡，同時也是永久和平的守護者。

「世界政府」的擁護者普遍支持看似急進的主張，指在這個原子時代，國家主權是過去遺跡，正如比利時代表斯巴克在聯合國大會上說，這是「老派」、甚至是「反動」的思想。老實說，我們很難想像有任何指控更加背離事實了。

首先，「世界政府」與「超級國家」的想法絕非原子時代的產物，可追溯到更早之前。例如，在國際聯盟成立時就已醞釀了。

再者，這些想法在現代並不算進步，實際上倒反映出重要工業國家裡主宰者的心態：那些資本寡頭覺得國土過於狹小，他們需要全世界的消費市場、全世界的原料供應，以及全世界的投資範圍。在這些國家裡，資本寡頭掌控政經資源並操弄政府機器，除了企圖在政經方面凌駕他國，也希望擴大影響層面，以便在其他國家隨心所欲扮演主宰的角色。

從我國過去的經驗裡，對此甚為熟悉。沙皇時代的反動政權，把持廉價勞工與豐富的自然資源，屈服於資本主義的利益，成為外國資本家垂涎的一塊肥肉。英法比德等國公司，有如豺狼虎豹撲向我國，獲取在自己國家無法想像的利潤。他們用勒索性的貸款，將帝俄與資本主義西方鏈結在一起。沙皇政府從外國銀行得到資金挹注，殘酷鎮壓革命運動，阻礙俄國的科學文化進展，並煽動猶太人大屠殺。

偉大的十月社會主義革命，將俄國和世界資本主義壟斷綁在一起的政經鎖鏈粉碎。蘇維埃政府讓我國第一次獲得真正的自由獨立，以前所未有的速度促進社會主義經濟、技術科學和文化的發展，將俄國變成國際安全和平的可靠堡壘。人民在內戰中爭取

國家的獨立性，在對抗帝國主義國家的集體干涉，以及對抗納粹侵略戰爭的多次偉大戰役上，都曾投身為此奮戰。

然而，現在「世界超級大國」的支持者紛紛要求我們以「世界政府」為重，教我們自願放棄獨立性，那不過是資本家欲稱霸世界的一塊華麗招牌而已。

要求蘇聯這樣做，更是顯得荒謬無比。在二次世界大戰後，許多國家成功逃離帝國主義的壓迫和奴役。這些國家的人民努力鞏固經濟和政治獨立，設法除去外國對本國事務的干涉。另外，殖民屬地爭取國家獨立的運動迅速蔓延，喚醒億萬人民的民族意識，大家不願停留在奴役狀態了。

帝國主義國家的資本家已經喪失許多可以剝削謀利的範圍，更面臨節節敗退的風險，於是他們覬覦剛逃離主國掌握的國家，其獨立引起資本家側目與意圖不軌，想辦法阻止殖民地得到真正的解放。在不懷好意下，帝國主義者花招百出，採取軍事、政治、經濟和意識型態戰等各種手段。

在這種情況下，帝國主義的意識型態者全力抹黑「國家主權」的觀念。他們採用的一種方法是提倡虛偽不實的「世界國家」計畫，聲稱將消滅帝國主義、戰爭和民族仇恨，確保法治世界的勝利云云。

帝國主義的勢力渴望掠奪世界霸權，以激進思想為偽裝，吸引某些科學家和作家等知識分子，得以在資本主義國家橫行無阻。

在去年九月對聯合國代表發表的一封公開信中，愛因斯坦博士提議一種限制國家主權的新方案。他建議聯合國大會變成永久

運作的世界議會，賦有比安理會更高的權力，愛因斯坦宣稱（重複美國外交爪牙的說法）安理會已經遭否決權癱瘓了。而根據愛因斯坦博士計畫改造的聯合國大會，會擁有最後的決定權，大國一致決的原則將被拋棄。

愛因斯坦建議，聯合國代表應該由普選產生，而非像現在由各國政府任命。乍看之下，這個提議似乎是一種進步，甚至像是急進的作法。實際上，這絕非是改善現狀之道。

讓我們思考，這種「世界議會」的選舉有何實質意義。

現今，仍有一大部分的人生活在殖民地和屬地，由地方首長、軍隊和少數帝國主義國家的金融和工業寡頭所主宰。在這些國家的「普選」，實際上意謂將由殖民政府或軍事當局指派代表。殷鑑不遠，莫忘記希臘公投的蠢事，這是保皇黨與法西斯統治者在英國刺刀的保護下共同演出的一場戲。

在實施普選的國家裡，情況也好不到哪去。在資產階級民主國家，資本家居於主宰，以花招百出的手法將自由普選變成鬧劇。愛因斯坦當然知道，過去美國的國會選舉只有百分之三十九的選民投票；他也心知肚明，南方各州千百萬黑人基本上都被剝奪投票權，或者在不算少見的私刑威脅下，被迫投票給他們最兇猛惡極的敵人，如極端反動並仇視黑人的上屆參議員比爾博即是一例。

人頭稅、特別測驗與其他手法，都被用來剝奪成千百萬移民、移動性勞工和貧困農民的投票權。這裡且不提普遍的買票行為，以及反動媒體（是報業大亨左右大眾的強大工具）所扮演的角色等。

　　這一切在在顯示，愛因斯坦提議的世界議會普選，在資本主義世界現有條件運作下將會是何等面貌了；其組成不會比聯合國大會更好，反倒是將大眾的好惡以及對永久和平的渴求扭曲呈現。

　　眾所周知，在聯合國大會和委員會裡，美國代表擁有固定的投票大隊任憑差遣，因為絕大多數的聯合國會員都仰賴美國，被迫調整外交政策以迎合華府要求。許多拉丁美洲國家，例如單一作物的農業國家，農產品價格易受制於美方，結果都被美國獨占事業綁住了手腳。既然如此，在美國代表的壓力下，聯合理大會出現一種機械性多數，聽從「正牌主子」的命令而投票，便不會令人驚訝了。

　　在有些情況下，美國外交當局發現打著聯合國的旗幟採取某些措施，比透過國務院更方便有利。看看惡名昭彰的巴爾幹委員會，或是指派到韓國的選舉觀察委員會，都是明明白白的例子。美國代表的目標就是將聯合國變成美國國務會的一個分支，強力透過「小型大會」的計畫，希望實際上取代安理會，因為理事國一致決的原則妨礙了帝國主義的詭計。

　　愛因斯坦的建議是異曲同工，它絕不能夠促進永久和平與國際合作，只是一種障眼法，當各個主權國家試圖防堵外國資本家強索利益時，便以此攻擊它們。這將會進一步造成美帝主義肆無忌憚地擴張，並讓堅持維護獨立的國家鬆懈心防。

　　在命運作弄下，愛因斯坦無意中成為野心分子企圖阻撓國際和平與合作的同路人。他甚至在公開信中先行提出，若是蘇聯拒絕加入這個異想天開的組織，其他國家有正當權利逕行籌設，然

後開放大門讓蘇聯最終加入組織，成為會員或「觀察員」。

本質上，這與猖狂的美帝主義擁護者提出的建議相差無幾，雖然愛因斯坦博士人格可能與他們如雲泥之別。總結來說，這些建議是指若聯合國無法變成美國政策的武器，或無法成為美帝主義詭計的障眼法，那麼聯合國組織應該解散，在沒有蘇聯與新興民主國家加入的情況下，組織一個新的「國際組織」取代。

難道愛因斯坦沒有意識到，這樣的計畫對於國際安全與國際合作將會產生何等負面的影響？

我們相信，愛因斯坦博士已經誤入一條險象環生的道路，這個世界有不同的社會、政治和經濟制度存在，他卻企圖追逐「世界國家」的海市蜃樓。當然，不同社經結構的國家應該在政治經濟上合作，但是需要認清個別差異。然而，愛因斯坦共譜的這份政治狂想曲，實際是淪落到被國際真誠合作與永久和平的死敵手中玩弄。他建議聯合國會員國採行的道路，將不會讓國際更加安全，而是帶我們走向新的國際爭端，只會讓資本家受益，因為這肯定會為他們帶來更多的軍火合同與利潤。

我們對愛因斯坦先生推崇備至，他是一位傑出的科學家，並且是熱心公益之人，推動國際和平志業不餘遺力。所以，我們認為應該直言不諱，不帶絲毫外交辭令矯飾。

愛因斯坦的答覆

四位俄國同事在莫斯科《新時代》周刊上發表一封公開信，對我進行善意的批評。我很欣賞他們所做的努力，更欣賞他們坦率表達觀點。要將人的事情處理好，唯有先完整了解對手的思

想、動機和關切，才可能透過他的眼睛看世界。所有出發點良善的人應該盡量增進彼此的相互了解，秉持這種精神，我想要請我的俄國同事和任何其他讀者接受以下的答覆。這份回覆出自於我懇切想要找到可行的解決方案，不是誤以為自己懂得何謂「真理」或「正道」。若是下面說法有些武斷，只是為求簡潔俐落起見。

雖然，你們的信主要是對非社會主義的國家攻擊，尤其是針對美國，但是我相信在攻擊背後有一種防衛心態，驅使你們走向幾乎無限制的孤立主義。若了解過去三十年來俄國在外國手中遭受的種種苦難，包括德國為屠殺平民百姓而入侵、內戰時期外國的干涉、西方媒體進行系統性誹謗宣傳，以及西方國家扶植希特勒以對抗蘇聯等，你們想逃進孤立主義並不難理解。然而，無論再怎麼可以理解你們想要維持孤立的願望，這對於俄羅斯與其他國家仍然是一場災難，稍後我會深入剖析。

你們對我的主要攻擊箭靶，在於我對「世界政府」的支持。在討論這個重要的課題之前，我想先談談社會主義和資本主義之間的對立，因為你們對這種敵對的態度，似乎完全主宰對國際問題的看法。若客觀來思考社會經濟問題，情況似乎如下：科技發展導致經濟機制越來越集中，這種發展造成工業化國家的經濟勢力普遍集中在少數人手中。在資本主義的國家裡，這些人不需要為自己的行為對公眾負責。在社會主義國家裡，他們必須這麼做，因為他們相當於行使政治權力的公僕，必須向全民說明。

我同意你們的觀點，若社會主義的行政當局至少維持一定的標準時，社會主義經濟擁有的優點肯定會抵消缺點。果真如此，總有一天所有國家（如果到時候還有「國家」存在的話）會感激

俄國，儘管面臨重重困難，仍然率先為計畫經濟的實際可行性做出正面示範。我也相信，事實將會證明資本主義或自由企業制度無法處理失業問題，然而隨著科技進步，失業問題將會日益嚴重，讓大眾無法在生產力與購買力之間維持健全平衡。

但是另一方面，我們不應該錯將現有社會和政治弊端全部怪罪資本主義，認定建立根本的社會主義將能夠治好人類一切痼疾。這種想法的危險首先會鼓勵對「忠誠」的堅信不渝，將一種或許可行的社會方法變成一種「教派」，若有不從便被打成十惡不赦的叛徒或壞人。一旦進入這種階段，將會完全無法容忍「不忠之徒」。我確定，你們從歷史中可知道，這種僵化的信念對人類造成多少不必要的痛苦。

任何政府若是淪為具有暴政統治的傾向，本身就是一種邪惡。然而，除了極少數無政府主義者，我們都相信文明社會不能沒有政府而存在。在健全的國家裡，人民意志與政府之間存在一種動態平衡，防止政府走向暴政統治。如果在一個國家中，政府不僅掌控軍隊，同時也掌控所有教育與資訊管道，以及每一個國民的經濟生計，顯然就有更大的危險演變成暴政統治的國家了。我這麼說，只想點出這樣的社會主義無法當成所有社會問題的解答，僅僅是提供某種解答的架構而已。

最讓我驚訝的是，你們在信中表現出來的整體態度。謹將我的看法表述如下：在經濟範疇裡，你們顯然是無政府狀態的堅定反對者，然而在國際政治的範疇裡，你們卻也是無政府狀態（如無限制主權）的狂熱擁護者。對你們而言，削減各國主權的命題本身就應受到譴責，因為違反了天賦權利。此外，你們試圖證明

在削減各國主權想法的背後，其實是美國包藏禍心，企圖不用發動戰爭，便可染指世界各國，進行經濟主宰與剝削。你們試圖要合理化這個控訴，將大戰結束後美國政府的各種行動解釋為陰謀，而聯合國大會只是上演傀儡秀，實則受到美國與資本家的控制。

這番論調讓我感覺是天方夜譚，不具有說服力。但是，這凸顯出美俄兩國知識分子的巨大隔閡，這是人為孤立的遺憾結果。若能促成與鼓勵自由交流觀點，那麼知識分子比起其他人可能更能幫助雙方國家創造相互了解的氣氛。這種氣氛是政治合作豐碩有成的必要前提，不過既然現在面對「公開信」這麼麻煩的方式，我就只好做簡單的回應了。

沒有人想要否認，經濟寡頭在公共生活各個層面的影響力都非常強大。但是，這種影響不應該被過分放大。儘管這些勢力龐大的團體拚命反對，羅斯福最終選上了總統，而且還連任三次，當時正是迫切需要做重大決定的時刻。

至於美國政府的戰後政策，我不願、不能，更不具資格辯解。不過，不能否認的是美國政府對核子武器的提議，至少的確是在嘗試創造一個超國家安全組織。如果未被接受，至少可以充當討論國際安全問題真正解答的基礎。的確，蘇維埃政府的態度半否定半推脫，使得美國國內立意良善的人士難以如願施展政治影響力，以便抵制「戰爭販子」。至於美國對聯合國大會的影響力，我覺得這似乎不只是和美國經濟和軍事實力的展現有關，也是因為雙方攜手共同尋求國際安全真正解答的努力結果。

至於備受爭議的否決權，我相信致力讓它廢除或失效的主要

動機，與其說是美國別有意圖，倒不如說否決特權遭到濫用的情況。

　　現在回到你們的指控，認為美國的政策企圖奪取他國的經濟主導並進行剝削。我覺得要談「目標意圖」之類的東西，是非常危險的事情，所以讓我改而檢視牽涉到的客觀因素。美國很幸運，所有重要的工業產品和食物都能自給自足，而且幾乎擁有所有重要的原料。但是因為她堅信「自由企業」，以至於無法介入干涉，讓人民購買力與全國生產力得以保持平衡。基於相同的理由，失業率經常到達具有威脅的危險程度。

　　在這些情況下，美國被迫著重出口貿易，否則無法讓總產能充分利用。若是進出口的價值大抵平衡，應不至於產生害處。所謂的被外國「剝削」在於出口貨品的勞動價值，大幅超過進口的勞動價值。然而，美國已經盡力避免這種情況發生，因為幾乎每份進口都會造成部分產能閒置。

　　這就是為何外國無法支付美國出口商品的緣故，從長遠來看，只有當美國進口商品時，外國才會收到貨款來支付商品，這解釋了為何有大部分黃金進口到美國。整體來說，黃金除了購買外國商品，並沒有用處，然而由於上述理由，這是不可行的。於是，黃金就小心存放、嚴防失竊，成了歌頌政府領導有方以及經濟成就的紀念碑。從上述理由中，讓我很難認同美國剝削世界的指控。

　　然而，上面的情況還有嚴肅的政治意義。基於上述理由，美國不得不將部分產品運送到外國，這些出口是透過美國貸款融資給外國才能辦到，的確很難想像這些貸款該如何償還。因此就

實際考量，這些貸款必須當成「禮物」，成為強權政治角力的武器，從當前局勢與人類特性來看，我得坦白說這真的很危險。現在國際關係真是一團混亂，我們一切的發明和物品很容易淪為武器使用，讓人類自陷危險當中。

這個問題點出最重要的議題，相較之下其他事情顯得微不足道。我們都知道，強權政治遲早一定會導致戰爭，在目前的情況下，這場戰爭將意謂著人類生命財產的大規模毀滅，程度恐怕是空前絕後。

難道，真的因為人類的偏激和積習，讓我們該受到處罰，自相殘殺徹底消滅，並毀掉一切值得保存的東西，這真的無法避免嗎？在我們之間這種奇怪的書信往返中，所觸及的一切爭議歧見，相較於如今世局所面對的危險，不是顯得微不足道嗎？我們不是應該盡一切力量，消除所有國家面臨的威脅與危險嗎？

如果堅持國家主權無限的觀念與作法，只意謂每個國家將保留權力，訴諸戰爭手段追求自己的目標。在這種情況下，每個國家都必須為戰爭開打做準備，也一定得比其他國家強大才行。這項目標恐會逐漸主導整個公共生活，在大災難降臨許久之前，就已經毒害年輕人了。但是，只要人類留有一絲冷靜理性與人本關懷，就絕對不能容忍這一點。

這是我心中支持「世界政府」的唯一理由，對於其他人支持的理由，我無從置喙。我提倡創設世界政府，因為我深信想要消滅最恐怖的危機，人類已找不到其他可行之道；避免人類全部毀滅是我們的首要目標，超越一切之上。

我確定，你們會相信這封信出自我最懇切認真的態度，相信

你們將會抱持同樣的精神看待。

74「世界一家」得獎感言

一九四八年四月廿七日於紐約卡內基音樂廳演講，收錄於一九五〇年《晚年文集》。

你們願加諸我身上的這份榮譽，讓我感動莫名。在漫長的一生中，我已接受到同胞們諸多肯定，讓我愧不敢當，必須承認愧疚永遠超過欣喜。但是，以前從未像今日一樣，得獎帶來的痛苦遠遠超過快樂。對真正在乎和平與理性正義的人來說，今日必定迫切感到政治是如此善惡不分。但是不管如何，也不管前頭有什麼樣的命運等著，我們都可以確定，若是沒有關心人類全體福祉者的努力不懈，人類的命運甚至會比現在還要糟糕。

在此危急存亡之際，我們必須對同胞說的始終如一：在政治層面上，「武力萬歲」的信仰占了上風，這股力量已經完全失控，連原本只想把武力作為工具的人都無法控制。我認為，提議將國家軍事化不僅會立即帶來戰爭威脅，同時也會逐步摧毀民主精神，以及這片土地上人類的尊嚴。宣稱國際事件迫使我們武裝是錯誤的，必須全力駁斥。事實上，從其他國家的反應看來，美國重新武裝只會適得其反，造成倡導者不樂意見到的局面。

通往和平與安全的唯一道路，是建立超國家組織的道路。各國進行片面武裝，只是凸顯普遍的不安與困惑，而無法形成有效的保護。

75 給知識分子的信息

預計在波蘭弗羅茨瓦夫知識分子和平大會宣讀的訊息，但是
未能發表，後於一九四八年八月廿九日發表。

　　世界各國的知識分子與學者今日在此聚會，肩負歷史的重責
大任。我們有充分的理由感謝法國和波蘭的同仁，讓大家齊聚在
此為重大的目標努力，期待有智之士共同發揮影響力，促進世界
和平與安全。這是古老的問題，柏拉圖最早也為此努力奮鬥，運
用明理慎思來探求人類問題的答案，而非受人類祖先遺傳下來的
直覺和衝動所箝制、操控。

　　經過慘痛的經驗教訓，我們已經明白理性思考不足以解決社
會生活中存在的問題。尖端先進的科學研究對人類往往帶有悲劇
的意涵，因為一方面科技發明讓人們從辛苦勞動中獲得解放，讓
生活更加富裕舒適；另一方面，也使人們變成科技當道下的奴
隸，心裡感到惶惑不安。而最大的災難是創造出讓人類大規模毀
滅的武器，這真是令人痛心的悲劇。

　　這悲劇已教人痛苦不堪，然而或許更加可悲的是，雖然在科
學技術領域產生了許多傑出優異的學者，但是對於長久以來讓大
家感到紛擾不安的種種政治衝突與經濟緊張，卻無法找到合適的
解決之道。無庸置疑，國家內部和國際之間經濟利益的對立抗
衡，是當今世界局勢危險重重的主要原因。至今，我們還無法成
功發展出一種政經組織，可以確保世界各國和平共存；我們也還
無法成功建立一種制度，可以杜絕戰爭，且永遠消除大規模毀滅

性的殺人武器。

　　幫助建造越發可怕有效的毀滅性武器，是我們科學家可悲的命運。我們必須思考自己肩負嚴正超然的責任，應該盡一切力量防止這類武器用在殘酷的目的上。對我們來說，還有什麼更重要的任務？還有什麼社會目標更貼近我們的心底？這就是為何這次大會肩負如此重要的使命，我們在此共商大計，必須建立連接世界各國的精神與科學橋樑，必須克服國界造成的可怕障礙。

　　在較小型的社會群體中，人類在打破反社會的政權上已有一些進展，例如城市生活、甚至有些國家內的社會生活都是這樣子。在這樣的社會裡，傳統與教育發揮調節作用，讓生活在社群團體裡的人們享有包容的關係。然而，國家之間的關係主要仍然是無政府狀態。我不認為在過去幾千年來，人類在這方面獲得真正的進步，國家之間的衝突太過頻繁，仍然由武力或戰爭決定；只要實際上有可能，隨時隨地都會激發無窮的野心，渴望追求更大的權力。

　　長久以來，國際事務的無政府狀態為人類造成難以言喻的痛苦和毀滅，一次又一次阻礙人類的發展，並且殘害身心安寧，有時候幾乎將一切摧毀殆盡。

　　此外，各國願意隨時為戰爭做準備，也對人民的生命造成其他激盪。在過去幾百年來，各國控制人民的權力持續增長，不論是民主法治國家或暴政統治的國家都不例外。主要由於現代工業設備集中的緣故，國家為了維持人民之間的和平和秩序，職責已逐漸變得更加複雜廣泛。為了保護民眾免受攻擊，現代國家都需要建立強大與不斷擴大的軍事機構。此外，國家也認為教育民眾

正視戰爭的可能性是必要之事，而這種「教育」不僅摧殘年輕人的精神靈魂，對於成人心態也有不利的影響。沒有國家能避免這種墮落，甚至在平和的國家裡，這股氛圍仍然瀰漫在民眾之間。因此，國家已然成為當代的偶像，其暗示力量鮮少有人可以逃離。

但是，戰爭教育是一種錯覺。過去幾年來，科技發展已經創造出全新的軍事情勢，並且發展出可怕的武器，能在幾秒內造成大規模傷亡與破壞。既然科學尚未找到這些武器的防禦之道，現代國家再如何備軍，也無法確保民眾的安全。

那麼，我們如何才能得救呢？

只有一個超國家組織單獨掌握製造或持有這些武器的權力，人類才渴望獲得保障，免於無法想像的破壞與毀滅。然而，在現在的狀況下，很難想像各國會交出權力給超國家組織，除非該組織擁有法律上的權利與義務，解決導致戰爭的一切衝突。在這種制度下，各國主要職責將是處理國內事務，至於與其他國家的關係，則僅限於不會涉及國際安全的議題和問題上。

遺憾的是迄今沒有跡象顯示，各國政府已體認到現今人類的處境已經迫切需要革命的手段來改善了。我們的處境與過去無法相比，因此，以往或許足夠的措施，如今已不足以因應。我們必須革新思考行動，也必須有勇氣革新世界各國之間的關係。昨日的陳腔濫調無法用於今日，明日無疑也會過時，讓全世界的人們都認知到這點，是有史以來知識分子肩負最關鍵重要的社會功能。而知識分子具備足夠的勇氣，能夠克服與自己國家的紐帶，並引導世人以最急進的方式改變根深柢固的民族傳統嗎？

巨大的努力是不可或缺的。如果現在失敗了，超國家組織以

後還是會建立，只不過會建立在大半已成廢墟的世界上。但願我們不需要製造出世界級的毀滅性災難，才能終止現今國際間無政府的狀態。時間緊迫，若要行動就要趁現在。

76 為什麼要社會主義？

取自一九四九年五月紐約《每月評論》。

　　一個不是經濟與社會議題專家的人，就社會主義的題目發表意見，是否恰當呢？從許多理由看來，我相信是無妨的。

　　先從科學知識的角度來思考問題。天文學和經濟學之間，在我看來並不存在方法論上的根本差異：兩個領域的科學家都企圖對一類範圍有限的現象找到可普遍適用的規則，讓這些現象彼此之間的關連盡可能清晰易懂。然而在現實層面，兩者間確實存在方法論上的差異。在經濟學領域，由於所觀察的經濟現象常常受到許多很難獨立評估的因素影響，所以不容易發現一般通則。此外，從人類歷史上所謂「文明階段」開始累積的經驗，有很大的程度絕非完全受經濟因素的影響與限制。例如，歷史上多數大國之所以存在，是因為征服其他國家的關係。征服者讓自己成為被征服國家在法律上和經濟上的特權階級，他們霸占土地，指派自己人擔任教士。這些人控制教育，讓社會的階級劃分成為永久的機制，並創造一套價值體系，讓人民不知不覺內化，使社會行為受引導支配。

　　然而，歷史傳統可說是昨日之事，無論在哪裡，我們都還沒

有真正脫離范伯倫[13]所稱人類發展的「掠奪階段」。所以說，我們觀察到的經濟現實仍屬於這個階段，推演出來的法則也不能適用到別的階段。既然社會主義真正的目標正是克服並超越人類發展的掠奪階段，所以現今階段的經濟科學對於未來的社會主義，不能達成指引作用。

其次，社會主義是以社會道德目的為導向。然而科學無法創造目的，遑論強行灌輸到人們身上；科學至多只能提供達成某些目的之手段。但是目的本身是由具有崇高道德理想的個人所發想，若是這些目的未夭折，並發展出充沛生命力，就會被許多人採納實踐，在這些人部分自覺中帶動社會的緩緩前進。

基於這些原因，在面對人類的問題時，我們應該小心不要高估科學與科學方法；我們也不應該假定，在面對會影響社會組織的問題時，只有專家才有權力表達意見。

一段時間以來，已有無數的聲音宣稱人類社會正經歷一場危機，穩定性受到嚴重破壞。時下的特徵是，個人對於所屬的群體（不論大小）都冷漠以對，甚至抱持敵意。為了說明我的意思，我要講一件親身經歷的事情，前些時候我和一位聰明又好脾氣的先生談論下一場戰爭的威脅，我認為那會嚴重危害人類的生存，指出只有超國家組織才能避免這種危險。然而，這位客人卻無動於衷，冷冷地回我說：「為什麼您會強烈反對人類滅絕呢？」

我相信，在短短一個世紀以前，沒有人會輕率說出這種話。

---

[13] 編注：美國知名的經濟學家、社會學家，對資本主義提出深刻的批判。著名著作有為一八九九年出版的《有閒階級論》（*Theory of the Leisure Class*）及一九〇四年出版的《企業理論》（*The Theory of Business Enterprise*）

說這話的人，曾經力求內心平衡，但是失敗了，於是產生絕望。這番話傳達的痛苦、寂寞與孤單，是今日許多人內心真正的感受。原因是什麼？有解決之道嗎？

提出這樣的問題很簡單，但是很難得到肯定的答案。我會盡量試試看，雖然我相當明白我們的心意與努力常常是矛盾不清的，無法用簡單易懂的公式表達。

人同時是一種孤獨與社會性的生物。作為孤單的人，會試圖保護自己與至親的生存，會滿足個人慾望並發展天生的才能。作為社會的一分子，會尋求同胞的認可贊同，分享大家的喜怒哀樂，並改善眾人的生活條件。唯有這些各式各樣與互相衝突的努力同時存在，才能凸顯出一個人的獨特本質，並且決定一個人達成自我內在平衡以及貢獻社會福祉的能力。這兩種驅力的相對強度，很有可能主要是由遺傳決定，但是最後成就的個人，主要是由個人發展中所處的環境、成長中的社會結構、沿襲的社會傳統，以及社會對某類行為的評價所共同塑造。「社會」這個抽象概念指的是，個人與古往今來所有世代人物直接與間接關係的總合。一個人能夠自己進行思考、感覺與工作，但是不論在身體、心智與情感面向的生活中，都深深依賴社會，所以不可能在社會的框架之外，來思考或了解一個人。是「社會」提供一個人食物、衣物、住所、工具、語言、思考形式以及絕大多數的思考內容；個人的生命是透過從古至今億萬人的努力與成就而來，他們都隱藏在「社會」這個小小詞語的背後。

因此，顯然個人對社會的依賴是自然界中無法抹煞的事實，正如同螞蟻和蜜蜂一樣。不過，在螞蟻和蜜蜂的一生中，包括最

小的細節，都是由不變的遺傳本能所決定，而人類的社會模式和相互關係卻是各式各樣，且容易改變。記憶力、重組能力以及語言溝通的天賦等，讓人類大有可為，不再受限於生物本能的必然性。這類的發展可從傳統、制度與組織看出來，從文學、科學、工程成就以及藝術作品中看出來，也解釋了為何人類可以透過自身行為影響一生，以及在這個過程中意識思考與抱負希望扮演了何種角色。

　　經由遺傳，人在出生時會獲得固定不變的「生物素質」，包括人類特有的天生衝動與慾求。此外，人在一生中會得到一種「文化素質」，經由傳播溝通與各種型態的影響而從社會獲得，隨著時間而演化，並會大幅決定個人與社會的關係。現在人類學透過所謂「原始文化」的比較研究，指出隨著主流的文化模式與社會組織型態之不同，人類的社會行為可能相差甚大。基於這點，企圖改善人類命運的人士或許可以抱持希望：人類不會因為生物素質的關係，就注定會彼此毀滅，或是聽任殘酷或自作自受的命運所擺布。

　　若問到社會結構與文化態度該如何改變，才能盡可能讓人類的生命獲得滿足時，我們應該謹記在心，有些條件是無法改變的。上面提到基於實際需要，人的生物本質不易改變，再者，過去幾世紀的技術和人口發展已經創造一些不易變動的條件，在人口相對稠密的地區，為生產生活必需品，必須要有極細的分工和高度集中的生產設備。回顧過去，個人或小型的社群完全自給自足的恬淡時光，已經一去不復返；講得誇張一點，人類現在已經組成一個生產與消費的地球村了。

　　到這裡，可以扼要說明這個時代危機的本質，這個問題牽涉到個人對社會的關係。個人比以往更加意識到自己對社會的依賴，但是並未將這種依賴視為一種正面資產、一種有生命的連繫，或保護的力量，反倒認為是對自己的天賦權利，甚至是經濟生活的威脅。再者，人在社會所處的位置，會讓天生自私自利的驅力不斷增強，而天生較薄弱的社會驅力則嚴重衰退；所有人不論在社會中的位置如何，都會遭受這種衰退的過程，不知不覺成為利己主義的囚犯，感到不安與孤獨，無法簡單享受生活的樂趣。我們的一生短暫而脆弱，唯有奉獻給社會時，才能找到人生的意義。

　　在我看來，資本主義社會的經濟無政府狀態是今日真正的禍害根源。我們眼前看到的是一個巨大的生產者社會，成員們不斷努力奪取他人集體勞動的成果，不是靠暴力，而是靠如實遵守法律。在這方面，重點是了解生產工具（包括製造消費商品與資本商品所需的全部生產力）可以合法成為私有財產，而且大部分已經是私有財產了。

　　為簡單起見，在下面的討論中，我會將不具生產工具者統稱為「工人」，雖然這與一般習慣用法不同。生產工具的擁有者居於購買工人勞動力的位置，而工人利用生產工具製造新商品，成為資本家的財產。這個過程的重點是工人生產商品與獲得報酬之間的關係，都是以實際價值衡量。在勞動契約是「自由」的情況下，工人得到的報酬不是由生產商品的實際價值決定，是依照工人最低的生活所需，以及資本家看有多少人競爭工作，而他需要多少勞動力來決定。重要的是明白縱使在理論上，工人的報酬也

不是由產品的價值來決定。[14]

私有資本傾向於集中在少數人手裡，部分是因為資本家之間競爭，部分是因為科技進步與勞力分工增加，造就大型生產單位的形成，犧牲了小型的生產單位。這些發展的結果是造成私有資本的獨占壟斷，其權力龐大到甚至是民主的政治社會都無法有效監督。事實確實如此，因為立法機關的成員是由政黨選出，大部分是受到私人資本家資助或影響，他們基於實際需求，將選民與立法機關分開來，造成人民的代表實際上並未充分保護弱勢者的利益。再者，如今無可避免的是，私人資本家直接或間接控制了主要訊息來源（新聞、電台和教育），因此，事實上大多時候公民都難以形成客觀的結論，遑論明智行使政治權利。

因此，以資本私有權為基礎的經濟制度裡，最常見的情況有兩大原則：第一，生產工具（資本）為私人擁有，而所有者可以任意隨情況處置；其次，勞動契約是自由的。當然，在這個意義上，「純粹」的資本主義社會是不存在的，尤其經過漫長艱苦的政治鬥爭後，有些行業的工人已經得到多少有所改善的「自由勞動契約」。然而整體看來，今日的經濟與「純粹」的資本主義相差無幾。

生產是為了謀取利益，而非為了使用，並沒有法令規定所有

---

[14] 編注：可以參考馬克思在《共產黨宣言》中對工人階級的描述：「他變成機器的附屬品，他所需要的技巧不過都是一些最簡易、最單調，也最容易學會的。因此，工人從事生產所需之費用幾乎僅限於他維持生命和延續後代所需之生活必需品。但是，商品的價格決定於勞動的價格，亦即生產的成本。於是，工作越是努力，其工資反而越低。」

有能力以及有意願工作的人都有就業機會，一支「失業大軍」幾乎一直存在，工人經常害怕失去自己的工作，而失業與薪水微薄的工人無法造就一個有利可圖的市場，消費者商品的生產受到限制，引起嚴重的經濟困頓。科技進步往往造成更多失業，而不是減輕工作的重擔。資本家追本逐利，再加上彼此之間的競爭，都造成資本累積與運用的不穩定，導致嚴重的經濟衰退。無限制的競爭會造成巨大的勞力浪費，使我前面提到的個人社會意識萎靡不振。

我認為，戕害人性是資本主義最大之惡。我們整個教育制度深受其害，將誇張的競爭心態灌輸給學生，訓練他們崇拜成功與貪婪，為日後就業做準備。

我深信只有一種辦法來消除這些嚴重的弊病，就是建立社會主義經濟，並且由教育系統，致力於以社會目標為導向。在這種經濟中，生產工具由社會所擁有，並進行有計畫的運用。計畫經濟會根據社會需求來調整生產，會分配工作給所有能夠工作的人，並且保障男女老少的生活。個人所受的教育除了可促進天賦才能的發展之外，也會幫助培養對同胞的責任感，取代現今社會對功名利祿與權勢的歌頌。

儘管如此，必須記住計畫經濟不是社會主義的全部。這樣的計畫經濟也可能造成個人的完全奴役，因此實現社會主義需要解決一些極為困難的社會政治問題：有鑑於政經權力的高度集中，有沒有可能防止官僚系統獨攬大權且唯我獨尊？個人權利應該如何保護，確保民主力量能夠制衡官僚權力呢？

77 國家安全

一九五〇年二月十三日參加羅斯福總統夫人有關氫彈影響的
電視節目進行談話。

　　由衷感謝羅斯福夫人，讓我有機會對當今最重要的政治問題
表達自己的信念。

　　就現今軍備技術而論，欲透過國家軍備力量實現安全，恐怕
是會導致災難的幻想。由於美國是全球第一個成功製造出原子彈
的國家，更是助長了這種幻想，這就是為何現今美國主流想法以
取得決定性的軍事優勢為目的，認為透過這種方式可以嚇阻所有
潛在的敵人，將眾人殷切期望的安全帶給美國與全人類。簡單來
說，過去五年來我們大家遵循的格言是：不惜一切代價，以優越
強大的軍事力量來獲得安全。

　　這種機械與技術性的軍事心態已經招致無可避免的後果。現
在外交政策的一舉一動，都只受制於單一觀點的主宰，即我們該
如何行動，以便發生戰爭時制住敵人取得最佳優勢？包括：在全
球所有重要的戰略地點建立軍事基地；加強潛在盟國的軍事與經
濟力量；對內，將龐大的經濟勢力集中在軍隊手上；對年輕人施
以軍事訓練；嚴密監督民眾（尤其是公僕）的忠誠度，使得警察
勢力日益高張；恐嚇具有獨立政治思考的民眾；透過廣播、報紙
與學校，對民眾進行潛移默化，灌輸教條主義；以軍事機密為壓
力，不斷限縮公共訊息的範圍。

　　美蘇之間的軍備競賽原本應該只是一種防衛措施，現在卻演

變成為歇斯底里。雙方都急如星火，在層層機密的高牆掩護下進行大規模毀滅武器的製造。在大眾眼中，氫彈是可望實現的目標，總統鄭重宣布已加速發展。倘若真的成功，在一瞬間以放射性物質毒化大氣，並造成地球生物的完全毀滅，都已在科技可能範圍。這種發展有如鬼魅般揮之不去，儼然已經勢不可擋，步步導致不可避免的後果。最終，明顯昭告的正是人類的全面毀滅。

有沒有辦法破除人類作繭自縛的困境呢？我們所有的人都應該了解，尤其美蘇兩國的主政者，或許能夠消滅外在的敵人，但卻無法擺脫戰爭引發的心理糾葛。只要每個舉動都是因應未來可能的衝突而產生，那麼永遠不可能實現和平。因此，一切政治舉動的出發點應當如下：我們應該怎麼做才能實現和平共處，甚至是各國坦誠合作呢？首要問題是消除相互的恐懼和不信任，鄭重放棄暴力（不只限於大規模毀滅武器）無疑是必要的。然而，這種放棄要達到效用，必須同時設立一個超國家的司法行政體，賦予權力可對國際立即的安全問題做裁決才行。縱使只是聲明各國會忠誠合作，實現所謂「有限的世界政府」，也會大幅降低戰爭迫在眉睫的危險。

歸根究柢，人類之間的和平共處主要是基於互相信任，其次才是有賴於法庭與警察等機構來維持，對於個人與國家皆是如此，信任基礎在於誠懇溝通與互動。

至於國際控管呢？嗯，也許可以作為維持秩序的次要手段，但莫高估其重要性，或許才是明智的。想想美國禁酒令施行的年代，就足以讓人三思了。

78　追求和平

一九五〇年六月十六日，聯合國廣播電台在愛因斯坦的普林斯頓家中書房進行錄音採訪。

問題：世界命運僅繫於一線的說法很誇張嗎？

答：不誇張。人類的命運一直是繫於一線……但此刻更甚過往，尤其迫切。

問：我們該如何喚醒所有民眾正視當今情勢嚴峻？

答：我認為這個問題有答案。為戰爭發生做準備並不是解決之道，我們要有這樣的信念：若想要免於軍事災難的威脅，唯有透過耐心談判與設立解決國際爭端的法律基礎才能辦到，而這需要強大的執行機構作後援，也就是某種世界政府。

問：當前的核子軍備競賽可能會導致另一次世界戰爭，不過有些人主張這是防止戰爭的方法。您認為呢？

答：軍備競爭並非防止戰爭的方法，朝這個方向走會讓我們更加接近全面性的毀滅。軍備競賽是防止公開衝突最糟糕的方法；相反地，若是沒有進行超國際規模的全面裁軍，真正的和平是不可能達成的。我再說一遍，軍備無法保護我們免於戰爭，而是會無可避免地導致戰爭。

問：是否有可能同時為戰爭做準備並建立世界社會？

答：爭取和平與為戰爭做準備兩者不相容，在這個時代更是如此。

問：我們能防止戰爭嗎？

答：有一個很簡單的答案。如果我們有勇氣決定要追求和平，我們便會有和平。

問：如何做到？

答：藉由堅定的意志達成協議，這是不證自明的道理。我們不是在參加一場競賽，而是在處理人類面臨最嚴峻的情勢。若是沒有下定決心要以和平的方式解決事情，將永遠無法和平解決。

問：您如何看待接下來十年或二十年核能對於文明的影響呢？

答：這無關緊要，現有技術能夠達成的範圍已經夠令人滿意……如果正確使用的話。

問：您對於一些科學家預測人類生活會出現深遠改變有何看法？例如，我們每天只需要工作兩個小時？

答：我們都是一樣的人，沒有真正深刻的改變。我們每天工作五小時或兩小時並不那麼重要，我們的問題是國際層次的社會與經濟問題。

問：對於已經存在的原子彈庫存，您有何建議呢？

答：送至一個超國家組織。在和平鞏固之前，必須有一定的保護力量，因為單方面裁軍是絕對不可能的。軍備武器一定只能託付一個國際權威，沒有其他可能性，全面限武與超國家政府有關。對於安全問題，不應該完全只看技術層面；追求和平的意志與願意為此目標付出每一步，是最重要的。

問：個人對於戰爭或和平，可以有何作為？

答：個人可以讓任何參選人（如國會選舉）做出明確的承諾，願意為國際秩序奮鬥，並且答應為此限制國家主權。每個人都

參與輿論意見的表達，必須真正了解有何需要，也必須有勇氣站出來說話。

問：聯合國無線電台以二十七種語言對全世界每個角落播送。這是危急存亡之秋，您有什麼話希望我們向全球民眾傳達呢？

答：整個來說，我相信甘地的見解是當代所有政治人物中最具啟發性的看法。我們應該努力傳承其精神奮鬥，以非暴力手段為使命而戰，對於我們相信是邪惡的事情，更是不要參與。

79「文化是世界互信互諒的基礎」

一九五一年十二月《聯合國教科文組織信使報》。

為了掌握《世界人權宣言》的完整意義，應該充分認識催生聯合國與聯合國教科文組織的世界情勢。過去半個世紀的戰爭帶來毀滅破壞，讓每個人都體認到，以今日科技進展的水平，唯有在超國家機構和行為規範的基礎上，才能保障各國安全。我們都知道，長遠來看唯有各國共組世界聯邦，才能避免一切毀滅性衝突。

在這種狀況下，聯合國成立了，這是國際秩序的一個良好開端。不過，這個組織只是各國政府代表的集會點，而不是以個人信念為基礎獨立行事的人民的代表。此外，聯合國的決定於各國政府不具拘束力，也沒有具體方法可以強制執行決議。

因為拒絕某些國家入會，聯合國的功效作用又進一步削弱，這種排擠嚴重影響該組織的超國家特性。然而本質上來說，國際

問題終於可以攤在陽光下討論，有利於和平解決爭端與衝突。一個超國家的討論平台存在，容易讓民眾逐漸習慣經由談判協商維護國家利益，而不是動用武力。

我認為，這種心理或教育作用是聯合國最珍貴的特質。這個世界聯邦以人具有新的忠誠為前提，即超越國界的責任感。這種忠誠要發揮真正的作用，必須擁抱比純政治議題更寬廣的視野，而不同文化群體之間的互信理解，彼此給予經濟與文化援助等，都是補充要件。

曾經，戰爭造成了大眾的心理衝擊，再加上狹隘軍國主義與強權政治思維的打壓，讓我們失落了信心，唯有靠這樣的努力才能重拾。若是缺乏互諒互信，是不可能出現有效力的機構，可以確保各國集體的安全。

聯合國增設聯合國教育、科學與文化組織，該組織的作用在於推廣文化事業，比聯合國更能夠擺脫強權政治帶來的癱瘓效應。

聯合國體認到，唯有享有健康與獨立的人民，才能創造健康和諧的國際關係，因此精心擬定一份《世界人權宣言》，已於一九四八年十二月十日由聯合國大會通過。

這份宣言建立一套普世認知的標準，旨在保護個人，防止經濟剝削並維護發展，促成個體在社會架構內能夠自由從事自己的活動。

在所有聯合國會員國之間推廣這些標準，是一種重要的目標。為此，聯合國教科文組織籌辦三周年慶祝，旨在呼籲大家重視這些訴求，成為各民族恢復政治健康的基礎。

　　為避免引發無止境的爭論，這份宣言盡其可能避免寫成嚴謹的法律文件形式，雖然這份用心不見得完全成功。這份文件也不可能將不同國家懸殊的生活條件完全考慮在內，而且免不了需要容許對條款有不同的解釋。但是，宣言的精神明白無誤，可作為一般判斷和行動的準則。

　　給予這些準則形式上的承認是一回事，然而，不管情勢如何變化多舛，自始至終都能奉行不渝又是另外一回事，公正的觀察者從宗教組織的歷史便可獲得明鑑。唯有當聯合國用本身的決議和行動來落實《世界人權宣言》的精神，宣言也才會發揮效力。

80　消除戰爭威脅

寫於一九五二年九月廿日，刊登於日本東京的《改造》雜誌一九五二年秋季號。

　　在製造原子彈的過程中，我只參與了一個動作：簽署一封致羅斯福總統的聯名信，呼籲迫切需要進行大規模的實驗，以便探索是否有可能製造出原子彈。

　　我完全明白，萬一計畫成功將對人類造成的可怕威脅。但是，德國人正在研究相同的問題，而且有可能成功，迫使我走這一步。雖然我一向是堅定的和平主義者，但是我沒有其他辦法。在我心中，戰爭時殺人完全不比平常殺人罪行還小。

　　然而，只要各國沒有決心共同行動消除戰爭，並且以合法與和平的方式來解決衝突並保護利益的話，就會覺得必須為戰爭做

準備。大家感覺必須準備好一切手段，縱使是最令人厭惡的方式，這樣才不會在軍事競賽中落後。這條道路必然導向戰爭，在當前的環境下意謂大規模的毀滅。

在這些情況下，只限制戰爭使用的武器毫無作用，唯有徹底消除戰爭與戰爭的威脅才有幫助，這是人人必須挺身奮鬥的目標。每個人都必須下定決心，不要被迫做與這個目標背道而馳的事情，這對於具有社會意識的個人是很強烈的要求，但並不是不可能達到。

甘地是這個時代最偉大的政治天才，他已經為我們指出方向。他讓我們親眼見證，一旦找到正確的道路，人們可犧牲到多麼大的程度。他為印度解放的努力，鮮活證明堅定信念所支配的意志，比看似堅不可摧的槍砲彈藥都更為強大。

81　文化衰落的症狀

刊登於一九五二年十月《原子科學家會報》第八卷第七期。

思想和科學研究結果自由無礙的交流，對科學的健全發展與各面向的文化生活都很重要。我認為，美國政治當局對於個人之間知識的自由交流進行干預，無疑已經造成嚴重的傷害。首先是在科學研究的領域出現傷害，一段時間過後，在技術和產業界也看到明顯的效應。

政治當局對科學生活的侵入，在阻礙美國科學家與學者旅行國外，以及外國科學家欲造訪美國時特別明顯。強盛國家進行這

種小動作，只是病灶極深的表徵而已。

　　警察機關干涉科學成果的口頭和文字傳播自由，造成普遍對政治不信任的態度以及個人的焦慮膽怯，自縛手腳以避免受當局懷疑或威脅到經濟地位；這些都只是症狀而已，不過卻凸顯事態之嚴重。

　　然而，對我來說真正的重病是世界大戰造成的心態，主宰我們所有的行動，讓我們相信和平時期就得整頓生活和工作，確保在戰時能夠獲勝。這種態度導致人們認為，一個人的自由與生存都受到強敵的威脅環伺。

　　這種態度解釋了為何有我們上面歸為「症狀」的一切討厭事情。若不加以治療的話，勢必會導致戰爭，造成深遠的破壞，美國的政府預算即是明顯一例。

　　唯有克服這種隨時備戰的迷戀，才能注意到真正合理的方式，來解決真正的政治問題。那就是：在這個資源不斷減縮的地球上，我們該如何做出貢獻，讓人類的生活變得更加安全與寬容呢？

　　倘若無法根除病根的話，我們自己是不可能治好上述一切症狀的。

第三部分

論猶太人

82 致國務院長赫爾派克博士的一封信

回應赫爾派克教授在一九二九年刊登於《福斯日報》的一篇
文章，本文收錄於一九三四年《我的世界觀》。

敬愛的赫爾派克先生：

　　拜讀過您對於猶太復國運動和蘇黎世國會的文章，作為一位
猶太復國運動的強烈支持者，我覺得必須要做回應，縱使只有簡
短一些話。

　　猶太人是一個由血緣和傳統相繫的社群，不只是宗教而已。
世界其他人對於猶太人的態度，足以證明這點。當我十五年前來
到德國時，我第一次發現自己是一個猶太人；這不是猶太人對我
的提醒，而是外邦人（非猶太人）的態度讓我明白這點。

　　猶太人的悲劇在於他們是一群具有特定歷史的人，但是沒有
一個社會的支持讓他們保持團結。結果造成個人渴望有穩定的根
基，其極端的表現是道德淪喪。我體認到，猶太民族的唯一救贖
之道，是一個社會的共同體，讓世上所有猶太人都可依附；這份
歸屬將幫助他能夠忍耐承受其他世人的仇恨羞辱。

　　當我看到堂堂正正的猶太人受到不當的醜化時，那番景象總
讓我心裡淌血。我看到學校、報紙漫畫和無數德國主流社會的勢
力，如何試圖削弱猶太同胞的自信，連最優秀的人也不例外，我
覺得這不該繼續容許下去。

　　然後，我明白唯有一個能讓全世界猶太人齊心奮鬥的共同事
業，才能讓猶太民族重拾健康。那正是黑哲爾的偉大成就，他大

聲疾呼猶太人根據一貫的心願，在巴勒斯坦建立一個家園，或更準確地說是建立一個中心，這是一個值得讓大家全心努力的目標。

您稱這為「民族主義」，這番指控也有部分事實。「共同體」的目標總是被冠上那種難聽的名字，但是如果沒有這個目標，在這個充滿敵意的世界上，我們生死都難以如願。不管如何，這個民族主義的目標不是權力，而是追求尊嚴與健全。如果我們不是生活在心胸狹隘和貪使暴力的人們當中，我會是第一個拋掉民族主義之人，極樂於支持四海一家。

比如說，若因猶太人想要成為一個「國家」，便據此聲稱猶太人不是德國的好公民，基本上忽略了這個國家正是源起於德國多數民眾容不下猶太人的緣故。面對這種排擠，猶太人永遠無法獲得安全，不論我們自稱是一個民族（或國家）與否。

為求簡潔扼要，我只能坦率直言。不過從您的文章當中，我知道您是注重道理而非形式之人。

83　致一名阿拉伯人的信

收錄於一九三四年《我的世界觀》。

一九三〇年三月十五日

親愛的先生：

您的來信帶給我莫大的快樂。讓我知道你們也有解決當前難題的善意，值得我們雙邊國家共同努力。我相信這些困難的心理

層面大於實際，若是雙方都帶著誠實和善意，是可以克服的。

　　讓目前處境這麼糟糕的原因，是猶太人與阿拉伯人在委任統治者前將彼此當成敵手。這種處境對雙方都不利，唯一改變之道是找到雙方都能同意的仲裁者。

　　現在，我來說明自己認為該如何來解救目前的難題，先附帶說這純粹是個人意見，未與他人討論過。我用德文寫這封信，是因為我不擅用英文寫作，而且我想要承擔一切責任。我相信，您能夠找到合適的猶太朋友來翻譯。

　　成立一個諮詢委員會，由猶太人和阿拉伯人各派出四名代表，必須獨立於所有政黨團體之外：

　　每方小組成員如下：

　　一名醫生，由醫學學會選舉產生。

　　一名律師，由律師選舉產生。

　　一名工人代表，由工會選舉產生。

　　一名神職人員，由神職人員選舉產生。

　　這八人每周舉行一次會議。他們承諾不會只維護專業部門或國家的利益，而是依良心行事，盡全力促進所有國民福祉。他們商議的談話應該是秘密，嚴禁洩露任何消息，即使是私下也不行。當每方不少於三人同意任何事項時，得做成決定後公布，但只能以全體委員會之名為之。若有成員持不同意見，可以選擇退出，但仍負有保密義務。若是上述選出來的代表不滿意委員會的方案，可以更換代表。

　　縱使這個「諮詢委員會」沒有明確的權力，卻可以逐漸讓歧見浮現，確保將國家的共同利益統整擺在委任統治之前，掃除一

時的政治塵埃。

84　猶太社會

一九三〇年十月廿九日在倫敦薩沃伊酒店發表的演講，收錄一九三四年《我的世界觀》。

親愛的女士先生們：

我天性愛好安靜思考的生活，要改變並不是容易的事。但是面對ORT和OZE等猶太慈善團體的呼籲，我無法繼續裝聾作啞。一如過去，我為了受到壓抑的猶太建國訴求而做出回應。

猶太社群四處飄散，其地位是政治世界的道德氣壓計。因為猶太民族是沒有防衛能力的少數族群，其獨特性在於保持了一份古老的文化傳統，還有什麼比得上其他民族對待他們的方式，是更可靠的政治道德與正義指標呢？

此刻這份氣壓計的指數很低，我們深受其苦。但是這份低氣壓讓我更堅定信念，我們有責任鞏固維護猶太社會。猶太人的傳統中素有對正義和理性的熱愛，為了現在與未來所有民族的好處著想，需要堅持不懈。在近代，這份傳統誕生了斯賓諾莎和馬克思。

想維護這份精神的人們，也必須注意這份精神所寄託的身體康健。OZE協會真正關照到我們這些人，在經濟衰退特別嚴重的東歐，夜以繼日幫助那裡的同胞維護身心健康。至於ORT協會，正試圖消除猶太人從中世紀以來便遭受的嚴重社會與經濟困

頓，因為猶太人不准從事生產性的工作，只能被迫從事商業性的工作。要真正幫助東歐各國的猶太人，唯一的方法是允許他們從事新的行業，這正是全球猶太人奮鬥的目標，而ORT協會也成功應付這個嚴峻的問題。

現在，我們呼籲英國的猶太同胞，共同來幫助這項先進人物所開啟的偉大事業。在過去幾年中，甚至是過去幾天所帶來的失望，必定特別觸動大家的心弦。不要哀嘆命運，而應將這些事件看成是繼續堅守猶太共同體使命的理由。我相信這麼做的話，將會間接促進全體人類的目標，這點我們應該看得最重的。

切記，困難險阻是任何社會獲得健康和力量的寶貴泉源。我敢肯定，若是我們的睡床由玫瑰鋪成，猶太共同體是無法保存幾千年的。

不過，我們還有一個很好的慰藉。雖然我們的朋友為數不多，但是其中不乏情操高貴之士，他們具有強烈的正義感，一生致力提升人類社會，幫助個體從屈辱壓迫中解放出來。

$$*\quad*\quad*\quad*$$

我要告訴大家，猶太民族的生存和命運主要不是取決於外部因素，而是在於我們自身。我們的責任是忠於道德傳統，儘管頂頭有強風暴雨，但是這種精神讓猶太民族存活了數千年。在服事生命時，犧牲是一種美德。

85　重建巴勒斯坦之我見

愛因斯坦原本對於宗教事務並不太感興趣，但是自一九二〇年起，他觀察到第一次世界大戰後德國的反猶太主義蔓延，於是成為猶太復國主義運動的堅定支持者。一九二一年，他與後來成為以色列第一任總統的魏茲曼教授到訪紐約，為猶太民族基金和耶路撒冷希伯來大學（成立於一九一八年）募集資金。第二次訪美則在一九三〇年，至於下面收錄的前三場演講，是他在一九三一年到一九三二年間第三次訪問美國時發表；收錄的第四場演講發表於許多年前，是一九二一年他剛從美國返回柏林時所發表；第五場演講比較新，是一九三三年他定居於普林斯頓之前所發表，以上皆收錄於《我的世界觀》。

I.

十年前，當我第一次有榮幸代表猶太復國主義事業來演講時，幾乎我們所有的希望都著眼於未來。今日，我們可以欣喜回顧過去十年，因為這段時間猶太人民憑藉著團結的力量，在巴勒斯坦成功完成一件出色的建設工作，肯定超出我們那時的期盼與希望。

過去幾年降臨的嚴峻考驗，我們也成功挺住，在崇高目標的帶領下奮戰不懈，穩健邁向未來。英國政府最新聲明將對猶太復國事業做更公正審慎的判斷，對此予以肯定感謝。

　　但是，我們絕不能忘記這次危機的教訓：猶太人和阿拉伯人之間建立良好的關係，並非英國人的事情，而是我們自己的事情。我們（也就是阿拉伯人和我們自己）必須達成有利的合夥計畫，可以同時滿足雙方要求。我們的目標在於以公平與有益雙邊國家的方式來解決問題，其重要性與價值不亞於建設巴勒斯坦本身。記住，瑞士比任何國家更能代表一種高階的政治發展，因為由不同的族裔建立一個穩定的社會，要面對更多的政治難題。

　　百廢待舉，但至少有一項黑哲爾的目標實現了，巴勒斯坦的工作讓猶太民族展現驚人的團結；缺乏這份樂觀，就沒有辦法健康過活。

　　我們為了共同使命而付出的種種一切，不只是為了在巴勒斯坦的弟兄們，而是為了全體猶太民族的幸福與榮耀。

II.

　　今天我們共聚一堂，回顧年代悠久的猶太共同體之命運與問題。猶太共同體具有良好的道德傳統，在逆境中永遠展現生命力。長久以來，猶太共同體孕育出展現西方世界良知的人們，是人類尊嚴和正義的捍衛者。

　　只要我們自己關心這個社群，它將會繼續存在造福人類，儘管不具備自給自足的組織。大約十年或廿年前，一群高瞻遠見之士在令人永誌難忘的黑哲爾帶領下，呼籲猶太民族需要一個精神中心，以便在艱困時期鞏固團結意識。因此，出現了猶太復國主義的思潮以及在巴勒斯坦的屯墾工作，讓我們可望看見成功，至少是充滿希望的一個開端。

　　我覺得很光榮，也很高興看見這份成就對重振猶太民族的貢獻。因為猶太人在世界各地都是少數族群，不只暴露於外在的危險威脅，也受制於內在的心理特質。

　　過去幾年來，建設工作面臨重重危機，至今尚未完全克服。但是最近的報告顯示，全世界（尤其是英國政府）已經肯定我們為猶太復國主義理想奮鬥的高尚出發點。此刻，讓我們感念領袖魏茲曼先生，他的熱情與謹慎帶領這項美好使命邁向成功。

　　在艱難險阻中，也有一道曙光，讓我們再度看到將全世界猶太人團結成為一個命運共同體的紐帶如何強烈。危機會讓我們澄清對巴勒斯坦問題的態度，清除民族主義的糟粕。一切清楚顯示，我們並不是為求創造一個政治社會，我們目標是按照猶太人的古老傳統，建立一個世界上最廣義的文化社會。為此，我們要與阿拉伯的弟兄肩並肩，用一種開放大氣與有價值的方式解決問題。在這裡，我們有機會展現數千年來從族人殉難歷史中學到的道理，若是選擇正確的道路，我們將會成功，為世人樹立良好的典範。

　　不論我們為巴勒斯坦做了什麼，一切都是為了整個猶太人民的榮耀與安康。

III.

　　我很高興有機會對年輕人說幾句話，這個國家一向是猶太人的忠實盟友。面對巴勒斯坦的困頓，大家莫感氣餒，這類事情考驗我們這個共同體的求生意志。

　　英國當局的一些議決和聲明已受到公正批評。然而，我們不

可以讓事情到此為止，而是該從經驗中汲取教訓。

　　我們需要高度重視與阿拉伯人的關係。在細心呵護下，未來我們才可望避免情勢緊迫，讓有心人乘隙挑釁。這個目標完全在我們能力所及的範圍，而從今往後的建設工作，也都會以維護阿拉伯人民真正利益的方式進行。

　　在這種方式下，我們便能避免經常請求強權介入調停，這對猶太人和阿拉伯人都不是樂意見到的事情。因此，我們不應該只遵守神聖天命（Providence）的教誨，也應顧及到自身的傳統，這為猶太社會帶來了意義和穩定。猶太共同體不是政治共同體，也永遠不會變成政治共同體，這是唯一讓我們生生不息的泉源，也是唯一讓猶太共同體正當存在的基礎。

IV.

　　過去兩千年來，猶太民族的共同資產完全是由過去組成。猶太民族在世界各地飄零，除了細心守護的傳統，並沒有什麼共同點。個別的猶太人當然有偉大的作品，然而猶太民族整體似乎沒有餘力共創偉大的成就。

　　然而，現在一切都改變了。歷史為我們樹立一個偉大崇高的任務，讓我們積極合作共建巴勒斯坦。許多著名的猶太人士全心投入實現這份目標，這是我們建立文明中心的機會，全體猶太人可視為自己的工作。我們灌溉希望，在巴勒斯坦建立自我民族文化的家園，將有助喚醒近東，共同邁向一個嶄新的經濟與精神生活。

　　擺在猶太復國運動領袖眼前的不是政治目標，而是社會與文

化目標。在巴勒斯坦的猶太社會，必須追求《聖經》裡祖先所傳承的社會理想，並在現代文明生活中掙得一席，成為全世界猶太人的精神中心。為了符合這份理想，在耶路撒冷建立一所猶太大學，成為猶太復國組織最重要的目標之一。

　　過去幾個月我造訪美國，幫忙猶太大學籌募資金。這項事業的成功是很自然的，感謝美國猶太醫生的努力不懈與無私奉獻，我們已經成功募足款項來創辦醫學院，並且馬上展開初步的工作。在這次成功後，我相信其他學院隨後也能很快募集到經費。醫學院首先以研究為主，並致力於維護國人健康，這是整個發展工作中極重要的一個項目，大規模的教學日後才會變得重要。現在，已有一批高素質的研究人員表示願意到耶路撒冷大學任職，醫學院的建立似乎已上軌道。我再加上一點，已經設立了一個特別的大學基金，與一般國家發展基金完全分開。在我們訪問美國的三個月期間，國家發展基金已經籌募到相當的款項，這要感謝魏茲曼教授和其他猶太復國運動領導人孜孜不倦的努力，以及主要來自中產階級犧牲奉獻的精神而成就。最後，儘管當前經濟困頓，但我誠摯呼籲德國的猶太人盡力捐輸，共同在巴勒斯坦建立猶太人的家園。這不是慈善事業，而是一項志業，關係到世界各地的猶太人，成功後必定讓大家都感到至為驕傲。

V.

　　對我們猶太人而言，巴勒斯坦不只是一項慈善或屯墾事業，而是猶太民族至關重要的問題。巴勒斯坦主要不只是東歐猶太人的避難地，更是整個猶太民族合作精神重新覺醒的體現。現在是

不是這種合作意識被喚醒與鞏固的正確時刻呢？對於這個問題，我覺得於情於理，我都得逾越分際，給一個肯定的答案。

讓我們將目光放在過去一百年猶太人在德國的歷史。一個世紀以前，猶太祖先除了少數例外，都住在貧民窟。他們生活窮困，未享政治權利，因為宗教傳統、生活習慣和法律限制等阻礙，與外邦人隔絕；才智發展僅限於猶太文學，歐洲知識分子自文藝復興時期開始的突飛猛進，與猶太人幾乎無關。然而，這些不起眼、卑微的人們比起我們享有一個很大的優勢：每個人確確實實屬於一個群體，完全融入其中，感覺到自己是尊貴的一分子；社群裡對他別無要求，不會教他違反自然的思考習慣。在那些時候，猶太祖先外在內在都是很可憐的民族，但就社會性而言，他們享有令人羨慕的精神平衡。

然後解放到來，一下子打開個人夢想的種種可能性。少數人迅速取得上流的社經地位，貪婪汲取西方世界輝煌的科學與藝術成果，炙熱投入其中，創造出價值深遠的貢獻。同時，他們模仿外邦人的外在生活形式，並採納外邦人的風俗禮儀和思考習慣，結果更加背離自己的宗教和社會傳統。在所居住的國家中，他們似乎已喪失自我身分認同，混入主流人口與組織文化中，以至於過了幾代之後，身上就沒有殘留猶太民族的痕跡了。在中西歐，猶太民族的完全消失眼看就要發生。

然而，事實並非如此，其他民族似乎有種阻止他們融合的本能。不管猶太人如何在言語舉止，甚至在宗教信仰上大幅改變自己，仿效周遭的歐洲人，但是猶太人和多數族群之間的陌生隔閡永遠難以消除。這種自發的感覺是反猶太主義的最終原因，無法

經由善意的宣導教化除去。各民族想追求自己的道路，不想與他人混合；唯有互相寬容尊重，才能改善情況。

往這個方向走的第一步，是猶太人應該重新喚起身為猶太民族的自覺，因為重拾自尊自信是民族健康生存之必要。我們必須學習讓先祖與歷史發揚光大，並且再度擔起民族文化的重任，加強共同體的感覺。在人類文明的發展上，一個人光扮演好自己的角色並不足夠，也必須共同挑起整個民族應該擔負的責任。唯有如此，才能使猶太人重建健全的社會。

我希望大家從這個角度出發，看待猶太復國主義運動。今天，歷史已經派我們積極參與重建故土經濟和文化的任務。熱誠有天賦的人已經清除道路，許多傑出的猶太人已經準備好全心投入這項志業。願每個人徹底明白這項工作的重要性，為成功貢獻一己之力。

86 巴勒斯坦建設團

收錄於一九三四年《我的世界觀》。

在猶太復國主義組織中，「巴勒斯坦建設團」的工作最能使當地人直接受惠。這群人最難能可貴的地方，在於他們用雙手勞動，將沙漠改造成蓬勃發展的屯墾地。這些勞動者是從整個猶太民族中自願站出，他們是強壯、自信與無私的精英分子；他們不是無知的勞動者，將自己雙手的勞力賣給出最高價的人，而是受過教育、有思想的自由分子，他們在這塊荒蕪的土地上和平奮

鬥，讓整個猶太民族直接與間接受惠。我們可以盡量減輕他們沉重的負擔，如此即是珍惜人類最寶貴的生命，因為首批開墾者在這片不適人居的土地上奮鬥，是危險而艱鉅的工作，涉及到巨大的個人犧牲。這是唯有親眼見證者才能體認，而出力改善這些人的裝置設備，便是在關鍵處幫助這項義舉。

再者，這批勞動階級擁有能與阿拉伯人建立健全關係的力量，這是猶太復國運動最重要的政治任務。當權者遞嬗流轉，最終為各國命運定調的是人與人之間的關係。因此，支持「巴勒斯坦建設團」同時也會促進巴勒斯坦最為珍貴的人道政策，有效抵抗狹隘民族主義的暗潮洶湧，避免讓整個政治世界和巴勒斯坦那個小小的政治世界因而受苦。

87　猶太再興

收錄於一九三四年《我的世界觀》。

我欣然答應您來信請求，出面代表哈約瑟對匈牙利的猶太人做出呼籲。

猶太人民族意識和榮譽感的最大敵人，是生活富足安逸而造成潛意識上的嚴重墮落，以及因為猶太社會結構的鬆動，衍生對周遭外邦世界的心理依賴。人性中最高貴之素質唯有全心投入社會裡，才可望成長茁壯。因此，失去與自己同胞連繫，卻同時被居住地的人們視為外國人，導致了猶太人的道德危機，在這種情況下往往會衍生自私自利的心態，讓人感覺卑鄙不快樂。此刻猶

太人承受的外在壓迫尤其沉重，但是這份痛苦為我們帶來好處，讓猶太民族的生命開始復活，是上一代人做夢也想不到的。在猶太人團結意識重新喚起下，幾位高瞻遠矚之士投身發起巴勒斯坦屯墾計畫，雖然面對重重難以克服的障礙，但是目前墾地已見蓬勃發展，我認為最終將獲得成功。這份成就對於世界各地的猶太人都意義非凡，巴勒斯坦將成為所有猶太人的文化中心、受嚴重迫害者的避難所，以及優秀猶太人才的活動場域，也實現團結統一的理想，讓全世界的猶太人心中感到健全踏實。

88　基督教和猶太教

收錄於一九三四年《我的世界觀》。

如果將先知建立的猶太教和耶穌基督傳授的基督教，拿掉之後所有附加的東西，尤其是教士添加的部分，去蕪存菁的教義將能夠治癒人類社會所有的弊害。

這是每一位君子之責，在自己份內不斷努力，盡量讓這份純人性的教義成為一股蓬勃的力量。若是一個人能真誠朝這方向嘗試，沒有讓同時代的人擊垮或踩在腳下，那麼他和社會都是幸運的。

89　猶太人的理想

收錄於一九三四年《我的世界觀》。

真心追求知識、近乎狂熱地熱愛正義與渴望個人獨立等，是猶太人的傳統特徵；因此，我很慶幸身為猶太人。

今日那些摧殘理性與個人自由等理想，並企圖用武力建立可恥國奴制的人們，視我們為不共戴天之仇敵。歷史給我們一道難題，但是只要繼續做忠於自由正義和真理的僕人，我們將不只是歷史最悠久的民族，同時可望創造豐碩的果實，讓人類更加崇高偉大。

90「猶太觀點」是否存在？

收錄於一九三四年《我的世界觀》。

在我看來，哲學上沒有特別的猶太人觀點。我認為，猶太教幾乎只關係到生命與人生的道德態度。我把它看成是猶太人身上體現的一種生活態度本質，而不是摩西《五經》規定並由《塔木德經》詮釋的律法本質。對我而言，摩西《五經》和《塔木德經》都只是以前猶太人生活概念與方式的重要見證而已。

這種生命觀的本質是對一切生命抱持肯定的態度。個人生命之所以有意義，在於幫助每個生命都更加高貴美麗。生命是神聖與最高的價值，其他價值都比不上。將個人之外的生命也視為神聖，自然會對一切有靈魂的生命產生尊敬，這尤其是猶太教的一個傳統特徵。

猶太教不是一個信條：猶太人的上帝正是對迷信的否定，是將迷信除去後的想法。猶太教雖也試圖將道德戒律建立在恐懼

上，這個作法令人遺憾，也不光彩。不過，在我看來，猶太民族強烈的道德傳統已經大幅擺脫這種恐懼，而且顯然將「服事上帝」等同於「服事世人」；猶太人中最優秀的人，尤其是先知和耶穌，也都為之奮鬥不懈。

因此，猶太教不是超脫俗世的宗教，而是關係到我們如何度過這一生，以及如何盡量掌控這一生，別無其他。因此，我認為以平常所謂的「宗教」來稱呼猶太教很有疑問，尤其它對猶太人的要求不是「信仰」，而是超越個人意義之上，將生命神聖化。

但是，猶太人的傳統中還包含其他成分，在許多詩篇裡都有許多優美的描述，那是對這世界的美麗宏偉感到沉醉與驚喜，而人類只能表達其一二。這種喜悅是科學研究從中汲取精神糧食的感覺，在鳥兒啁啾鳴唱中似乎也可聽見。若將這種感覺附和到「上帝」的概念上，未免幼稚可笑。

我剛才說的是猶太教的唯一標誌嗎？是否以其他名稱出現在別的地方呢？嚴格來說，這種精神並不屬於宗教範疇，猶太教也不例外，因為過多經文解釋而使純粹的教義顯得面貌模糊。不過，我以為猶太教已經是這種精神最純粹生動的展現了，尤其是將生命神聖化這基本原則上。

猶太教中有一則特色是，在神聖的安息日當中，動物也明確被包括在戒律範圍，顯見這種要將一切萬物合而為一的感情如此強烈，而堅持所有人類合而為一的表現更為強烈，因此社會主義的訴求大多由猶太人率先提出，並不是偶然。

猶太人這種視所有生命為神聖的意識發展得有多麼強烈呢？有一次拉特瑙和我談話時，說了一小段很傳神的話：「當一個猶

太人說，他要去打獵取樂時，他肯定是在說謊。」他將猶太人對
生命的神聖感，說得再簡單不過了。

91 反猶太主義和年輕學子

收錄於一九三四年《我的世界觀》。

　　身為猶太民族，只要我們住在貧民區裡，就必須忍受物資匱
乏、甚至是人身危險等問題，但並沒有社會或心理的問題。隨著
從事行業的解禁，猶太人的地位改變了，尤其是從事專業知識工
作的猶太人。

　　在學校裡，年輕的猶太學子受到社會上的民族主義的影響，
他給予居住國尊重與欽佩，從中得到精神寄託與歸屬感。另一方
面，這個社會卻待他有如異族，懷有一定的輕蔑和敵意。於是，
受到這種心理層次的優越感暗示影響，而非他本身的功利思想，
讓他背叛了民族與傳統，認定自己完全屬於另一群人，對外對內
試圖掩飾彼此並非互惠平等的關係，而這卻往往白費心機。這個
可憐蟲，在他人眼中永遠都是認證過的猶太佬。在大多數情況
裡，都不是因為被迫或個性軟弱盲從才淪落至此，而是如我所
說，是因為環境中多數優勢與影響所產生的暗示作用。他當然知
道，許多令人敬佩的猶太子民對歐洲輝煌的文明做出重要的貢
獻，然而，除了少數例外，他們不都跟他一樣掩蓋身分嗎？

　　在這種情況中，就像許多心理疾病，治療之道在於明白自己
的病因起源。我們必須意識到自己外族的身分，並且從中推出合

邏輯的結論。試圖用理性思辨的方式，去說服別人猶太人也具有一樣的才智特質，並沒有作用，因為這些人的態度就是反理性的。相反地，我們必須從現有的社會解放，主要靠自己滿足自己的社會需求。我們要有自己的學生社團，對於外邦人採取禮貌但保留的態度，並且按照自己的方式過活，不要染上飲酒作樂與決鬥單挑的風俗，那與我們的天性不合。一個人有可能同時是一個有文明的歐洲人和一個好公民，以及一個忠實的猶太人，熱愛同胞與祖先。如果我們記住這點，並有所作為，具有社會本質的反猶太問題便可迎刃而解了。

92　對猶太復國運動的責任

一九三八年四月十七日於紐約准將酒店由美國「全國勞工支持巴勒斯坦委員會」舉辦的「第三次塞德節」慶祝會上發表演講，一九三八年四月廿八日發表在華盛頓特區的《新巴勒斯坦》。

自從羅馬皇帝提圖斯蹂躪耶路撒冷以來，猶太人社會極少經歷像現在這麼大的壓迫。在某些方面，現在我們確實遭遇更大的困阻，因為今日移民的可能性比過去更為有限。

然而，不管經歷多少悲傷，不論生命遭受多少打擊，我們也會度過這個時期。像我們這樣純粹由傳統因素組成的社群，外來的壓力只會讓我們更團結堅強。今日，每一個猶太人感覺到，要做個猶太人，不只對於自己的同胞，同時對於整個人類都有莊嚴

的責任。畢竟，要成為猶太人，首先意謂著要承認並遵守《聖經》裡面立下的為人根本；若沒有這些根本，就不會有健康快樂的人類社會了。

今天我們在此聚會，是因為關注巴勒斯坦的發展。在這個時刻，必須先強調一件事：全體猶太人都應該誠摯感謝猶太復國運動。這項志業已經重新喚起猶太人共同體的意識，且成效卓著超越一切期待。在巴勒斯坦的成就，是由世界各地自我犧牲奉獻的猶太人所促成，將許多弟兄從悲慘的處境解救出來，尤其是有助於讓不少猶太年輕人走向愉快創造的人生。

這個時代的惡疾就是因為盲目仇恨造成民族主義猖狂，讓我們在巴勒斯坦的工作進入最困難的階段。白天耕作農田，晚上需要持槍守衛，防止狂熱的阿拉伯不法分子入侵破壞。企業精神凋零，也出現一定程度的失業（以美國標準衡量仍不算嚴重）。

我們在巴勒斯坦的弟兄以團結和信心面對這些困頓，值得我們欽佩。有工作的人自願捐輸，讓失業的人仍可保持生活水平。大家依舊士氣高昂，深信理性平靜終將獲勝。每個人都知道，騷亂是由那些存心想讓我們、尤其是英國丟臉難看的人蓄意煽動；也都知道，一旦外國補助取消的話，一切造反作亂便會停止。

不過，在其他國家的弟兄也絕不會落後在巴勒斯坦的人。他們不會失去熱誠的心，而是會無比堅定站在背後支持這項共同的志業，這是不用多說的。

對於分治的問題，我還有一點意見要說。與其建立一個猶太國家，我比較希望看到與阿拉伯人達到和平共處的合理協議。除了實際的考量，我對猶太教本質真正的了解，讓我對於成立猶太

國家持反對立場，不管其邊界、軍隊和統治權是如何限縮。我擔心這將永久戕害猶太人的內心，尤其憂慮我們發展出狹隘的民族主義來傷害自己，違背了在沒有猶太國家存在時，我們向來都是與狹隘民族主義堅決對抗的傳統。我們不再是馬卡比時代的猶太人，回歸政治意義上的「國家」，相當於我們拋棄了先知聖賢開啟的共同體精神。若是最終外在需求迫使我們承擔「國家」這道枷鎖時，且讓我們以智慧和耐心承受吧。

再來談一點目前整個世界的心態，猶太人的命運也攸關於此。反猶太主義一直是少數謀取自利者用來欺騙世人的最廉價手段。這種用欺騙建立並用恐懼維持的暴行，最終會自食惡果而自取滅亡。長年累月的不公不義會激發強化人類的道德力量，讓公眾生活得以解放與提升。但願猶太社群能度過苦難折磨，做出貢獻促成解放力量的釋出。

93　為什麼他們仇恨猶太人？

一九三八年十一月廿六日接受紐約《科利爾雜誌》採訪。

我要從一個很古老的寓言故事開始說起，稍微有更動。不過，這個寓言故事可以鮮明勾勒出政治上反猶太主義的源頭：

牧童對馬說：「你是地面上最高貴的動物，生活理當幸福無憂。事實上若不是那卑鄙奸詐的鹿，您的幸福將圓滿無缺。那鹿自幼鍛鍊，腳力比您快速敏捷，往往搶先找到水源。他和同伴到處將水喝光，讓你們落得無水解渴。和我在一起吧！我的智慧和

指引將可帶領你們，脫離這種悲慘屈辱的窘境。」

由於被嫉妒仇恨蒙蔽，馬兒答應了。他低頭讓牧童套上韁繩，失去了自由，成為牧童的奴隸。

在這個寓言裡，馬代表人民，牧童代表企圖完全掌控人民的階級或派系，而鹿則代表猶太人。

我可以聽到你說：「這個故事絕不可能！沒有動物會像寓言故事中的馬一樣愚蠢。」但是讓我們再想一想，馬因為口渴很痛苦，當他看到鹿輕巧敏捷跑在前頭，莫名的虛榮心很容易被挑起。而你沒有經歷過這樣的痛苦和煩惱，可能會覺得很難理解盲目仇恨讓馬輕信讒言。然而，這匹馬很容易受誘惑蒙蔽，因為先前的不愉快讓他容易犯下錯誤。有句話說得很對，給別人公正明智的建議很容易，但是給自己公正明智的建議卻很難！我真心認為：我們都太常扮演馬的悲劇角色，而且還有一再受誘拐欺騙的危險。

這個寓言中的場景，在個人和民族的生命中一再上演。簡單地說，這是特定人士或群體將仇恨厭惡的情緒，轉嫁到其他個體或群體身上的一種過程，因為後者較欠缺有效防衛的能力。但是為何寓言中鹿的角色往往由猶太人擔綱呢？為什麼猶太人經常會招致群眾的仇恨呢？主要是因為幾乎所有國家都有猶太人，而且他們四處分散，以致無法保護自己免於暴力攻擊。

最近幾個例子可以證明這點：十九世紀末，俄國人民在暴政統治下積怨已深，在外交政策上的愚蠢錯誤又讓他們群情激憤，接近一觸即發的臨界點。在千鈞一髮之際，俄國統治者試圖轉移焦點，煽動群眾將仇恨暴力朝向猶太人發洩。在俄國政府血腥鎮

壓一九○五年驚險的革命後，他們又不斷故計重施，有效幫忙將這個可恨的政權一直維持到世界大戰快結束時。

當德國輸掉其統治階級掀起的世界大戰後，馬上指責猶太人煽動戰爭在先，又指責猶太人造成戰爭失敗。假以時日，這種耳語得逞生效，讓猶太人陷入危險之中，不僅保護了特權階層，並且縱容一小撮不擇手段的暴徒，將德國人民完全綁架。

在歷史發展中，猶太人被控犯下的罪行可謂層出不窮，以便正當化對他們施加的各種暴行。謠言指稱，他們會對水井下毒、謀害孩童用來祭祀，更被誣指以系統化手段主宰經濟與剝削全人類。偽科學書籍污辱他們是危險卑劣的民族，素有為謀私利而挑起戰禍和革命的惡名，他們可以同時是危險的改革者，也是阻礙社會進步的大敵。猶太人被控藉口同化而偽裝混入，伺機破壞各民族文化。同時，也遭指控冥頑不靈，無法融入任何社會。

這些指控真是超乎想像，雖然煽動者都知道並非真實，卻再三動搖與影響了群眾。在動盪不安的時代，群眾本易流於仇恨和殘暴；在和平時期，這些人性特質也會偷偷流露而出。

到這裡，我只有談到對猶太人的暴力和壓迫，還沒有談到心理和社會現象上的反猶太主義本身。即使對猶太人沒有任何特別外在攻訐的環境下，它仍無所不在。這種潛在的反猶太主義是怎麼來的？我相信，在某種意義上，可以當成是民族生活中一種正常的表現。

在一個國家中，任何群體的成員彼此之間總是會比其他人口更緊密，因此，只要有群體特別突出的話，國家就免不了有摩擦。我相信，縱使全國人口有可能達成一致，也不是好事。在每

個社會中，相同的信念、目標與利益相似會產生一個群體，化為某種意義的「單位」行動。這些群體之中一定有摩擦存在，如同個體之間會存在厭惡敵意那般。

形成團體的必要性，在政治領域最容易理解，即政黨的形成。若是沒有政黨的話，任何國家民眾的政治利益必定會受損，沒有論壇自由交換意見。個人會受到孤立，無法伸張自己的信念。況且，政治也與人類其他文化生活領域並無不同，當性情相投與目標相近的人互相刺激和批評，政治信念才能成熟茁壯。因此，就像大家都知道宗教紛擾嚴重時，很可能湧現不同的教派，彼此的對立會刺激整體的宗教生活。另一方面，大家也知道中央集權，也就是消滅不同的群體，會導致科學和藝術的片斷貧瘠，因為集權統治會限制甚至壓抑任何對立的意見和研究潮流。

究竟什麼是猶太人？

群體的形成對於人類各方面的作為都有一股激發作用，也許最主要是因為不同的群體之間，會因為所代表的信念和目標而競爭奮鬥。猶太人也形成這樣的群體，具有獨特明確的特徵，而反猶太主義不過是由非猶太人因猶太群體而生的一種敵對態度。這是一種正常的社會反應，但因它引起的政治迫害，雖存在卻未受正式承認。

到底猶太族群的特徵是什麼呢？首先，到底什麼是猶太人呢？這個問題沒有明快的答案，最顯而易見的回答如下：猶太人是具有猶太信仰的人。這個答案很膚淺，用一個簡單比喻很容易看出來。試問這個問題：「什麼是蝸牛呢？」一個類似的回答

是：「蝸牛是住在蝸牛殼裡的動物」。這個答案不盡然全錯，但不夠完全，因為蝸牛殼只是蝸牛的產物之一。同樣地，猶太信仰不過是猶太社群的特徵之一而已。再者，大家都知道蝸牛脫去外殼後，不會就不算是蝸牛了；同理，猶太人（正式）放棄自己的信仰後，仍然是一名猶太人。

每當試圖說明「群體」的重要本質時，就會出現這類的難題。

從古至今，數千年來團結猶太人最重要的連結是社會正義的民主理想，加上所有人彼此之間的互相寬容。即使是最古老的猶太教經文，都充滿了這些社會理想，對基督教和伊斯蘭教發揮強大的影響，也對於人類很大部分的社會結構產生良性影響。在這裡應該記得周休一日（安息日）的引進，對於所有人都是一大福音。摩西、斯賓諾莎和馬克思等人雖然看起來沒有類似之處，但是他們都是為社會正義的理想而犧牲奮鬥，都是先祖傳統帶他們走上這條布滿荊棘的道路；猶太人在慈善事業的成果斐然，也是源自於此。

猶太傳統的第二個特徵是高度重視各式各樣才智性向與精神活動。我深信，光是這種對智能活動的高度尊重，即可說明猶太人為何對各方面的知識進步都能做出貢獻。考慮到他們人數相對少，再加上外在阻力橫生不絕，其成就值得所有人衷心讚美。我深信，這不是因為天賦異稟的緣故，而是因為特別尊重智力成就，在猶太人中創造出一股氣氛，特別有利各種天分的發揮；同時，也有一股強烈的批判精神存在，避免盲目服從世俗權威。

在這裡，我只提出這兩項我認為是最基本的傳統特質。在大

大小小的事情上，這些標準和理想都顯露無遺：由父母傳遞灌輸給子女；為朋友談天論地時增添色彩；在宗教經文裡充滿身影；為猶太族群的生活印下戳記。在這些鮮明的理想中，都可看見猶太人的精髓要素。雖然在實際日常生活中，這些理想並未完全實現，算是很自然的事情。若是想要簡單指出猶太族群的重要特色，那便是對理想的追尋不倦。

壓迫是一種刺激

在前面，我將猶太教看成是具有傳統的社群，然而另一方面，不論是敵是友，往往認定猶太人是一個民族，代代相傳的先天特質成為其行為特徵。這個觀點有其分量，因為數千年來猶太人主要都是族內通婚，如果原先就是同一族群，這種習俗確實會保持同質性；如果是混合族群的話，便不能製造一致性。然而，猶太人毋庸置疑是混合的種族，就像其他文明族群一樣。真正的人類學家會同意這點：相反的論點都屬於政治宣傳的範疇，必須加以判斷。

也許除了傳統之外，猶太族群在世上一直遭遇的壓迫和敵意，反倒促使這個民族更加蓬勃成長。數千年來能繼續存在，無疑這是主要理由之一。

綜合上述特徵的猶太族群，大約有一千六百萬人，不到人類的百分之一，或相當於現今波蘭的一半人口。若說作為一個政治因素，其意義微不足道。猶太人散布全球，絕不是有組織的整體，意謂他們難以行動一致。

若儘憑敵人之言形成對猶太人的印象，必定會得到他們代表

世界強權的結論。乍看之下，這簡直太荒謬了，但是就我看來，背後有一定的意義。猶太族群本身可能毫無力量，但是縱使面對層層阻礙，個人成就總合可謂處處成績斐然。因為猶太族群中有一股昂揚的精神，所以激發了個人潛能，做出自我犧牲的努力。

因此，那些想繼續蒙蔽大眾的人，便對猶太人產生仇恨。在這個世界上，他們最害怕的就是獨立知識分子的影響。我在這裡看到今日德國對猶太人的仇恨高漲，對納粹黨人來說，猶太人不僅是將人民的憎恨從他們這些壓迫者轉移的手段，更認為猶太人並非同化的材料，無法驅使他們無條件接受政治教條，因此只要猶太人存在一天，便會威脅到納粹的權威，因為猶太人堅持一般大眾的啟蒙。

納粹剛奪取政權，就大張旗鼓舉行焚書儀式，進一步證明這個觀念正是問題的核心。從政治觀點上來看，這個舉動根本毫無意義，只能理解成是意氣用事。基於這點理由，我認為比起其他許多具有重大目的與實用性的舉動來說，這件事更加值得深思。

在政治和社會科學領域裡，過度的擴張解釋當然不妥當。當思考充滿太多這種延伸推廣，往往會因為錯誤解讀因果順序，而無法正確描述出事件真正的全貌。然而，完全放棄延伸推廣意謂著乾脆放棄理解，基於這點，我認為還是必須承擔推廣的風險，只是必須注意會有不確定性。秉持這項原則，我希望從一般的觀點，審慎提出我對反猶太主義的概念。

在政治生活中，我看到兩股相反的思維不斷抗衡鬥爭。第一是樂觀趨勢，相信個人與群體生產力的自由發揮將促成良善的社會。這派人士承認超出群體和個人之上的中央權力有其需要，但

它只應擁有組織與管理方面的權力。第二種是悲觀趨勢，認定個人和群體的自由互動會導致社會敗壞，因此社會需要完全以權威、盲從與脅迫為基礎。不過，事實上這種悲觀趨勢並非完全悲觀，因為它對渴望與掌握權力與權威的人充滿信心。第二種趨勢的追隨者是自由與獨立思考教育之敵，更是政治上反猶太主義的信徒。

在美國，人們口頭上稱頌的都是第一種樂觀的趨勢，然而第二種趨勢卻也勢力強大、處處可見。雖然這幫人多以各種藉口包裝真正本質，他們真正冀望的是由少數人暗中掌控生產手段，成為人民在政治和精神上的主宰。他們企圖運用反猶太主義與對其他群體的敵意為武器，未見稍歇。所幸迄今這些作為都告失敗，因為民眾尚保有健全的政治直覺。

因此，若是我們能堅守這條原則的話，未來可望繼續保持下去。那就是：當心鼓簧之舌，尤其是企圖販賣仇恨之徒。

94 歐洲猶太人何去何從

為「猶太聯合促進協會」進行電台演說，一九三九年三月廿二日播送，收錄於一九五○年《晚年文集》。

猶太人民承受的迫害史不絕書。然而，現在中歐對猶太人發動的戰爭，又是全新一章。在過去，我們身為《聖經》的子民，卻遭受迫害；而今日，我們正是因為身為《聖經》的子民，而又繼續遭受迫害。敵人目的不僅是毀滅我們，更是想要破壞聖經和

基督教傳達的精神，而這股精神正是讓中歐和北歐文明崛起的力量。如果敵人遂行目的，歐洲將成為廢墟。因為在殘暴、恐懼和仇恨的基礎下，人類社會是無法長久存在的。

唯有鄰邦之間的寬容理解，對於公平正義的堅持不屈，並且向同胞伸出援手才能保障個人安全，並讓人類社會長長久久。聰明才智、發明創造或組織機構都無法充當替代品，取代教育中這些最重要的部分。

在歐洲目前的動盪局勢下，許多猶太社區已被連根拔起，數十萬男女老少被趕出自己的家園，在世界各地絕望徘徊於途。今日猶太人民的悲劇，反映出現代文明根本結構面臨挑戰。

猶太人和其他族群受壓迫，最悲慘的是創造了難民潮。許多在科學與文藝方面的傑出人士，被逐出他們用聰明才智豐富滋養的土地。在經濟衰退時期，這些流亡者對於重振經濟和文化做出最大的努力，許多難民都是實業界和科學界的一流人才。他們對世界的進步，做出有價值的貢獻。他們想要報答當地人的熱情接納，攜手促進了新經濟的開拓並增加就業機會。據我所知，在英國接納的猶太難民已經直接為一萬五千名失業者創造就業機會。

身為德國前公民，我有幸能離開那個國家，我想我可以為這裡和其他國家的難民同胞說話，感謝世界上的民主國家以難能可貴的方式迎接我們。我們所有人對新的國家虧欠太多感謝，應該對於居住國家的經濟、社會和文化工作都以最佳的貢獻回報。

但是，令人關注的嚴重問題是可能成為難民的人數正在不斷增加。過去一周以來，在捷克斯洛伐克的局勢發展讓潛在的難民人數暴增數十萬人。猶太社區素來享有民主精神和公共服務的崇

高傳統，然而如今又再面臨一大悲劇。

　　猶太人奉行《聖經》義理對於「人我關係」的教誨，衍生出一份韌性，讓猶太人生存綿延數千年之久。在這些年的痛苦磨難中，我們樂於助人的意願正受到最為嚴峻的考驗，每個人都要親自面對這項測試。我們會屹立不搖，像以前父輩一樣。除了團結自強之外，我們別無其他自衛之道，更要知道今日犧牲受苦，全是為了一個重大神聖的使命。

95 以色列的猶太人

一九四九年十一月廿七日為「猶太聯合促進協會」做電台廣播，收錄於一九五〇年《晚年文集》。

　　對於猶太人來說，最重要的使命便是用無比充沛的精力和犧牲奉獻的精神，來鞏固維護我們在以色列完成的事業。想到這一小群充滿活力、有思考的人們所完成的一切，讓我們心中充滿歡喜讚美，但願這給予我們力量，接受現今局勢帶來的重大責任。

　　然而，回顧這項成就時，讓我們莫忘背後的使命：拯救分散各地處於危險的弟兄們，讓他們在以色列團結，共創一個社會，實現猶太人在悠久歷史中形成的道德理想。

　　其中一個理想，在於以互相理解和自我約束而非暴力為基礎，維持長久和平。想到這一點，欣喜之情可能蒙上幾分擔憂，因為目前與阿拉伯人的關係遠未達成這份理想。若是沒有別人干擾，我們得以好好發展與鄰居的關係，可能早就達成和平的理想

了；因為我們渴求和平，並且也了解未來的發展將有賴於和平。

　　我們無法保持巴勒斯坦的完整融合，讓猶太人和阿伯人能夠自由和平共處，與其說是我們或鄰居的過錯，更應該歸咎於委任統治。若是一個國家主宰他國，例如英國託管巴勒斯坦的情況，那麼很難避免採用惡名昭彰「分而治之」的手法。用白話來說，這意謂著：在被統治的人民中製造不和，使他們無法團結，共同擺脫桎梏的枷鎖。縱使枷鎖已經除去，然而壞種子已經結出果實，在未來某段時間內仍然可能造成傷害，但願這段時期不會太久。

　　巴勒斯坦的猶太人不是為自身利益爭取政治獨立，而是為散居各國處境危險的猶太同胞爭取移民自由，以及為所有渴望與自己人生活在一起的人爭取移民自由。這樣說不誇張：他們競相犧牲奉獻，在歷史上也許是絕無僅有。

　　現在，暫且不談與數量遠占上風的敵人對抗而犧牲耗損的生命財產，也先不提在荒蕪的土地上當開拓先鋒的疲憊辛勞。我想到是在蓽路藍縷的情況下，這裡的人們還要做出更多的犧牲，以便未來十八個月內迎接超過全國三分之一人口的猶太移民湧入。想了解其中的意義，只要以美國猶太人做類似比喻：假定美國沒有限制移民的法律，想像這裡的猶太人自願在一年半的時間內，從其他國家接納超過一百萬名的猶太移民移入，照顧他們並讓他們融入美國經濟中。這將會是一項艱鉅的任務，但這與我們以色列弟兄所面臨的責任仍然相去甚遠。因為美國是地廣物博的國家，生活水平及生產能力都高度發達，這方面讓居住在小小巴勒斯坦的猶太人難以望其項背。再者，縱使沒有大量移民的額外負

擔，當地居民也已過著儉樸辛苦的生活，四周隨時有敵人環伺威脅。想想以色列猶太人這種自願付出的同胞之愛，所意謂與牽涉的物資匱乏與個人犧牲何其大。

以色列猶太社區的經濟實力，尚不足以完成這項巨大的事業。自一九四八年五月開始移民到以色列的三十多萬人口中，有超過十萬人迄今沒有房屋或工作，必須集中住在臨時帳篷，生活條件讓所有人蒙羞。

這份偉大的工作，絕對不能因為美國猶太人未能給予充分與及時的援助而功虧一簣。在我心中，這是給予所有猶太人的一份珍貴禮物，能夠有機會積極參與這項美好的任務。

第四部分

論德國

96 一九三三年三月聲明

收錄於一九三四年《我的世界觀》。

只要仍有選擇，我只願意住在享有政治自由、寬容，以及法律之前人人平等的國家。政治自由意謂著在口頭和文字上有表達自己政治觀點的自由，寬容指尊重每個意見。

目前，德國並不存在這些條件。許多為促進國際互相了解做出重大貢獻的人士，包括著名的藝術家，都在德國受到迫害。

任何社會有機體像個體一樣，都有可能變得心理不健全，特別是在艱困時期。通常國家會克服這類不健康，但願德國能盡速復原，在未來像康德和歌德這樣的偉人，不光是受到緬懷稱頌，他們所教導世人的原則更能流傳於公眾生活與意識中。

97 與普魯士科學院之間的書信往返

收錄於一九三四年《我的世界觀》。

一九三三年四月一日普魯士科學院發表反愛因斯坦聲明

據報載，愛因斯坦在法國和美國時參與販賣暴行的活動，普魯士科學院同仁皆感憤慨難當，即刻要求提出解釋。在此期間，愛因斯坦宣布退出學院，理由是在當前政府下，他無法繼續在普魯士科學院任職。同時，身為瑞士公民的他，似乎打算放棄一九

一三年獲聘學院院士時順帶取得的普魯士公民資格。

　　普魯士科學院對於愛因斯坦在國外從事煽動活動，特別感到痛心。所有院士雖然嚴守黨政中立，然而向來與普魯士同心同德，而且重視忠於國家的概念。因此，對於愛因斯坦的辭職，學院沒有理由感到遺憾。

普魯士科學院
首席秘書恩斯特・海曼博士

愛因斯坦致學院聲明

一九三三年四月五日於勒柯克（近奧斯坦德）

　　我從可靠的消息來源得知，科學院在一份官方聲明中提到：「愛因斯坦參與了美國和法國的販賣暴行活動。」

　　在此聲明，我從來沒有參與任何「販賣暴行」的活動，也必須重申，我從來沒有在任何地方目擊這樣的活動。我看到的，是民眾一而再、再而三地複述傳誦德國當權者的官方聲明與命令，並奉行以經濟手段消滅德國猶太人的計畫。

　　我發給新聞界的聲明是表明我想向學院辭職的意願，並且放棄普魯士的公民身分。我之所以採取這一步，是因為不希望生活在個人在法律之前未享有平等，也享受不到言論與教學自由的國家裡。此外，我提到目前德國群眾集體陷入精神錯亂的狀態，並談到一些原因。

　　我曾寫了一份文件，允許「國際反對排猶主義聯盟」使用，以便號召大眾的支持，但是完全沒有打算給報社使用。文中，我也懇請所有明達之士，如果對岌岌可危的文明理想還保有忠誠的

話，應全力防止大眾的歇斯底里進一步惡化，如今在德國已經很
不幸地出現可怕的症狀了。

　　科學院在發表對聲明之前，要找到我原本的文件，應當是輕
而易舉之事。德國報界也刊載我故意被扭曲的言論，不過在今日
新聞界受到箝制的情況，這件事也不讓人意外。

　　我願意為我說出的每個字負責，也希望科學院將我的聲明讓
每位院士與德國大眾都知道。我在世人面前受到公然誣衊，貴院
也插了一手，因此你們更應該比照辦理。

普魯士科學院兩封回函

一九三三年四月七日於柏林

敬啟者：

　　作為普魯士科學院首席秘書，我謹確認收到您三月廿八日宣
布辭去科學院職位的來信。

　　科學院於一九三三年三月三十日的院會，已認可您的辭職。

　　科學院對此事發展深感遺憾，遺憾在於您身為地位最崇高的
科學權威，與德國人共事多年，也擔任院士多年，理當熟悉德國
人的性格和思考習慣，竟然選在這個時刻與海外一群人士勾結起
舞，這群人部分無非是扭曲事實，散布錯誤觀點與惡毒謠言，深
深傷害了德國人民。我們曾經滿懷期待，像您擔任科學院院士已
有多年，不管政治立場為何，應該是跟我們站在同一邊來捍衛德
國，共同對抗漫天謊言。在這些惡意中傷的場合，有些話卑鄙無
恥，有些話荒唐可笑，不管如何，倘若由您出面為德國人民說句

好話，也許會對海外造成極大的迴響。然而，您的證詞卻反助敵人一把，他們不僅是現今德國政府的敵人，更是德國人民的敵人。這已經造成我們極大的痛苦和失望，縱使沒有收到辭職信，無疑也讓我們不得不與您分道揚鑣。

馮‧菲克爾敬上

一九三三年四月十一日

科學院在此聲明，本院於一九三三年四月一日發出的聲明不僅是根據德國的報紙報導，更是根據外國的報導，尤其是法國與比利時，愛因斯坦先生對此並未否認。此外，在這之前，學院已經看到他給「反對排猶主義聯盟」那份流傳甚廣的聲明，文中聲稱德國退化到遠古的野蠻不化。再者，儘管愛因斯坦先生在聲明中否認參與任何販售暴行的活動，然而學院認定他至少並未挺身而出，駁斥不公的質疑與誣衊，在學院看來，這本是他身為高等研究員的職責之一。相反地，愛因斯坦先生卻做出一份聲明附和。他是舉世聞名的學者，這番話注定在外國會被敵人濫用，他們不僅是現今德國政府的敵人，更是全體德國人民的敵人。

普魯士科學院

首席秘書馮‧菲克爾與海曼

愛因斯坦的回覆

一九三三年四月十二日於比利時勒柯克海濱

收到七日來信，對於信裡你們表露的心態，我感到深惡痛絕。

　　至於事實，我只能答覆如下：你們對我行為的說法，充其量只是將發表的聲明換個形式而已，譴責我參與反對德國人民的惡意誹謗宣傳。在上封信中，我已經表明這種指控是子虛烏有，純粹是一種誣衊。

　　你們又說道，若我能為「德國人民說句好話」，勢必會在海外產生巨大的迴響。對此，我必須回覆如下：照你們建議所作的證詞，等於是要我抹煞終身捍衛的正義與自由信念。這樣的證言不會如你們所願，可為德國人民說句好話，而是在幫助某些人背書；德國人民曾在文明世界贏得一席之地，這些人卻意圖破壞其中可貴的理念與原則。若是我對此視而不見，做出這樣的證詞來粉飾太平，便是間接促成現有一切文化價值的腐敗崩壞。

　　正因如此，我覺得有必要從科學院辭職，你們的來信只證明我這樣做是正確的。

98 與巴伐利亞科學院往來信函

收錄於一九三四年《我的世界觀》。

巴伐利亞科學院
一九三三年四月八日於慕尼黑

致愛因斯坦教授：

　　在回覆普魯士科學院的信件中，您提到目前德國的現況是您辭職的原因。幾年前巴伐利亞科學院選您為通訊院士，而我們向

來與普魯士科學院與其他的德國科學院都保有密切的關係，因此
您從普魯士科學院辭職，勢必會影響彼此的關係。

　　所以，我們想要請教您，在經歷與普魯士科學院之間的事情
後，如何看待與我們巴伐利亞科學院的關係。

　　　　　　　　　　　　　　　　　　　　巴伐利亞科學院院長

愛因斯坦的回覆

　　　　　　　　　　　　一九三三年四月廿一日於勒柯克海濱

　　我曾說明從普魯士科學院辭職的理由，在目前的情況下，我
不願當一個德國公民，或是保留德國教育部底下的任何職位。

　　不過，這些理由本身與我和巴伐利亞科學院斷絕關係並無直
接關係。我請求從院士名單除名，是出於另外一個理由。

　　科學院的首要工作在於促進與保護國家的科學生活。然而就
我所知，現在有為數不少的德國學者、學生以及專業訓練人才，
在德國被剝奪一切就業謀生的機會，德國的學術團體卻只是袖手
旁觀，默不吭聲。縱使是屈就外界壓力才這麼做，我都不願意屬
於有這種作風的團體。

99　回覆參加反對排猶會議之邀請

以下是愛因斯坦對於受邀參加「法國反德國排猶主義宣示」
的回覆，收錄於一九三四年《我的世界觀》。

這個邀請極為重要，讓我仔細從各個角度思考，因為攸關我

心中最掛心的一個問題。最終，我的結論是無法參加這項意義重大的活動，理由有兩點：

首先，我還是一個德國公民；第二，我是一個猶太人。至於第一點，我要補充說明自己一直都在德國機構工作，而且在德國極受敬重。儘管我對那裡發生的可怕事情深感遺憾，也應該強烈譴責政府竟允許發生這些恐怖的脫序事件，然而我個人還是不宜參加由外國官方發起的活動。為了讓你們能夠理解這點，現在假設有個處境類似的法國公民，與著名的德國政治人物聯手發起抗議法國政府的行動，縱使他完全明白抗議活動有其正當性，但是我料想你們還是會視這位法國同胞的作為對國家不忠。如果佐拉覺得在德雷福斯案件的時候，有必要離開法國，他還是絕對不會讓自己涉入由德國官員發起的抗議活動，不管多麼認同他們的行動。他還是會謹守分際，以個人立場為同胞的作為感到羞愧。

第二點，對於不公不義以及暴力的抗議，若是純粹因個人熱愛正義以及基於人的感情而發，那是無比珍貴的。而我是一個猶太人，視其他猶太人為弟兄，上面的情況並不適用於我。對我來說，對於猶太人的不公不義，等同於是對自己的不公不義，我不能當法官審理自己的案子，而必須等待公正客觀的局外人做裁判為宜。

這些都是我的理由。不過，我想補充一點，我向來尊重欽佩法國傳統濃烈的正義感，這是法國傳統最崇高的特質之一。

100 致華沙猶太人區戰爭英雄

取自一九四四年紐約《波蘭猶太人協會公告》。

　　在對抗德國有組織的謀殺中，他們以猶太民族的身分戰鬥死去。這些犧牲激發各地猶太人的凝聚力，讓大家在苦難中團結為一，共同為實現更美好的人類社會而努力，這是先知明確樹立的目標。

　　如果這個世界還有正義存在，如果各國未忘記共同的責任，整個德國民族需要為大屠殺負責任，而且整個民族都需要受到懲罰。為納粹黨撐腰的是德國人民，當希特勒的演說與著作赤裸裸露出無恥的意圖、絕對不可能被誤解時，德國人民卻把票投給他。對於無辜受迫害的人，德國人是唯一沒有認真抵抗並幫忙保護他們的民族。當德國被徹底擊敗，開始悲嘆自己的命運時，我們不能再次上當受騙。而是要牢牢記住，他們存心利用別人的善良，準備對全人類做出最後、也是最卑劣的罪行。

第五部分

對科學的貢獻

導言

柏格曼

普林斯頓大學數學物理系教授

　　以下我對愛因斯坦最主要物理理論的發展簡言幾句。對於每個理論，我僅列出基本想法之濫觴以及理論以完整形式出現的年份，雖然理論的應用以及其推廣修正也十分重要，但由於篇幅關係，無法一一列出。

一、相對論

狹義相對論

　　狹義相對論的第一篇論文於一九〇五年問世，當時愛因斯坦是瑞士伯恩專利局的職員。即使是第一篇論文，其內容已經十分完整。在緊接著發表的第二篇論文中，愛因斯坦指出這個理論的最重要結論，也就是質量與能量的等價，以著名的方程式 $E=mc^2$ 表述。

廣義相對論

　　廣義相對論的道路則漫長許多。早在一九〇七年愛因斯坦描述狹義相對論的一篇論文中，他已指出推廣相對論的必要，而且

其基本觀念必須以慣性質量與重力質量的等價作為基礎。在一篇一九一一年的論文中，他探討了廣義理論重力場之下光的行進：一、重力場對於光譜線頻率的影響，也就是重力紅位移；二、光線在太陽重力場影響之下的軌跡，完整廣義理論將對這個計算做出修正。

接下來的工作最主要在於理論數學基礎的發展，最終廣義相對論的完整形式於一九一六年發表。這時愛因斯坦更提出了廣義相對論的第三個天文效應，也就是水星近日點的運動。

廣義理論的更進一步發展

愛因斯坦持續研究廣義相對論的問題。其中最重要的三個問題分別為：一、宇宙學。二、運動學。三、統一場論。

一、現代宇宙學的起源可以追溯到愛因斯坦於一九一七年的一篇論文，他在其中將廣義相對論運用在宇宙的問題上，因而將人類對宇宙的猜測賦予堅固的實證基礎。雖然愛因斯坦最早考慮的是靜態的宇宙，隨後由於天文學上的多方強力證據支持，科學家多已接受擴張宇宙。

二、廣義相對論最初建立在兩個獨立的假設之上：重力場方程式，以及物質粒子的運動學定律。在一九二七年，愛因斯坦已經嘗試從場方程式中推導出運動學定律，而最後的答案在一九四九年才與殷菲爾德合作之下完成。換句話說，廣義相對論僅需要場方程式就已經完備。

從一開始，廣義相對論最主要是重力場的理論，描述重力場的方程式從理論的概念中以確切形式出現。其他已知交互作用方

式的場，也可以用同樣確切的方式與廣義相對論整合。然而，廣義相對論並不能預測其他場（如電磁場）的存在，更不用說其交互作用形式。因此，廣義相對論在這方面不甚成功。其他科學家如韋爾、克魯札、艾丁頓等試圖推廣理論以包含所有場，至少包含當時已知的重力場以及電磁場。因為種種原因，這些早期的嘗試總是不圓滿。愛因斯坦自己在一九二三年之後就持續研究這個問題，一再修正他的統一場論形式。最後的版本始於一九四五年，而於一九五三年完成。並發表於《相對論的意義》一書第四版附錄二。

二、量子論

　　普朗克一九〇〇年建立量子論之後，愛因斯坦很快地成為該領域的領導人。他最早的貢獻也是出現在一九〇五年，甚至和相對論第一篇論文在同一期的物理期刊發表。在此工作中他首度引進了光量子——也就是光子——的概念，也建立了接下來量子論更進一步發展的基礎，如波耳的原子理論。一九一七年愛因斯坦發表了他晚期在量子論所做出的最重要貢獻，除了對光子性質做了精闢的分析之外，他並提出普朗克輻射定律的全新推導，所根據的是能階躍遷的機率，這個概念至今仍是光量子論的基石。

　　至於愛因斯坦的其他貢獻，包括比熱的量子理論（一九〇七年），以及關於量子氣體理論的一系列重要論文（一九二四至一九二五）。這些論文以最廣義形式引進一種現稱為玻色—愛因斯坦統計的新統計力學，並討論電子波動的新穎想法，這對於薛丁格後來的波動量子力學帶來很重要的啟示。

三、物質運動學（統計力學）

　　從一九〇二年到一九〇四年，愛因斯坦寫了一系列統計力學的論文，和偉大的美國物理學家吉柏斯的工作有異曲同工之妙。所謂統計力學，乃是以物質由原子構成的假設作為出發點，並以原子的運動定律推導出物質的鉅觀熱力學性質。愛因斯坦在這個領域最重要的一篇總結，要屬一九〇五年的布朗運動論文，其中愛因斯坦以動力學理論預測液體中微小懸浮粒子的運動模式。這種運動雖早在一百年前由英國植物學家布朗所發現，但在愛因斯坦的論文發表之後，法國物理學家培林才進一步分析布朗運動，證實了原子運動學的基本假設。

101　理論物理的定則

一九一四年普魯士科學院開幕演講。愛因斯坦於一九一三年成為普魯士科學院院士，希特勒上台之後他便辭去此一位子（參見本書〈與普魯士科學院之間的書信往返〉），本篇文章發表於一九一四年《普魯士科學院會報》。

各位先生：

　　首先我要最誠摯地感謝您，賦予我這樣的人的最高榮譽。獲選為科學院士讓我不再受事務所擾，得以全心投入科學研究。即使我沒能達成你們的高度期望，希望你們還是能接受我誠懇的感謝。

　　或許在這個場合諸位會容我談談我的領域，也就是理論物理和實驗物理的關係。我的一個數學家朋友前幾天半開玩笑地對我說：「數學家能做很多事情，不過他們從不做你要他做的那件事。」當實驗物理學家有求於理論物理學家的時候，往往也會有同樣感覺。為什麼理論物理學家這麼「不聽話」呢？

　　理論家通常以假設為基礎出發推導出結論。他的工作通常有兩部分：首先他必須發現自然原理，接下來從這些原理中推導出結論。在學校中的訓練能夠讓他從容勝任第二個步驟，因此當某個領域或是現象的基本原理已然為人所知時，如果研究者夠聰明而且勤奮的話，肯定能獲致成功。然而，建立基本原理的這個第一步驟，在本質上卻是完全不同。這不但學不到，也沒有辦法系統性地達到目標。科學家必須從複雜的現象當中歸納一般規則，並精確地寫下方程式，才能從自然榨出原理原則。

　　在理論成功建立之後，經充分的演繹，往往會發現一些新的關係，遠超過當初理論所依據的自然現象範疇。個別的實驗現象若無法引出可以作為理論基礎的原則，其實對理論家一點用也沒有。在不了解基本的原理原則之前，面對一堆獨立的現象，其實理論家是很無助的。

　　這就是當今理論家在熱輻射原理以及低溫分子運動領域所面對的窘境。大約十五年前，所有人都以為只要根據伽利略與牛頓力學，把它運用在分子運動以及馬克士威電磁學理論上面，便能解釋所有物質的電學、光學以及熱力學性質。然而，普朗克發現若要建立與實驗符合的熱輻射公式，在計算過程所用到的假設將與古典力學南轅北轍。普朗克必須引進量子假說，而這些假設接

下來被實驗完美地證實。因此，我們知道在質量夠小、速度夠慢、加速度夠快的狀況下，伽利略與牛頓的古典力學已經不完全正確，只能看成一種近似。即使理論物理學家孜孜不倦，至今仍沒有辦法推導出能夠取代古典力學，並滿足普朗克熱輻射與量子假說的力學定律。我們不得不承認，雖然熱肯定是由分子運動所造成，我們對於這種運動的動力學的了解程度，和牛頓之前天文學家對於行星運動的了解一樣粗淺。

我剛才列舉的現象缺乏的是能夠進行理論描述的基本原理。相反地，有時候很清楚的理論卻會推導出完全超乎現實經驗的結論與預測，這時候就需要多年的實證研究，才能檢驗理論所根據的基本原理是否正確。相對論的發展正屬於這個範疇。

相對論來自對於空間與時間基本觀念的分析。根據運動物體光學，我們知道真空中光速恆定，這原理使我們放棄靜止光以太理論，它所引出的新理論還能夠解釋為何地球上的實驗沒辦法偵測地球的橫向運動。相對論原理指出，兩個進行相對等速運動的坐標系中的自然定律並沒有差別。這個理論現在不但已經實驗驗證，也簡化了人們對於一系列時空現象的系統性了解。

另一方面，從理論的角度出發，相對論仍未完備，因為它只處理等速運動的問題。如果等速運動在物理上沒有特殊絕對意義，我們也要探討非等速運動是否也如此。若從這個假設作為出發點，我們可以得到確切形式相對論的推廣，在這個推廣中，重力與動力學緊密相聯。不過，現在我們並沒有能夠檢驗這個假設的實驗事實。

歸納方法與演繹方法在物理學上相輔相成，共同追求重要自

然問題的答案，希望在我們合作之下能夠馬上出現重大突破！

102　研究的原理

一九一八年於柏林物理協會慶祝普朗克六十歲生日演講，發表於一九三四年《我的世界觀》。普朗克擔任柏林大學理論物理教授多年，對物理學最傑出的貢獻在於一九〇〇年所提出的量子論，為日後現代原子物理學的發展奠定了重要根基。普朗克之後，愛因斯坦在此新領域做出重要貢獻，提出了光量子也就是光子（一九〇五年）理論，以及比熱理論（一九〇七年）。愛因斯坦比任何人都更早了解到，量子概念不僅撼動了物理的根本，而且其影響鋪天蓋地。

在科學的聖殿中，有許多偉人聖哲。他們對科學都做出重大貢獻，不過出發點各有不同。對有些人來說，他們從事科學的原因在於能夠擁有超人一等智慧的優越感，科學像是一種競賽，他是為了享受成就以及滿足企圖心而從事科學；有些人則完全從實用與利益的角度看待科學。如果上帝的使者降臨，把這兩種人都逐出科學殿堂，得以留下來的人大概所剩無幾，而我們今天的主角普朗克先生絕對經得起這種檢視，他享有地位是實至名歸。他純潔的出發點，正是我們敬愛他的原因。

我當然知道，在這種半開玩笑的想像中所採用的嚴厲標準，會把許多重要的科學家掃地出門，人們現知的科學內容，大多數是由這些人所發現，而且「天使」有時候也會難以定奪。不過我

很肯定的是，如果所有科學家都屬於這兩種人，我們所知的科學殿堂是不可能建立的，這就像只有藤蔓而沒有巨木作為支柱，無法建立茂密的森林。對他們來說，成為科學家只是陰錯陽差，他們也可以當工程師、官員、企業家，在這些領域獲得名利。我所謂具有純正出發點的科學家是什麼樣子呢？他們多半有點特立獨行，不善交際，彼此之間除了科學之外也沒有什麼特別的共同點。他們為什麼能進入科學殿堂呢？這是一個很困難的問題，也沒有一個簡單的答案。首先，我同意叔本華所說，人類從事藝術和科學的一個重大原因，是為了逃避日常生活的庸俗與無望，以及無盡慾望的枷鎖。與世無爭的本性讓他們逃脫世俗，進入客觀思考的世界，這就像鬧市的居民急於逃離擁擠吵雜的環境，躲到深山尋求寧靜，欣賞無垠亙久的美景。

這當然是一種消極的出發點，不過這些可敬之人也有正面積極的動力源。他們想要用最簡單最清楚的方式建立世界的圖像，然後用這個圖像取代現實世界，藉此掌握它、征服它。雖然畫家、詩人、哲學家、自然科學家的活動內容各異，不過這種超然的態度卻是他們共同的處世之道。他們客觀的世界圖像成為心裡的依靠，在混亂的個人經驗當中找到平和與安定。

理論物理學家的世界圖像是什麼樣子的呢？它對於世界的描述是最嚴謹精確、往往只有數學公式才能達到這種高標準。它能夠描述的現象，卻因此有著嚴重的限制。物理學家往往只能處理自然經驗中最簡單的現象，稍微複雜的事件就超出了理論物理的精確與完整邏輯能處理的範疇。換句話說，我們為了最高的純粹度、清楚度、絕不模稜兩可，而犧牲了完整性。這種徹底了解自

然界一小部分，卻膽怯地放棄所有其他較複雜麻煩的現象，到底有什麼好處？這種局限性的理論有什麼資格冠上「宇宙理論」這種偉大的稱號呢？

我認為這個名字是實至名歸，因為理論物理一般定律的結構，是對所有自然現象都適用的。用這樣的演繹推理結構，應該能夠對於所有的自然過程──包括生命本身──都提出描述，也就是理論，除非推理過程遠超出人類智慧所及。物理學家的宇宙圖像不夠完備，並不是因為這種方法有什麼基本的缺失。

物理學家的重大挑戰就是找到一般的基本定律，能夠據此以推導的方法建構宇宙。不過，這些基本定律的發現卻不能用推導演繹的方法，而需根據直覺，以及對於經驗的深度了解。因為有這種方法學上的不確定，你可能會懷疑說不定許多理論物理系統都具有同樣的正當性，這種看法也有它的道理。不過物理學的發展史一而再再而三地證明，在所有可能的建構當中，總是有其中一個脫穎而出，成為最成功的理論。在對物理學有所了解的人當中，沒有人會否認唯有世上的種種現象能決定它們背後的理論系統，雖然我們不能用邏輯證明這兩者之間有一對一的關係，這就是萊布尼茲所說的「先天性和諧」。物理學家常常抱怨知識論學者忽略此一事實。我想這就是幾年前馬赫與普朗克爭論的癥結所在。

掌握這種先天和諧，是普朗克一生致力的目標，他展現了無窮的耐心與毅力，拒絕接受較簡單容易的道路。我的很多同事常歸功於他的強烈個人意志與紀律，我不同意這種說法。我認為，刻意的決心是不能達到這種高度的，普朗克的孜孜矻矻完全是由

衷而出，就像宗教性的崇拜或是戀人的愛一般。現在他正坐在那裡微笑，聽著我可笑幼稚的頌詞，不過我們對他的敬愛是不需要解釋的。希望他對科學的熱愛，能夠在他做出這麼多貢獻之後，更引導他解決當代物理學最重要的問題，能夠成功地以單一邏輯系統完整地描述量子理論、電磁學與力學。

103　談相對論

應《倫敦時報》邀請撰寫，發表於一九一九年十一月廿八日。

我很高興在此為《倫敦時報》的讀者介紹相對論。由於先前我和學院派的辯論完全徒勞無功，最後卻是靠英國天文學家和物理學家結束爭端，因此我要對他們致上最高的謝意。貴國科學家勞師動眾、竭盡心力來測試大戰時敵國理論家所提出來的理論，充分彰顯了你們優良的科學傳統。雖然光線在重力場下所受到的影響是一個非常客觀的課題，我還是忍不住以個人的立場表達由衷感謝，因為貴國的研究成果，我才能在有生之年目睹相對論最重要的預測受到證實。

物理理論有很多種。大多數理論是建構式（constructive），用相當簡單的方程式作為出發點，藉以建立複雜現象的圖像。例如，氣體動力學理論目標是用分子的運動來解釋物質的機械性質、熱學，以及擴散現象。當我們說了解一系列自然現象時，代表的是能用一建構式理論來描述這些現象與過程。

除了這一類重要的理論之外，存在第二類我稱為「原理式理

論」（principle-theories）者。這種理論採用的是分析而非綜合的作法。它們的出發點並不是假設的原理，而是靠經驗而發現的自然律，進而成為自然過程或其理論表象所必須滿足的數學方程式。例如在熱力學中，從「永動機不可能」這點由經驗得來的自然律作為出發點，再以分析的方法推導出熱學現象必須滿足的基本條件。

建構式理論的優點是它的完整性、靈活度，以及清晰的條理。原理式理論的優點在於其邏輯的完美以及基礎的可靠性。

相對論屬於原理式理論，想要了解其本質，我們必須了解其所根據的基本原理。在開始解釋之前，我必須先說相對論是由兩部分所組成：狹義相對論和廣義相對論。狹義相對論不但是廣義相對論的基礎，也適用於除了重力現象之外的所有物理現象。廣義相對論則描述重力以及重力與其他自然力的交互作用。

古代希臘人就知道，要描述物體的運動必須要有另一個物體作為基準。車子的運動必須相對地球表面才有意義，而行星運動則必須相對於遠方的恆星才有意義。在物理學當中，事件與運動的測量基準稱為坐標系。牛頓和伽利略的力學，只有在坐標系的輔助下才能公式化。

力學原理並不是在所有的坐標系下都成立。坐標系本身不能旋轉或是加速，我們熟悉的力學定律才會成立，而這種坐標系稱為慣性坐標系。慣性坐標系的運動狀態，並不是唯一的。根據力學原理，所有與某慣性坐標系進行等速直線運動的坐標系，也都是慣性坐標系。「狹義相對論原理」將此原理從力學推廣到所有的自然現象，換句話說，若坐標系C'相對坐標系C進行等速運

動，則任何在系統C成立的自然律，在C'也必定成立。

狹義相對論所根據的第二個原理，是「真空光速的恆定」。不論觀測者或光源的運動狀態，在真空中光線的行進速度都是恆定的。物理學家對於此原理的信心來自馬克士威電磁學與洛倫茲理論的成功。

這兩個原理都獲得經驗強力的支持，但在表面上似乎互相矛盾。狹義相對論靠著修正運動學，也就是時空概念的物理學，才成功地將兩個原理納入單一邏輯架構。於是，兩個事件是否同時發生必須先指定參考坐標系才有意義，而且量尺的長度與時鐘速率會與坐標系相對速度有關。

然而，伽利略與牛頓的古典物理，與新的相對論動力學無法結合。如果上述兩個基本原理成立的話，自然定律必須遵守一套數學條件，因此物理學必須接受修正。例如，高速運動的質點必須滿足新的物理定律，而在帶電基本粒子的實驗中，這些現象已經確認。狹義相對論最重要的結論，是關於粒子系統靜止質量，我們發現系統的慣性與能量有關，於是我們可以推論，靜質量不過是潛能量的表現罷了。質量守恆定律不再獨立存在，而必須與能量守恆結合才會成立。

狹義相對論原來是馬克士威與洛倫茲電動力學的系統發展，不過已經暗示著新的推廣。物理定律的一貫性，是否僅限於等速直線相對運動的坐標系？自然界為什麼要管我們選用什麼運動狀態的坐標系？如果只是為了描述物理律方便而選擇坐標系，其運動狀態不應有任何限制才對。自然律應該完全與坐標選擇無關（廣義相對性原理）。

　　廣義相對性原理的成立，可從一個大家熟知的經驗得知。這就是物體的重量與慣性是由同一個參數所控制（慣性質量與重力質量的等效），想像一個相對於慣性系統等速旋轉（牛頓力學定義）的坐標系，它所感受的離心力應該被看為是慣性的表現，至少根據牛頓力學是如此。然而，離心力也和物體質量成正比，這和重力殊無二致，我們為什麼不能把這坐標系視為靜止，而將離心力視為重力呢？這顯而易見的道理，卻不容於古典力學。

　　以上簡單的討論顯示，廣義相對論必須提供重力理論，仔細分析探討之後，更加強化這一期待。不過，理論的實際發展過程比想像困難許多，因為我們不得不放棄歐幾里得幾何學。換句話說，物體在空間中的運動定律，將不受歐氏幾何學規範。這就是我們所謂「彎曲空間」的意義，「直線」、「平面」等熟悉概念，在物理學中會失去原來的特殊地位。

　　統御時間空間與運動學的廣義相對論，無法與其他物理學分割，物體的幾何性質與時鐘速率，會受重力場所影響，而重力場本身又是由物質分布所決定。

　　新的重力理論與牛頓理論相去甚遠，不過兩個理論的預測在實驗上卻十分接近，因此日常經驗無法分辨它們。能夠區分兩個理論的現象有：

一、行星橢圓軌道的旋轉（在水星軌道已獲證實）。
二、受重力場影響的光線彎曲（由英國科學家所攝得的日食
　　照片所證實）。

三、大質量恆星光譜線的紅位移現象（未證實）。[1]

這個理論最吸引人的地方，在於邏輯的完備性。它預測的結論只要有一個是錯的，那麼整個理論就必須放棄。在不完全摧毀架構的前提下進行修正，幾乎是不可能的事。

大家不用覺得牛頓的古典力學會完全被這個理論取代。他所奠定的方法、獲得的成果，是如此清楚偉大，將永遠在自然哲學中享有不可取代的地位。

後記：貴報所報導關於我個人與生活片段，有部分純粹出自記者無盡的想像力。相對論在這方面也有它的應用性：現在德國人稱我為「德國學者」，而英國稱我為「瑞士猶太人」；若有一天我成為全民公敵，德國人會反過來以「瑞士猶太人」稱呼我，而英國人會叫我「德國學者」。

104　幾何學與日常經驗

一九二一年一月廿七日於普魯士科學院演講。

數學在科學當中之所以享有崇高地位，在於其定理與結論是完全確定而不得置疑的。其他科學領域的結論，卻或多或少可受爭議，也常有被新發現所推翻的危險。不過，其他的科學家也不用羨慕數學家，因為這些不可撼動數學定理所描述的只是想像中

---

[1] 原註釋：此標準之後已獲證實。

的結構，而不是實際的物體。而且，從共同的公設出發，並用大家接受的演繹方法來推導，得到確切的結論其實也沒什麼好大驚小怪。不過數學享有好名譽還有另外一個原因。數學賦予精確自然科學某種程度的確定性，要不是它，自然科學將會是模稜兩可。

不過，數學畢竟是人類思考的產物，而非根基於經驗，怎麼能如此成功地應用在自然界的實際事物上呢？這個謎題，從古至今困擾著所有智者。人類的理性思考，難道真能在不借助經驗之下，了解真實的物體嗎？

我認為，回答這個問題的關鍵在於，描述真實的數學定理並非確定成立；而確定成立的數學定理，往往和真實有一定距離。這個觀察在近年來數學界「公設化」的傾向之後，變得再清楚不過。公設化運動把數學中邏輯推理的部分和客觀或直觀成立的部分劃清界線，而且最主要強調前者。

從這種觀點出發，我們要怎麼看待幾何學的公設呢？例如，考慮以下公設：「給定空間中任何兩個點，存在唯一一條直線連接它們。」從古典數學和現代數學的觀點各自如何看待這個公設呢？

早期的詮釋是這樣的：每個人都知道直線是什麼、點是什麼。至於這個知識是從人類心智本身能力而來，還是從經驗而來，從兩者的結合、甚至其他來源而來，這問題超出數學討論的範圍。數學家把這問題留給哲學家去探討。以這個知識作為出發點的公設，數學才正式開始，而所有的公設都是不證自明，也就是「先驗」的知識。

　　比較現代的詮釋是這樣的：幾何學所處理的是我們稱為「點」、「直線」等物體，我們不必假設自己對這些物體有其他真實了解，只假設如上述的公理獨立於經驗和直覺，簡單而純粹地成立。這些公設只是人類心智的產物，而幾何學的其他定理都是從它們出發，並經邏輯演繹的結果。從另一個角度看來，公設定義了幾何學所能處理的物體，哲學家舒立克在他知識論的書當中，很恰當地稱公設為「隱性定義」。

　　現代公設化數學家所採取的這種態度，把數學中所有外在的成分完全排除，也消滅了先前有關數學基礎的謎題。然而，這種清理門戶式的作法，也讓數學對於真實物體和我們直覺中的物體無從置喙，在公設化幾何學當中，「點」、「直線」只是空洞的抽象詞彙，賦予它們真實意義則超出數學的範圍。

　　另一方面，數學，特別是幾何學的濫觴，出自於描述真實物體的實際需要。幾何（geometry）這個字本來就是測量地球之意義，而測量地球要用真實的尺規放在地表，測量兩者的關係。我在此稱這些真實物體為「似剛體」。顯而易見的，除非放棄空洞的抽象公設而把真實物體與經驗引入幾何學，否則純粹公設化幾何學本身對於似剛體一籌莫展。要達到這一點，我們只要再加入另一條假設：「真實物體之間的關係，可以用三度空間歐幾里得幾何學來描述」。這麼一來，歐氏幾何學中的諸多定理就可以用來描述似剛體的表現。

　　這樣所完成的幾何學，顯然屬於自然科學。事實上，它可以看成最古老的物理學。其正確性仰賴經驗與歸納，而不光是邏輯推演。我們可稱之為實用幾何學，與純粹公設化幾何學作為區

隔。我們可以問宇宙的幾何學是否為歐氏幾何，這實用幾何學問題具有清楚意義，而且，還可以藉由經驗來回答它。物理學中，所有的長度測量都屬於實用幾何學範疇，地輿與天文學的量測亦然，我們採納「光循直線前進」這個經驗法則時，所說的直線當然是實用幾何學的直線。

在此，我賦予實用幾何學特殊重要性，因為我是靠它才能發展出相對論。在相對論中，相對於慣性系統旋轉的坐標系當中，剛體運動法則不受歐氏幾何學與洛倫茲壓縮所規範，因此如果把非慣性系統列入等效考慮，我們必須放棄歐氏幾何學。反之，龐加萊這位尖銳而深具洞察力的思想家，一開始就否定公設化歐氏幾何學與真實剛體的關係，因此他很自然地推論：因為歐幾里得幾何學的簡潔性，它在公設化幾何學中具有獨特地位。龐加萊主張，公設化幾何學本身對真實世界無從置喙，唯有與物理定律合併才行，既然如此，不論真實本質為何，應該能夠保有歐氏幾何才對。如果理論與實驗之間出現衝突，應該修正物理定律而保存公設化歐氏幾何學。我必須承認，如果否定真實的剛體與幾何學的任何連結，人們的確應盡其所能地保有歐氏幾何學的簡潔。

為什麼龐加萊等人信誓旦旦聲稱真實剛體與幾何學沒有任何關係呢？這是因為仔細檢視自然界的物體，會發現它們不是完美剛體。它們的幾何性質，也就是點和點的相對關係，會隨著溫度外力等參數而改變。因此，乍看之下幾何學和物理真實的關係似乎已消失殆盡。龐加萊於是主張，幾何學（G）本身對真實世界不具預測性，只有在與物理定律（P）結合之後才行。換句話說，經驗與物理實驗所檢驗的是 G＋P 的合併。他認為，G 可以

任意選擇，若實驗推翻理論，只要修正P中的一部分，讓G與P的整體結合滿足實驗即可。這種觀點把公設化幾何學和物理學中約定俗成的部分，看作在知識學上完全等價。

嚴格來說，龐加萊當然沒有錯。理想尺規、時鐘等相對論所採用的物體，的確在真實世界中不存在。時鐘這種複合結構，也不是點、粒子等不可化約的元素，照理說不應該獨立地成為理論的基礎。不過我堅信，現階段理論物理學仍然不夠了解原子結構與固體性質，或是時鐘本身，因此不得不納入這些概念上的理想測量工具，作為理論的一部分。

有人質疑，既然自然界沒有完美的剛體，那麼只能描述完美剛體性質的理論，在自然界不是一點用都沒有？乍聽之下這個說法似乎命中相對論的要害，但其實不然。因為，只要充分了解測量工具的組成與性質，我們就能說在一定的準確度下，它們是夠好的剛體。在應用上，我們用這種似剛體作為測量工具。

實用幾何學使用的原理都是經驗所及。假設在現實世界中的硬棍兩端標下記號，並稱一對記號為「尺寸」，如果兩根棍子都各自標上了一組尺寸，若將兩根棍子並排發現記號吻合，我們稱這兩個尺寸相等。根據這樣的定義，我們假設：在某時某地確立相等的兩個尺寸，在任何時、地都會相等。

這假設，不但在實用歐氏幾何成立，也是其推廣——黎曼幾何學與相對論——的根基。根據經驗，這個假設顯然成立，我在此僅提出另外一個需要它的理由：光在空間中的行進，可以把時間間隔轉換為尺寸，反之亦然。因此以上關於尺寸的陳述，在相對論中對時間間隔應該也成立。換句話說，兩個在某時某地以同

樣速率行進的時鐘，不論在何時何地都會用同樣速率行進。我們所觀測化學元素光譜的頻率極為精準恆定，正是實用幾何學原理成立的實驗鐵證。這就是為什麼我們能夠談論四度時空中的黎曼度規，而不只是抽象的公設幾何學。

因此，我認為宇宙究竟是歐幾里得、黎曼時空，或是其他結構，是一個物理問題，只能經由經驗來提供答案，而不是可以為講求方便而任意約定俗成。在很小的時空尺度中，歐幾里得與黎曼空間非常接近，但兩者還是有實際上的不同。

當然，我所提出的幾何學物理詮釋在分子尺度就會潰散，不過即使是討論基本粒子的組成，這種幾何觀還是有它的重要性。在討論帶電粒子、力場等問題時，我們還是可以試圖用幾何概念，雖然黎曼幾何原本是為鉅觀的剛體所定義，這種推廣是否成立還有待實驗檢驗。我們已經知道，溫度這個概念無法推廣到分子尺度。或許，當幾何學推廣到分子尺度時，一樣會失去意義。對於這一點，我們還不得而知。

要把實用幾何學的概念推廣到宇宙尺度，則沒有那麼困難。雖然有質疑者稱，物體的尺度越大，它的性質和理想剛體就差得越多。不過，這現象不可能有什麼基本重要性。因此，我認為「宇宙是否無限大」是完全合理的實用幾何學命題。我甚至不排除天文學有朝一日可以回答這個問題。畢竟，廣義相對論就是這樣解決的。宇宙大小有兩個可能性：

一、宇宙空間無限大。這個可能性，只有在物質平均密度趨近於零才會成立。也就是說，在考慮越大體積的空間，

恆星等物質的平均密度就會越小，宇宙才可能無限大。
二、宇宙空間有限。如果物質平均密度在大尺度有限，則這
　　個可能性必然成立。平均密度越小，宇宙空間體積就越
　　大。

　　在此我要提出一個支持有限宇宙的理論依據。廣義相對論告訴我們，物體的慣性受重力場影響，當鄰近有越多物質時，其慣性就越大。早先馬赫主張把慣性完全看成物體與宇宙中其他物體交互作用的結果。我認為這是一種很合理的看法。事實上，從牛頓開始，重力完全是由物體之間交互作用所描述。然而，廣義相對論方程式顯示，唯有有限空間，才能讓慣性純粹由物體交互作用中產生。

　　許多物理學家與天文學家反對這種看法。前面提到，只有訴諸實驗才能區別這兩種可能性。我們要怎麼樣進行這個實驗呢？乍看之下，似乎可以藉著量測附近宇宙的平均密度來區別。但這是沒有希望的。可見恆星的分布非常不均勻，我們或許可以量測銀河系的平均密度，然而不論搜尋的空間多大，永遠也無法確定這個空間以外是否有其他恆星，因此測量平均密度似乎是不可能的事。

　　另一個方法，雖然還是極端困難但可行性卻較高。廣義相對論和牛頓理論的偏離，在大質量星體附近較明顯，因此我們在水星軌道首先觀察到它。如果宇宙空間有限的話，相對論和牛頓理論還有另一個可能看得到的區別。用牛頓理論的語言來說，重力場除了可由一般物質產生，還有來自於另一項布滿整個空間、帶

有負號質量密度的貢獻。不過，由於這種質量密度極為稀薄，只有在最大尺度的重力系統才可能偵測到。

若已知銀河系中恆星的質量以及統計分布，根據牛頓定律，我們能夠計算讓銀河系維持大小、而不塌縮或飛散所需的重力場大小以及恆星的平均速度。接下來，把所預測的平均速度與觀測到的恆星速度比較，若測量到的恆星速度比牛頓力學所預測的慢，則代表大尺度下重力吸引力比牛頓力學所預測的稍弱，這可以看成是證明宇宙空間有限的間接證據，甚至可以用來估計宇宙的尺度。

我們人類能夠想像三度空間有限而無邊界的宇宙嗎？

一般人會很快地說「不行」，但這是錯誤的答案。接下來，我要向大家說明這是辦得到的事。事實上，只要運用一點想像，再加上一點練習，我們就能很習慣並接納有限宇宙。

首先，我們回到知識的本質。空間幾何與物理理論並沒有直接圖像，而是由一套觀念所組成。這些觀念，把許多虛構和真實的感官經驗在心中結合，而「想像」某個理論，代表的是汲取與該理論相關的感官經驗組合。在前例當中，人類對於三度空間有限宇宙中物體相對位置的感官經驗付諸闕如，自然無從「想像」。這當然是很簡單的道理，不是什麼了不起的洞見，不過實在太多人問這個問題，我覺得仍然有很多人不接受，於是在此贅述重申。

當我們說空間無限的時候，是表達了什麼意義呢？這代表著我們可以把無限多個物體排一直線，而永遠不會填滿空間。假設我們手上有許許多多同樣大小的方塊，根據歐幾里得幾何學，可

以在上下、左右、前後都持續堆放方塊，而占據任意大的空間。若空間無限大，這過程永遠不會因為空間用完了而叫停，因此「空間無限大」的更精確說法是：根據歐氏幾何學堆放規則，空間相對於實際剛體無限大。

無限大連續體的另一個例子是平面。在平面上我們可以放上許多比鄰的正方板子，根據歐氏幾何學我們可以放上無限多個板子。也就是說，相對於板子來說平面是無限大的。因此，我們稱平面為二維無限大連續體，而空間是三維無限大連續體。我在此假設讀者已經熟悉維度的概念。

我們接下來以有限、卻沒有邊界的二維連續體作為例子。想像一個大的球體，和許多大小相等的小圓紙板。把一個小圓板在球體表面上到處移動，會發現球的表面並沒有邊界的存在，因此我們可以說球體的表面是沒有邊界的連續體。而且，若把許多小圓板緊密排列鋪在球體表面，可以把它的表面完全填滿，再也放不下任何小圓板。這代表球體表面是有限的連續體，相對於小圓板來說，球的表面積是有限的。其實，球表面是非歐幾里得幾何的二維連續體，也就是說球面上物體之間的相對關係並不滿足歐幾里得平面幾何。這可以從以下說明得知：把一個小圓板周圍以六個小圓板緊密環繞，然後開始繼續向外堆，除了最外面的圓板以外，每個圓板外面都有六個圓板，依此類推。如果在歐氏平面上排列，則這個過程沒有盡頭，除了最外圈，每個圓板都與六個圓板接觸。然而，若在球面上排列，一開始狀況和平面上類似，而且若小圓板半徑越小，就越有可能維持保有六個鄰居的狀態，不過，當所鋪蓋的面積占球面顯著比例之後，就會發現越來越難

保有六個鄰居，而這種困難在平面上絕對不會發生。用這種方法，住在圓球表面的生物，即使不能離開表面也能靠著測量「發現」自己生活的空間並不是歐幾里得平面，而是二維球面。

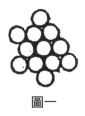

圖一

　　相對論的最新結果顯示，我們所居住的三維空間也可能是球形。也就是當考慮的尺度最大時，物體之間相對位置的關係，不由歐幾里得幾何學所描述，而與球面上的幾何學相似。這當然超乎我們所有人的經驗，你會抗議「沒有人能想像這種東西」，「這真是胡說，我可以想像二維的球面，但三維的球面根本不存在。」

　　我們必須試圖超越這個思考障礙，有耐心的讀者就會發現其實這並不是難事。以下繼續探討二維球面的幾何性質以做說明。在附圖中，K代表球面，在S點與平面E接觸（原本應該無限大的平面在此以矩形邊界表現）。L是球面上的圓盤，想像球面上的一點光源N，位於S的相反位置，讓球面上的每一點都在平面上投射出影子，而圓盤L在平面E上產生的影子稱為L'，會隨著圓盤在球面上的位置而跟著移動。當圓盤L位於S點時，L與L'幾乎重疊。當圓盤開始遠離S向上移動時，平面上的陰影L'也會離開S點向外移動，而且越來越大。當圓盤L移至光源N時，陰

影移到無限遠，而且變得無限大。

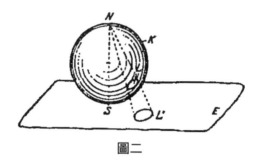

圖二

現在我們自問：陰影 L' 在平面 E 的幾何學為何？顯然，這和圓盤 L 在球面上的幾何學一模一樣。球面上的任意圖樣 K，在平面上都有相對的陰影，若 K 是兩個接觸的圓盤，則圓盤的陰影也會接觸。其他球面上的幾何關係，對陰影也都適用。球面上的物體若滿足剛體法則，則在平面上影子也是剛體。由於球面上只能放下數量有限的圓盤，平面上圓盤的影子數量也就有限。

有人會說：「這太荒謬了，影子怎麼會是剛體，只要拿一根尺去量它，就知道它的大小一直在改變。」然而，如果用來定義大小的尺規其表現行為和圓盤影子一樣呢？如此一來，我們就不再能說當 L 離開 S 時，所造成的陰影會越來越「大」，因為這句話不再有任何意義。我們只能說，影子的幾何學和球面上幾何學一模一樣。

我們要記得，除非離開平面，而把陰影和球面上的圓盤做比較，否則我們不再能說陰影的大小越來越大。就 L' 的幾何學來說，S 點在平面上的位置也不具有特殊地位，就像 S 點在球面上

沒有什麼特殊地位一樣。

這個例子當中所用的二維球面幾何學，可以幫助我們想像三維的情形。假設三維空間中有一點S，而且我們手上有許多小圓球L'，可以用來測量、堆積。想像這些圓球並非歐氏幾何學的一般剛體，而像上例中圓盤的陰影：當它離S越遠，其半徑（根據歐氏幾何學定義）會隨著增加。

現在請讀者想像一下，熟悉圓球L'的幾何性質，假設我們的宇宙當中，這些圓球就是所謂的剛體，而不存在一般我們所熟悉的歐氏剛體。由於尺規離開S點也會變得越來越大，我們不再藉著測量推論圓球半徑的改變。這空間圖像應該就是非常清楚的三維球面表現。我們可以說，空間是均勻的，因為空間上的特定點附近的排列方式，在所有的點也都成立[2]。而且，空間是有限的，因為整個宇宙不能塞下無限多個球，因為它們越遠就越「大」。

用這種方式，在歐氏幾何學的輔助之下，我們可以建立很清楚的球面幾何心智圖像。在更多實例輔助之下，能夠更嚴謹更深入地建立關係。同樣地，我們也可以建立對於所謂橢圓幾何的直觀圖像。今天最主要目的在於說服大家，人類想像的能力是可以包括非歐氏幾何學的。

---

[2] 原註釋：這一點不需計算就能理解，只要看看二維球的例子即可：小圓盤在球面上的排列不受位置影響。

105 相對論

一九二一年於倫敦國王學院發表演講，收錄於一九三四年
《我的世界觀》。

　　很榮幸有這個機會到英國首都演講。貴國是理論物理最重要
概念的發源地：牛頓的質量與重力概念、法拉第與馬克士威的電
磁場概念，皆為物理學建立新的根基。相對論可以說是對於馬克
士威與洛倫茲偉大理論的最後修飾，試圖將包括重力在內的所有
物理現象結合。

　　我要向大家強調的一點是，相對論並不是源於純粹的臆測，
它的出發點，在於希望讓物理理論完美地解釋觀測現象。相對論
並不是無中生有的革命，而是順著一條幾世紀以來就很清楚的道
路而走。放棄關於時間與空間的既定概念，並不是隨心所欲的武
斷，而是根據觀測事實而為。

　　真空中光速恆定的定律，已得到電磁學與光學的證實，而所
有慣性系統的等價（狹義相對論原理），也藉由邁克森的著名實
驗清楚地確立，這兩者的結合讓我們必須令時間為相對，也就是
說，每個慣性系統必須要有自己的時間。在發展這些概念時，我
發現先前人們對於經驗與時間、坐標系統的連結思考得不夠透
徹。相對論的一大課題，就是把一般概念和實驗事實更清楚地釐
清。我們所用的原則，是物理概念必須清楚、毫不含糊地導引出
可以觀測到的現象。根據狹義相對論，時間和空間的絕對性在於
它們可以由靜態的時鐘和尺規直接測量，但其相對性則在於它們

受慣性系統運動狀態影響。在古典力學中，時間與空間各自保有絕對性；而在相對論中，由時間與空間結合所形成的四維連續體（閔可夫斯基）才得以維持絕對的本質。坐標系統相對速度對於長度與時間的影響，以及質量與能量的定價，都是從將時間與坐標視為測量產物而得來的結論。

廣義相對論則來自物體慣性質量與重力質量的等價，古典物理對於這一點提供不出任何解釋。若將相對性原理推廣到相對加速度的坐標系，就會看得出這一點。在相對慣性系統加速的坐標系中，會出現重力場，也就是說，本於慣性與重力等價的廣義相對論，同時也提供了重力場的理論描述。

把進行相對加速的坐標系統列入考慮，並與狹義相對論結合，會發現重力場附近剛體的行為會違反歐幾里得幾何學。重力場下時鐘的速率也出現類似變化。因此，我們要再度推廣時間與空間的概念，因為原來尺規與時鐘的測量方法已經失效。這種彎曲空間的廣義度規，先前已由純數學家高斯和黎曼充分建立。基本上，在很小的時空區域，狹義相對論的度規仍然可以成立。

這麼一來，時空坐標不再具有獨立真實性，時空必須和重力場的數學量結合，才具有真實性。

廣義相對論還有另一項重要結論。馬赫認為，如果我們以描述、操作式定義細究運動本質，則只能探討物體之間的相對運動。然而，牛頓力學卻不能完全由相對運動出發，因為力學中的加速度是絕對的概念。從這一點看，牛頓理論是不完備的。因此，牛頓引進了絕對靜止空間，用來定義相對加速度。這種作法在邏輯上自洽，但總是讓人很不滿意。因此，馬赫試圖改寫力學

方程式，讓物體的慣性從它和宇宙中其他物質總和的相對運動而生，而非牛頓所假設的絕對加速度。現在看來，他的嘗試注定要失敗。

不過，他的出發點似乎是非常合理的。在廣義相對論的架構下，空間的物理性質受物質重力場影響，這讓馬赫的原理得到部分支持。我認為，只有在宇宙空間封閉的條件下，才能對這個問題提出一個令人滿意的解答。只要宇宙質量密度不是零，不論它多小，廣義相對論的數學結果都會指向這個結論。

106 河流蜿蜒的原因以及所謂白爾定律

一九二六年一月七日於普魯士科學院誦讀，發表於德文期刊《自然科學》第十四期。

大家都知道河流往往不會循著坡度最大的直線下流，而會彎彎曲曲地前進。地理學家也都知道，北半球的河道右側通常侵蝕得比較厲害，而南半球的河流則相反，這就是所謂白爾定律。許多人試著解釋這個現象，我也不確定這裡所提出來的解釋，對於專家來說是否了無新意。其中一部分肯定是前人已經知道的，不過我沒有找到能夠徹底解釋這個現象的專家，於是在此簡短陳述一個定性的解釋。

首先，流速越快的話，水流接觸河岸之處的速度會越快趨近於零，這會讓河岸侵蝕越烈。不論侵蝕是機械過程或是有物理化學成分（地表的溶解），這假設應該都會成立。因此，我們應該

專注於影響河牆流速梯度的因素。南北半球在這一點的差異，是由環流所間接造成。接下來我們進一步討論。

　　首先我在這裡提出一個大家都可以進行的簡單實驗。想像一斟滿茶水的平底杯，杯底有些茶葉沉澱。用湯匙攪拌茶水，會讓這些茶葉很快地集中在杯底中央。這個現象的解釋如下：液體的轉動會造成離心力，如果液體像固體一般轉動，則離心力不會造成任何效應。然而，杯壁會對液體流動造成阻力，因此在周圍的流體角速度會比中心附近還小。這樣一來，杯底的角速度以及所造成的離心力，都會比上方的流體還小。這個效應的結果，會產生圖一所描述的環流，這種運動模式會越來越顯著，直到杯壁的阻力讓它停止繼續增強。於是，沉澱的茶葉會被這種流動掃到中央，證明了這種運動模式的存在。

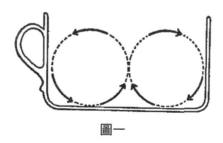

圖一

　　在彎曲的河道，類似的現象也會發生（圖二）。彎道的水流也受離心力作用，從 A 點向外推向 B 點。由於阻力的關係，離心力在河底較低，這會讓河水產生如截面圖所示的循環運動。即使河道沒有轉彎，也會因為地球自轉而產生些微的循環流動。這是因為地球自轉會產生科氏力，作用方向和水流方向垂直，其強

度為每單位流體質量$2v\Omega\sin\phi$，其中v為流體速度，Ω為地球轉速，而ϕ是當地緯度。同樣由於河底阻力，科氏力會造成圖二所示的環流。

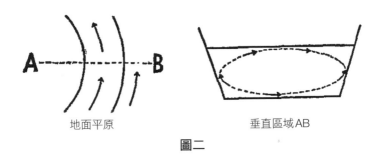

地面平原　　　　　　　　　垂直區域AB

圖二

　　在介紹完這些基本概念後，可以回來看看河流截面速度的分布，這是影響侵蝕最重要的因素。我們必須先了解，具有紊流本質的速度分布是怎麼產生並維持。如果原本靜止的水突然受到均勻加速度而開始運動，則河流介面速度分布一開始會是均勻的。河壁邊界條件最後會讓流速向中間增加，但這需要一段時間才能達成穩定態。前文討論的循環流動型態要在阻力作用一段時間之後，才能漸漸建立。

　　從流體動力學的角度，速度分布的穩定態是以如下方法建立。一開始流場滿足二維位流時，所有的渦流線都集中在河壁邊界。接下來，它們離開邊界往河流截面的中間移動。隨著時間演進，渦流線分布的範圍會漸漸擴大，讓邊界的流速梯度漸漸下降。內部的渦流線，會在滯力的作用下耗散而消失，其位置由從邊界生成的新渦流所取代，最後達成似穩定的速度分布。在這裡

很重要的一點，是穩定速度分布需要相當長的時間才能達成。因此，相對上微不足道的作用力只要具長時間持續作用，還是會對截面速度分布造成影響。現在我們來考慮由河流彎道或科氏力所產生的循環流動（如圖二所示），會對流速分布造成什麼影響。由於河流中上部的流速最快，順時鐘方向的環流會把這些流體推向右邊河岸；反之左邊河岸則接收從河底而來、速度較慢的水流。這麼一來，右岸的侵蝕肯定會比左岸還強烈。這個解釋仰賴的重點在於控制流速分布的內部阻力、耗散和環流一樣，都是緩慢的過程，因此會對流速分布造成顯著的影響。

　　這就是河流蜿蜒的原因。除此之外，我們還可推出其他的結論。侵蝕不但在右岸較強，而且在右岸的底層也較強。於是，河底的截面形狀會傾向於如圖三所示。

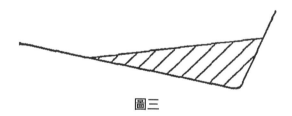

圖三

　　更進一步地，最表面的河水通常由左岸而來，因此會比下面一點的河水流得慢。這是一個已經觀察到的現象。而且，環流具有慣性，因此它在河流曲度最大處的下游才會達到最高峰，因此河流曲度最大處的下游，才會出現左右岸最不對稱的狀態。因此，在長時間侵蝕之下，河流彎道會隨著時間向下游前進。最後，河川的截面越大，環流就會越慢被阻力吸收，因此彎道的行

進率會隨著截面增加而增加。

107 牛頓力學與其對於理論物理發展的影響

牛頓逝世兩百周年紀念演講，發表於一九二七年德文期刊
《自然科學》。

兩百年前，牛頓與世長辭。我們在這個場合緬懷這位天才，
他對於西方思想、研究的巨大影響前無古人、後無來者。他不僅
是優秀的創新者，訂定下許多重要的科學方法；他同樣也非常善
於掌握當時的實驗結果，對於數學與物理學的證明更有驚人的天
賦。因為這樣，他值得我們最高的崇敬。不過，牛頓的傳奇不僅
僅在於他的天賦異稟，命運更把這號人物置於人類智慧史的轉折
點。在牛頓之前，我們甚至沒有一套完整的物理因果律系統，得
以描述隱藏在經驗世界背後的各種現象。

無庸置疑，古希臘時代的自然學家就已經堅持，所有的物質
與相關現象都必須化約為原子運動來理解，甚至包括生命本身也
不例外。同樣無庸置疑地，笛卡兒用他自己的方式，重新研究這
個問題。不過，這差事對理想化的哲學家來說野心太大。在牛頓
之前，物理因果律沒有任何值得一提的結果，也因而沒有任何證
據顯示因果系統的確存在。

牛頓志在回答這個問題：如果在給定時刻知道所有天體的位
置與運動狀態，能不能據此計算並完全預測接下來的運動呢？克
卜勒根據第谷布拉赫的觀測數據所歸納出來的行星運動經驗定

律[3]，是如此的簡單而成功，極待解釋。這些定律已經完整地回答行星「如何」繞著太陽轉：循橢圓軌道；在同樣時間徑長掃過同樣面積的扇形；並遵守長徑與周期的關係式。不過這些定律不是從因果律而出，而是三個在邏輯上不相干的法則。而且一旦中心星體不是太陽，第三定律就不能直接適用（換句話說，行星繞太陽的周期和衛星繞行星的周期沒有任何關係）。更重要的一點，**這些定律是描述運動整體的性質，而不是描述給定瞬間系統將如何運動**；用現代語言來說，克卜勒定律是積分形式而不是微分形式。

　　微分形式的定律才能滿足現代物理學家對於因果律的要求。牛頓最重要的成就之一，就在於發現這些微分形式定律。光是想出這些概念是不夠的，因為將兩者連接的數學方法，在當時還相當的原始粗糙，於是牛頓發展了整套微積分來解決。我們不需要追究，萊布尼茲到底是不是獨立地發展了這些數學方法。因為無論如何，牛頓絕對要發展完備的微積分才得以充分表述他的理論。

　　在此之前，伽利略已經在運動定律方面做出初步但重要的貢獻。他發現慣性定律以及自由落體定律。他發現重力場下自由落體的垂直速度，隨著時間均勻地增加，我們現在看來，從伽利略到牛頓的運動定律似乎只有一線之隔，但大家要注意到，伽利略的這兩個運動定律也是對於運動整體的描述，而牛頓的定律卻是

---

[3]　原註釋：現在每個人都知道，牛頓從行星運動定律出發而發現基本運動定律是輝煌之舉。不過，大家似乎已經忘記克卜勒從觀測到的視運動推導出真實軌道，也是令人驚嘆的成就。

質點在一瞬間如何受外力影響而運動。牛頓在得到這種微分形式的運動定律之後，才可能廣泛地將它應用在所有形式的運動。他從當時已經相當成熟的靜力學借用了力的概念，為了將力與加速度連接而引入了質量的觀念，雖然現在看來他給予質量的定義是虛幻的。現在物理學家對於微分方程式已經如此熟悉，我們很難想像牛頓當初靠著取極限得到這些定律所需的驚人抽象能力，而且在這過程中還得順便發明質量這個新的觀念。

不過，光有運動定律還不夠，因為運動方程式要在外力已知的條件下才能解。牛頓發現，作用在物體的外力，是由附近所有質點的位置所決定，這無疑是從行星運動當中得到的靈感。做出這項連結之後，他終於找到完全描述運動的因果概念。總之，牛頓從克卜勒行星運動定律出發，發現萬有引力定律，並洞察到星球所受到的外力和地表重力是同樣的現象，這個過程已經眾所周知。「運動定律與引力定律的結合」，讓人們只要知道某個受重力影響的系統在特定時刻的狀態，就能夠計算該系統過去與未來的所有運動狀態。牛頓的理論系統具有邏輯的完備性，因為系統中所有質量的加速度正是由**這些質量本身**所造成。

根據這些簡單的物理基礎，牛頓成功地精確描述行星、月球、彗星的運行，並解釋潮汐現象與地球轉軸的進動，這些演繹計算的成就也是前所未見。發現天體運動背後的物理，居然就是每個人日常生活都熟悉的重力，這實在是令人驚異的事。

牛頓創造了令人滿意的力學理論架構，成為十九世紀末以前所有理論物理學家所有研究的基礎，不過他的影響不僅如此。所有物理現象，都可以化約為運動定律。即使是力學以外的現象，

只要找到廣義的運動定律，即可用同樣方法描述。牛頓本人，就假設光是由惰性粒子所組成，並嘗試以運動定律方式建立光學理論。即使是光的波動理論，也使用了根據牛頓運動定律的連續體力學。牛頓的運動學方程式，也是熱運動力學的唯一根基，而在這方面的應用不僅僅導致了能量守恆定律發現，建立了極為成功的氣體理論，並為熱力學第二定律提供了更深層的意義。近代電學與磁學的發展，也遵循牛頓的模式（電磁物質、超距作用力）。法拉第與馬克士威在電動力學與光學方面的工作，是牛頓以來在理論物理方面最具革命性的成就，然而其架構也沒有超脫牛頓的基本想法。馬克士威、波茲曼、凱文爵士一再不厭其煩地把電磁現象化約為想像中連續體的力學交互作用。不過，在這方面有限的成功，導致十九世紀末以來，人們在基本觀念上逐漸改變。最近理論物理終於超脫了牛頓兩百年來給大家的教導。

　　牛頓的基本原理在邏輯上是如此完整，只有實驗事實才可能對它進行改寫。在開始討論這個課題之前，我必須強調牛頓本人對於他理論的限制，比任何後代科學家都還清楚。我對他的真知灼見抱著無上的敬意，不過在此稍加討論他理論的弱點：

一、牛頓理論基於實證，並試圖減少與直接經驗無關的基本觀念，在他的著作中處處都可見到這個作法。不過，他卻引進了絕對的時間與空間概念。近年來，他常常因此而受到批評。然而，牛頓至少在這一點上相當前後一致，他了解到觀測所得的幾何量（如兩個質點之間的距離），以及這些幾何量與時間的關係，仍然無法完全描

述物理運動，牛頓用著名的旋轉水桶實驗證明了這一點。因此，除了這些可觀察量之外，物體運動仍受其他因素所左右。他將這「其他因素」看作是物體與「絕對空間」的相對關係，雖然他知道這絕對空間必須具有物理實體，這種作法才會有意義。

聰明的牛頓清楚地指出這一點，剛好也是他理論的弱點。就邏輯上來看，物理理論必須摒除這種大有問題的概念，才會更加完整，也就是說理論中只容許定義清楚的關係（質點、距離），不過古典力學做不到這一點。

二、萬有引力被描述為瞬間作用的超距力，這和我們日常生活中熟悉的過程背道而馳。對於這項批評，牛頓的回應是萬有引力定律來自經驗的歸納，這只是暫時的處理作法，而非最終的解釋。

三、物體重量與慣性是由同一參數（質量）所決定，牛頓對於這個重要的事實無法提出任何解釋，雖然他也注意到其特別之處。

這三點都無損於理論在邏輯方面的完整。最多，這只代表科學家在試圖建立描述自然現象的完整觀念之際，幾項無法滿足的偏好與期望。

牛頓的運動理論原本是理論物理的全部，然而它在馬克士威的電學理論出現時受到第一個挑戰。人們發現，物體之間電磁作用的影響在空間中以有限速度前進，而並不是瞬時運作的超距力。除了質點、運動之外，法拉第發現「場」這個新概念具有物

理真實性。一開始，人們試圖根據力學的觀點，把場解釋為想像中介質（以太）的物理狀態（如運動和張力等），然而不論再怎麼嘗試這種作法都告失敗，於是人們開始將「電磁場」視為最終、不可化約的物理實體。我們要感謝赫茲，他的實驗確實建立場的存在，讓物理學家終於從古典力學思維的糾結中走出；我們也要感謝洛倫茲，才停止尋找場的底層真實，現在看來支持場的僅僅是物理真空（或是以太），而即使是牛頓力學真空也具有物理作用。在這兩人之後，人們已經不再相信瞬時超距力的存在，包括重力作用也不例外。雖然，由於知識不足，仍然無法建立取代牛頓的重力理論。一旦揚棄瞬時超距力，人們也從電磁場理論得到靈感，試圖把牛頓運動定律修正為力線、力場的形式。雖然這些研究不太成功，終究人們已經開始檢討力學基本概念，而不再把牛頓理論奉為顛撲不破的真理。

　　馬克士威和洛倫茲的理論不可避免地導致狹義相對論的誕生，而由於相對論放棄了絕對同時的觀念，當然也排除了瞬時超距作用。相對論指出，物體的質量也不是定值，而和能量含量相關（質能等價）。牛頓運動定律，只能看為相對論的近似，只有在速度很小時才成立；而在新的運動定律中，光在真空中的速度是最高速限。

　　廣義相對論則是場論發展的最後一環。在數值方面，它只稍微修正牛頓理論，不過在物理意義上，它卻徹底改變重力理論。慣性、重力，以及尺規、時鐘等測量工具的性質，全部化約而由單一場值來決定，而這個場本身是由物質來決定（這是泊松重力場定律的推廣，而泊松理論亦是根基於牛頓重力理論）。時空的

真實性並不因此而稍減,然而牛頓為了建立力學理論所賦予時空的絕對性,卻已經不再。換句話說,時空不只會影響其中的物體,其本身也會受物體影響。而廣義的慣性定律,則取代牛頓運動方程式的功能。從這裡的討論,大家應該能了解,從牛頓理論進展到廣義相對論,才得以克服之前所說的三項問題。而且,看起來從新的場方程式中,或許可以直接推導出運動定律。只有達成此一目標之後,才能說純粹的場論已經完成。

從技術的角度,牛頓力學也為場論奠定重要基礎。連續體的牛頓力學,無可避免地扯上偏微分方程式,而這正是場論最早的語言。從這個角度來看,牛頓把自然定律設定為微分形式,正是影響隨後發展最關鍵的一步。

我們對於自然過程的觀念在過去出現了很多變化,不過都可以看成是牛頓基本想法的有機演化。雖然,現在場論的研究仍然如火如荼,在實驗上所發現的輻射定律、原子光譜、核輻射等現象,似乎已經顯現場論的限制。然而,場論在其他方面卻如此成功,讓我們很難放棄它。許多物理學家堅持,在這些實驗現象之下,我們不僅要放棄微分形式的物理定律,甚至自然科學的最基本基礎:因果律本身,都應該要廢棄。也就是說,不論何種形式的時空理論,只要和物理事件一一對應者,都不可能成立。他們的意見,是很難駁斥的。力學系統只能擁有特定的能量值,也就是能階,幾乎已經直接觀測到。乍看之下,這似乎不可能從場論的微分方程式中得到。然而,具有場論特性的德布洛伊—薛丁格理論,卻很意外地得到與實驗相符合的離散能階。這個作法把微分方程用在共振態,但卻必須放棄粒子的局部性和嚴格的因果

律。牛頓心目中的自然本質，也就是因果律與微分定律，是不是終究會被廢棄？我們現在還不得而知。

108 科學的真理

回答一位日本學者的提問，發表於一九二九年慶祝愛因斯坦五十壽辰的限定版文冊。

一、對於「科學真理」這個詞，很難賦予一個精確的含義。「真理」這個詞，在經驗事實、數學命題或科學理論方面，各有不同的意義。至於「宗教真理」，對我來說則是完全不知其意。

二、科學研究可以減少迷信，因為鼓勵人們以因果關係去思考和看待事物。在所有高階的科學工作背後，有一種類似宗教的感情，對於世界的理性或可理解性抱持一定的信念。

三、這種堅定的信念是對經驗世界中展現的高超理性懷抱深摯的感情，正是我對「上帝」的概念；按照一般說法，或可稱為「泛神論」（斯賓諾莎）。

四、至於傳統的宗教派別，只能以歷史和心理考量，對我別無意義。

109　克卜勒

為紀念克卜勒逝世三百年所寫的文章，發表在一九三○年十一月九日德國《法蘭克福日報》。

在這個焦慮不安的時代，人世變化難以尋得樂趣，緬懷性情淳樸高尚的克卜勒先生，特別令人感到慰藉。在克卜勒的時代裡，還不確定自然受法則的支配。他對自然法則的存在必須抱持極大的信念，才能給予他力量，數十年全心投入辛勤的工作，實際研究行星運動與數學法則，他一切工作都是獨自進行，沒有人支持，也極少人了解。若要好好紀念他，我們應當明瞭其問題和解決的步驟。

哥白尼已讓聰慧之士打開雙眼，知道若想清楚了解天體行星的視運動，最佳辦法是把眾行星看作圍繞靜止的太陽運轉。若是行星環繞太陽做等速圓周運動，從地球上推論出其軌道會容易許多。事實上，行星軌道並非正圓，因此涉及的現象複雜許多，使得這差事更加困難。先前第谷布拉赫實際觀測行星運行軌跡，分析這些數據才能進一步發現滿足這些運動的原理原則。

從觀測行星軌跡反推出真實軌道是極困難的事。尤其，我們不要忘了無法看到行星在空間中真正的位置，而只能從地球上看到當時它在什麼方向，更何況地球本身又以未知的方式繞太陽運轉，這些困難似乎難以克服。

克卜勒必須在混亂中尋找秩序，他知道首先要設法了解地球本身的運動。若是只有太陽、地球和恆星，而沒有其他行星，這

簡直就是不可能之事，因為在這種情況下，實際上就只能觀察太陽—地球連線在一年中變化的方向（太陽對於恆星的視運動）。即使當時還沒有望遠鏡，肉眼的觀測準確度就已經可以發現太陽—地球連線的方向，全都位於相對恆星靜止的平面上。藉由這種方式，也能確立太陽—地球連線是如何繞轉太陽，他發現這種運動的角速度在一年之中呈現有規律的變化。不過這沒有多大用處，因為還是不知道地球與太陽的距離在一年之中的變化；唯有知道這距離，才能確認地球軌道真正的形狀和運行方式。

　　克卜勒找到一個巧妙的方法擺脫困境。首先，從觀測太陽得知，在一年的不同時間裡，太陽對於恆星背景的視路徑會有不同的速度，但是在天文年的同一點上，該項運動的角速度永遠相同。也就是說，當指向相同區域的恆星時，太陽—地球連線的運轉角速度也總是相同。這樣就可合理假設地球軌道是封閉的，每年地球都在軌道上做相同的運轉，這並不是理所當然，或「先驗」（a priori）的。對於哥白尼體系的追隨者而言，幾乎可以肯定其他行星的軌道也具有同樣性質。

　　這無疑讓事情變得簡單一些。但如何確定地球軌道的真正形狀呢？想像在軌道面的某處，有一盞明亮的燈M，若是這盞燈永遠保持相同的位置，就可成為地球軌道進行三角測量的一個定點，地球上的人們每年任何時候都可以看見該點。假設這盞燈M距離太陽比地球距離太陽更遠，借助這盞燈就得以確定地球的軌道，方法如下：

　　首先，每年總會有一個時刻，地球E恰好在太陽S和燈M的連線上。如果此時從地球E看燈M，我們的視線就會與SM（太

陽—燈）重疊。現在將M在天空中的位置記下來，再設想地球在不同的時間與不同的位置上，既然從地球可以看到太陽S與燈M，那麼三角形SEM中的E角便可得知。而直接觀察太陽，也知道SE相對於恆星的方向，SM相對於恆星的固定方向先前也一併確認了。在三角形SEM中，我們也知道S的角度，因此可在一張紙上隨意畫下底邊SM，因為我們知道E和S的角度，便可以畫出三角形SEM。在一年之中可以重複進行多次，每次在紙上畫出地球E之於固定底邊SM的位置，旁邊標註日期，那麼便可確認地球的軌道，當然還說不出絕對大小。

　　不過，有人會問道克卜勒去哪裡找這盞燈M呢？他的天才，以及在此顯得仁慈無比的大自然，讓他找到這盞明燈。他注意到，火星年（即火星繞太陽一圈的周期）的長短是已知的。在某個時刻，太陽、地球和火星會非常接近排成一直線，由於火星在封閉的軌道上運轉，一個火星年後它會回到軌道上的這一點，兩個火星年後亦然，依此類推。因此，在這些特定的時刻，SM永遠是固定的底邊，而地球總是在軌道的不同點上，所以在這些時刻觀察太陽和火星，便可決定地球真正的軌道，那時火星就扮演著我們想像中的燈。就這樣，克卜勒發現地球軌道的真正形狀與運轉方式，而我們這些歐洲人、德國人以及我故鄉的史瓦本人等，都非常尊崇欽佩他。

　　既然實際確認地球軌道了，也知道SE直線在任何時刻的真正位置與長度，對克卜勒來說，便不太難計算其他行星的軌道和運動了，至少原則大抵如此。不過，這項工程還是很浩大，尤其是當時數學仍然不甚發達。

　　現在談到克卜勒人生中第二項同等艱鉅的工作。他現在已知行星運行的軌道，於是試圖從數據中推導出運動定律。首先，必須猜測軌道曲線的數學性質，然後用許多已知的圖形去嘗試描述，若是不對的話，就必須再提出另一項假設，然後再測試。經過無數次的嘗試後，他發現軌道是橢圓，而太陽則位於兩個焦點之一。克卜勒也發現支配公轉角速度變化的法則，即太陽—行星直線在同一時間內掃過的面積相等。最後他也發現，行星繞太陽公轉的周期平方，與橢圓長徑的立方成正比。

　　當我們讚嘆此人無比的聰明才智時，另一種崇敬之感會油然而生，不過對象不是某個人，而是孕育我們那神秘和諧的大自然。古人已經想出一些圖形曲線，呈現出想像得到最簡單的規律形式。在這些圖形中，最簡單、重要的是直線和圓，除此之外便是橢圓和雙曲線了。而我們現在知道天體軌道居然是幾近完美的橢圓和雙曲線！看來，或許在現實中找到對應的事物前，人類心智應該先獨立將形式建構出來。克卜勒的驚人成就，彰顯了一項真理：知識無法單獨由經驗而生，必須比較人類思考造物與觀察到的事實才能得到。

110 馬克士威對物理真實觀念演化的影響

紀念馬克士威百歲冥誕紀念文，一九三一年發表於《馬克士威紀念文存》，劍橋大學出版社出版。

　　外在的世界獨立於感官之外而存在，這個信念是所有自然科

學的基礎。然而，感官能間接提供外在世界或是「物理真實」的信息，我們只能用臆測推論的方式掌握後者。因此，我們對物理真實的想法永遠不會是最終確定的，必須隨時準備改變觀念，也就是物理的公理基礎，才能以最符合邏輯的方式完善處理感官事實。的確，從物理學的發展，就可以看見物理學已經歷深遠的改變。

自從牛頓奠定理論物理學的基礎之後，物理學公理基礎的最大變革（也就是我們對真實結構的概念），是由法拉第和馬克士威在電磁現象研究上帶來的成果。在下文中，我們會同時看早期與晚期的發現來加以說明。

根據牛頓的體系，物理真實是由空間、時間、質點的和作用力（質點的交互作用）等概念為表徵。就牛頓的觀點，物理事件是質點在空間中受定律支配的運動。質點位置是唯一隨時間改變的數值，從這樣看，質點是表現物理實體的唯一形式。質點概念顯然是從物體而來，人們將質點想成類似於運動中的物體，但除去延展性、形狀、空間方位以及「內在」特質等特徵，只保留慣性、移動，再加上作用力的概念。物體曾引導我們在心理上形成「質點」的概念，現在物體卻反而被視為由許多質點組成的質點系。應當注意，這說法本質上是原子化約論與機械論的，一切純粹以機械的方式解釋，也就是說，完全解釋成遵守牛頓運動定律的質點運動。

這個理論體系最令人不滿意之處有二。其一為我常提到的「絕對空間」所牽涉的問題；其二就在它對於光的描述。在牛頓的體系中，光也被視為由質點組成的。那麼，當光被吸收的時

候，組成光的質點會變成什麼呢？這個問題在當時就已經極待解決了，若把「物質」和「光」分開來討論，就是假定有兩種不同的質點存在，也讓人無法滿意；之後又再加入帶電荷的粒子，成為第三種特性完全不同的質點。另外，決定事件的交互作用力完全是任意假定而成，也是一項根本的弱點。這就是為何雖然牛頓對於「真實」的概念有重大成就，物理學家還是覺得非得加以改進不可。

　　牛頓為了要用數學形式來表述理論，發明了微分概念，並以全微分方程式來訂立運動定律，這也許是個人對人類思想進步做出最偉大的貢獻。雖然就此目的而言，偏微分方程式不是必要的，牛頓也沒有做任何系統性的運用，但是對於可變形物體的力學表述它卻是必要的，這是因為在這些問題中，物體「如何」由質點組成的問題，被暫時擱置不談。

　　因此，偏微分方程式在進入理論物理學時只扮演陪襯角色，但是爾後逐漸升格為主角。一切開始於十九世紀，那時候觀察到的諸多光學現象促使波動論因應而生，真空中的光解釋成以太的振盪，當然，在那個時期很自然將以太視為質點的凝聚體。此時，偏微分方程式首度被當成是物理基礎真實的自然表示，在理論物理某分支當中，連續場與質點同時被視為物理真實的代表。這種二元論保留至今，對於追求規範的人來說必然感到困擾難安。

　　在當時，即使物理真實的想法不再是純粹的原子論，仍保持純粹的機械論。換句話說，人們仍然試圖用惰性物質的運動來解釋一切現象，的確當時似乎也想不到其他方法看待事物了。接著

偉大的革命來到，永遠與法拉第、馬克士威與赫茲等人的名字相連在一起。其中，最偉大的貢獻來自於馬克士威，他發現當時所有已知光與電的現象，都可以用他著名的微分方程組來表示，其中電場和磁場為雙變數。

的確，馬克士威曾試圖以理性建構的機械論模型，來解釋或證明這些方程式。但是，他同時採用幾種模型建構，並沒有特別認真看待其中一種，所以這些方程式等於被當成是根本的成分；於是場是最終的實體，不能再化約為其他東西。十九世紀末廿世紀初，電磁場已經普遍被視為最終實體，而且嚴謹的思考家已經不再相信，馬克士威方程式能有令人滿意的機械論解釋。不久後，他們反倒試圖借助馬克士威的理論，以場論解釋質點與慣性，雖然並未完全成功。

撇開馬克士威在其他物理分支的重要結果不談，只關注他為物理真實本質的概念所帶來的變革，可以這麼說：在馬克士威之前，人們以為物理真實（指自然中的事件）是質點，質點的變化完全是由遵守全微分方程式的運動而成；在馬克士威以後，人們認為物理真實是由連續的場為代表，遵守偏微分方程式，不能以機械論做解釋。這種真實概念的變革，是自牛頓之後最深奧豐碩的改變，但是同時必須承認，這項工程遠未完全實現。以後發展成功的物理系統，應是兩大原則的折衷，正因如此，此時的理論仍有過渡、邏輯不完備的特性，儘管在某些方面已有長足進步。

在這些體系中，首先要提到的是洛倫茲的電子論，其中場和帶電粒子一起被視為物理真實的組成元素。後來出現了狹義和廣義相對論，雖然完全是根據場論相關的觀念而來，但是到目前為

止，還無法避免獨立引進質點和全微分方程式。

　　為了簡便起見，我們將上述兩大原則稱為牛頓原則與馬克士威原則，而理論物理最新與最成功的產物量子理論，具有根本上的不同。因為量子理論中出現的各種「物理量」，並不是描述物理真實的本身，而是描述觀察到的物理真實出現的機率。依我之見，將量子的邏輯性講得最好的首推狄拉克。他正確地指出，光的量子力學描述可能無法提供足夠資訊來決定某光子是否會通過斜置的偏振鏡。

　　我傾向於認為，物理學家終究不會滿足於這種對真實的間接描述，即使最後量子理論能夠以滿意的方式吻合廣義相對論的假設。我相信，到頭來我們必定會回到馬克士威原則，也就是用滿足偏微分方程式而不帶有奇點的場，來描述物理真實。

111　理論物理學的方法

一九三三年六月十日於英國牛津大學斯賓塞講座講課，收錄於一九三四年《我的世界觀》。

　　若是想要找出物理學家到底使用哪些方法，我會建議嚴格遵守一項原則：莫聽其言，但觀其行。對於這個領域的發現者來說，這些想像力的產物是必然、並且自然的。他視自己這些產物為真實的存在，而非只是思維的產物，也希望別人如是看待他的理論。

　　這段話聽起來好像是要請大家現在就可以離開講堂。你們可

能會心想，這個人是真正在做研究的物理學家，他應該將所有理論科學的結構問題，留給認識論哲學家來研究才對。

針對這種批評，我原可簡單地站在個人立場上為自己辯護，向大家保證我絕非是自己要來的，而是應別人誠摯的要求，才登上這個紀念終生為統一知識而奮鬥的人所設立的講席。然而客觀上，我站在這裡是具有正當理由的：對於一位窮盡畢生精力，試圖釐清並奠定本門科學根基的人，大家去了解他如何看待自己的學門，或許是一件有意義的事情。我對於這門學科過去與現在的看法，可能受自己對於未來期許與當前目標所影響；不過，這對於思想家來說，應當是不可避免的命運。相同的情況也發生在歷史學家身上，歷史學家會下意識將實際發生的事件，根據自己對於人類社會所形成的理念來進行分類整理。

現在，讓我們把目光放在理論系統的發展上，特別是注意理論內容和實際經驗整合之間的關係。我們關切的是，在這個研究學門裡不可分開的「經驗知識」和「理性知識」兩者之間的永恆對立。

我們推崇古希臘是西方科學的搖籃。歐幾里得的幾何學首度讓世人見證邏輯系統的奇蹟，可以逐步精準推敲，每個命題都絕對無可質疑。理性推理這份令人激賞的勝利，帶給人類對理智的信心，對於日後的成就不可或缺。如果年少的你不曾對歐氏幾何癡心著迷，那麼你便不是天生的科學思考家。

但是，在人類成熟到可以擁有涵蓋整個真實世界的科學之前，需要第二種基本真理：經驗。一直到克卜勒和伽利略出現後，哲學家才對這一點達成共識。純粹的邏輯思考無法為我們帶

來實際經驗世界的知識，一切有關真實的知識從經驗開始，從經驗結束。用純粹邏輯手段獲得的命題，對於真實世界來說完全是空洞的。伽利略看到這點，更因為將這點灌輸給科學世界，成為了現代物理學之父，同時也是現代科學之父。

那麼，如果經驗是關於真實世界知識的起點和終點，純粹理性在科學中的作用又是如何呢？

理論物理學的完整體系是由概念、符合這些概念的基本定律，以及用邏輯推理得到的結論，三者所構成。而這些結論，必須與我們各個特定的經驗相符合，在任何理論論述中，導出結論的邏輯推演幾乎占據了全部篇幅。

在歐幾里得的幾何學中，情況正是如此，除了將基本定律稱為公設，也沒有結論必須符合經驗的問題。然而，若不把歐幾里得幾何學抽象化，而將它當成是實際剛體在空間裡相對關係的學問，也就是當成一門物理科學來處理，那麼幾何學和理論物理學在邏輯上的同質性就完滿無缺了。

於是，純粹理性和經驗在理論物理學系統中的位置就很清楚了。物理系統的結構是理性的產物，而經驗內容和相互關係必須在理論的結論中表示出來。而整套體系的價值和理由，完全仰賴它是否與經驗相符，尤其是作為理論基礎的概念和基本原則必須符合經驗才行。此外，這些概念和原則都是人類智慧的自由產物，必須與實驗比較才知真偽，無法以智慧的本質或者任何先驗的方式來加以證明。

這些無法在邏輯上進一步簡化的基本概念和假設，構成理論的根本部分，這是經驗的範疇，並非理性演繹所能撼動。所有理

論追求的崇高目標，在於使這些不能簡化的元素盡可能簡單，並且數目越少越好，同時不必放棄對任何經驗內容的忠實表述。

我剛才提出科學理論基礎具有純粹臆測的成分，這觀點在十八世紀和十九世紀絕非流行。但是，這種觀點目前卻持續發酵，原因是物理學家愈加簡化邏輯結構（也就是減少獨立公設的數量），就愈是增加基本觀念與可印證結論之間的鴻溝。牛頓首創一套全面的理論物理系統，他依舊相信這套系統的基本概念和法則能夠從經驗推導而出，這無疑就是他說「我不做假設」（hypotheses non fingo）的含義了。

的確，那時候時間和空間的概念看起來是沒有問題的。質量、慣性、作用力等概念以及連結的法則，似乎也可以從經驗中直接導出。一旦接受了這個基礎，似乎就可以從經驗推導出重力表述，而且也可合理期待其他作用力也相同。

我們確實可以從牛頓對其系統的表述中看出，包含「絕對靜止」概念的絕對空間概念使他感到不安；他了解到，在經驗中似乎找不到絕對靜止這概念的實現。對於引進遠距作用力，他也感到相當不安。但是，他的學說在實際上大獲成功，他與十八世紀和十九世紀的物理學家都沒有想到，其系統基礎其實具有臆測的特性。

相反地，那時的自然哲學家大多數都抱持一種想法，認為物理學的基本概念和假設在邏輯意義上並非人類心智的自由發明，而是可以藉由把經驗「抽象化」（用邏輯方法）推導出來。只有等到廣義相對論出現，人們才清楚認識到這種見解的錯誤。廣義相對論顯示，物理學家可以在完全不同於牛頓的基礎上，以更加

完滿的方式來描述適用範圍更廣的經驗事實。但是，這例子重點在於闡明了基本原則的臆測性質，反而不在於哪項原則比較優越。因為我們用兩套在本質上不同、但是大致上都與經驗符合的原則作為理論出發點；這證明了任何嘗試從基本經驗依邏輯推導出力學概念和基礎的努力，注定會失敗。

　　如果理論物理學的公理基礎無法直接從經驗中抽取出來，而必須是自由發明，那麼到底有沒有希望找到正確的道路呢？難道這一切都只是我們的幻想？我們能不能找到像古典力學一般，雖追根究柢未必完全成立，但至少符合所有自然經驗？我會毫不猶疑地回答說，我認為確實有一條正確的道路存在，而且我們有能力找到。迄今，經驗讓我們有理由相信，自然是可想見最簡單數學觀念的具體展現。我堅信，能夠用純粹數學建構的手段，發現概念與連通概念之間的法則，進而打造了解自然現象的鎖鑰。經驗可以啟發我們找到合適的數學概念，但是卻無法從經驗中推導出來。當然，經驗仍然是數學建構是否具有物理效用的唯一標準，但是這種創造的原則卻存在於數學之中，因此，某種意義上我認為純粹思維真的能掌握真實，一如古人所願。

　　為了闡明這項信念，我不得不利用一項數學概念。物理世界是由四維連續體表示，若假定其中有一種黎曼度規，並尋求這種度規可以滿足哪些最簡單的定律，則我們得到的是真空中的重力相對論。如果在該空間裡，假定可以推演出一個向量場或反對稱張量場，並探求這種場能夠滿足哪些最簡單的定律，得到的是真空中的馬克士威方程式。

　　至此，理論仍未能描述空間中電荷密度不為零的區域。德布

洛伊曾推測有一種波場的存在，可解釋物質的某些量子特性。狄拉克發現旋量是一種新的場量，它滿足的最簡單方程式能夠使人大致推導出電子的特性。隨後我與同事邁爾博士發現，這些旋量形成一種新場的特例，在數學上與四維體系相關，我們稱之為「半向量」。這種半向量可以滿足的最簡單方程式，打造了讓我們了解兩種基本粒子存在的鎖鑰，這兩種基本粒子具有不同的質量，以及等量但相反的電荷。除了一般的向量之外，這些半向量是四維度規連續體裡最簡單的數學場，似乎能以自然的方式描述帶電粒子的某些根本性質。

　　我們要觀察的重點在於，這些結構與相關的法則都能從尋求數學上最簡單的概念與之間的連結而得到。數學上有哪些簡單場的類型，以及之間可能存在哪些簡單的方程式，兩者數目之有限，正是理論家得以深刻掌握「真實」的希望所繫。

　　同時，這種場理論的重大障礙在於物質與能量的原子結構。因為，僅就這種理論使用空間的連續函數來說，基本上就是非原子的，這與古典力學相反，古典力學最重要的元素就是質點，本身就已清楚點出物質的原子結構。

　　在現代量子理論中，與德布洛伊、薛丁格以及狄拉克等名字相連的形式，是以連續函數為主，用一種大膽的解釋克服了這些困難。首先是由波恩提出明確的形式，根據他的解釋，方程式中出現的空間函數，並不是原子結構的數學模型。這些函數只是在特定點或某種運動狀態中進行測量時，決定找到物理態的數學機率。這種想法在邏輯上無可非議，並獲得重大的成就。不過，這讓人們不得不使用一個「連續體」，其維數不是物理學家迄今給

空間的四維數，而是會隨著組成系統的粒子數目無限增加。我必須承認，我認為這項解釋只是暫時具有重要性。我仍然相信可能存在真實的模型，也就是相信有理論代表事物本身，而非只是發生的機率。

另一方面，我認為我們必須放棄理論模型中粒子的局部性。對我來說，這似乎是海森堡測不準原理的最終結果，我完全可以想像一個名符其實的完整原子理論，不賦予粒子特定的局部位置。例如，為了說明電荷的量子特徵，場方程只需要導出以下結論：邊界處處電荷密度為零的任意三維空間區域，永遠包含整數大小的總電荷。在連續體理論中，原子特徵可由積分定律完滿表示，無須確定組成原子結構實體的位置。

等到原子結構以這種方式成功表示之後，我才會認為量子之謎算是解決了。

112　空間、以太以及場論的物理學

收錄於一九三四年《我的世界觀》。

科學概念是前科學日常生活概念的延伸。由於空間的概念已經深植人心，我們在分析它之前必須先檢視人們對空間的概念。一般來說，概念有兩個重要的方面。首先是邏輯分析。從概念引向結論的過程中，邏輯是不可或缺的。數學與邏輯的確定性，也讓我們站在很堅實的基礎上。然而，只強調這一點，會犧牲了重要的物理內容。因為唯有概念與經驗連結，才會有意義，即使其

連結有時候只是間接的。邏輯分析卻不可能告訴我們這些連結，而只有經驗才可。這連結決定了概念系統在認知上的價值。

　　舉例來說，假設未來的考古學家發現了一本歐幾里得幾何學的教科書，卻沒有任何附圖。他會看見「點」、「直線」、「平面」這些字，怎麼出現在定理當中。他也能夠了解，後來的定理是怎麼根據前者推導而出。不過，這些定理對他來說仍然是一些空洞的文字遊戲，因為對他來說，點、直線、平面等，沒有任何意義。在了解這些物體代表的意義之前，幾何學對他來說不是真實的。這種空洞感也適用於解析力學，以及其他所有根據邏輯演繹的科學分支。

　　要如何賦予「直線」、「點」、「交點」真實意義呢？這些詞彙必須與經驗相連結才行。這個超乎邏輯的問題，正是自然幾何學的課題，而這位考古學家，只有直觀地把他自己的經驗與文字做比對，才能了解理論與公設的意義。如此一來，我們才能接著討論概念系統的本質。

　　對於日常概念，我們和這位考古學家一樣，面臨本體論的問題。我們往往已經忘記了這些觀念是如何從經驗而來。要徹底訴諸經驗，而不受古老的概念詮釋所羈絆，更是困難重重。更何況，我們受使用的語言所限制，不得不用和原始概念糾纏不清的詞彙來描述事件。這樣我們很難描述日常、非科學概念中的空間究竟是什麼。

　　在正式討論空間的問題之前，我要繼續再對概念做個一般評論。概念是由經驗而生，但卻無法從經驗直接邏輯演繹而來。因此，我從來就不了解康德式對於先驗的追求。對於所有本體論的

課題，我們都只能從複雜的經驗當中擷取特定概念的特徵。

現在我們回到空間的概念：這似乎源自於固體的概念。其他學者對於固體這個概念所牽涉的複雜經驗、感官印象的本質已經多有著墨。固體的特徵在於它視覺與觸覺印象的恆常性，以及這些印象的可重複性（摸、看）。一旦根據經驗而形成了固體的概念，為了探討固體之間的關係，就會引申出空間的概念。兩個固體可以碰觸，也可以分開。兩個分隔開來的物體之間可以再放入第三個物體，而兩個互相碰觸的物體之間則不可。這些空間觀念，顯然和物體本身一樣真實。若兩個固體，都恰能插入這個間距當中，則它們與其他間距的關係也一定等價。這個間隔的長度，與中間放的是什麼物體無關。而所有空間關係，都有這種廣泛成立的特性。就是因為這種放諸四海皆準的性質，純粹幾何學的抽象探討才會變得有實用性，不過這卻未必是先驗的。我認為，間距無關乎物體選擇，正是空間概念的出發點。

從感官經驗的觀點出發，空間概念的發展似乎遵循以下順序：固體→固體之間的空間關係→間距→空間。這樣看來，空間似乎和固體一樣具有真實性。

顯然，真實空間的概念在科學領域之外已經存在。歐幾里得的數學，卻不訴諸這種概念。歐氏幾何學僅限於討論幾何物體，以及它們之間的關係。「點」、「平面」、「直線」、「線段」都是理想化的幾何物體。空間這個連續體本身在這個概念系統中並無立足之地。直到笛卡兒用坐標來表達空間中的一點，才進入了空間的概念。於是無限空間被視為三維連續體，而幾何物體存在於這個連續體中。

　　笛卡兒作法的卓越之處，不僅僅在於它讓我們可以利用解析方法來解決幾何問題。更重要的一點在於，占希臘人把一些幾何物體如直線、平面置於特殊地位，而其他的物體（橢圓）則必須透過先前的這些特殊物體才能描述建構。而在笛卡兒幾何學中，所有的曲面都位於相同地位，而不需要仰賴特別的線形結構來建造。

　　若把幾何視為統轄固體在空間中相對關係的科學領域，則它可以被視為是最老的物理學。如我先前所說，幾何科學可以採用笛卡兒的定義，把空間視為獨立於點、線段、平面等理想化物體之外而存在。而我們知道，空間本身的存在絕對是牛頓力學的基石之一。單靠質點，以及它們之間的距離與時間的關係，是無從建立動力學的。在牛頓運動定律中，加速度具有基本重要的地位，而加速度必須相對於絕對空間才能定義，而不能單靠兩個質點的距離。空間的概念當中，必須加入「空間可用來定義慣性」這一條。無疑地，因為空間這種真實的意義，牛頓才把空間看成絕對空間。此外，慣性在這種定義之下是獨立自主的，不受其他物理環境所影響。慣性影響質量，但本身不受任何影響。

　　不過牛頓之後的物理學家，仍然把空間看成被動的：它是物理事件的背景，本身不參加物理作用。這種看法，直到最近在光的波動理論以及馬克士威、法拉第電磁場理論方面的進展，才出現改變。人們發現，空間中存在著場，能夠對電荷或磁極施力，也可以用波動形式傳遞。對於十九世紀物理學家來說，空間本身有物理作用和狀態是不可思議的事，於是他們從物質連續體得到靈感，發明了一種充滿整個空間的介質：以太。在他們想像中，

以太是包括光在內電磁現象的載體。一開始，他們把場看成以太的「狀態」，有點像是固體的機械形變。然而這種以太的機械理論一直無法成功，所以人們最後放棄賦予以太理論更詳細的解釋。於是，以太被視為充滿整個空間，粒子和原子漂浮於中，而它本身除了作為電場的背景之外，基本性質無法進一步分析。而原子的性質，卻在二十世紀初已經基本上確立。

由於物體的交互作用應該由場所造成，以太當中應該也要有重力場，不過重力場定律的確切形式在二十世紀初卻還不完備。運動中的電荷會產生磁場，而磁場的能量被用來解釋慣性，因此慣性也可視為以太中的局部場作用。

以太的機械性質本來是個謎。後來，洛倫茲有個大發現：當時所有已知的電磁現象可由兩個假設來解釋！以太在空間中靜止不動，而電力則緊緊地附著於運動中的基本粒子上。用我們現在的話來說，他發現物理空間和以太只是同一個東西的兩個不同名字，而場則是空間的物理狀態。既然以太不能相對空間而運動，則我們似乎只要空間就可以了，而完全不需要以太。但是當時物理學家仍然無法這般思考，空間對他們來說，仍然是恆久、均勻、不會改變的東西。只有像黎曼這種不世出的天才，在十九世紀中就已經發展出空間的新概念。黎曼空間是可以扭曲的，而且可以參與物理現象。這個智力上的成就，實在令人景仰，更何況黎曼幾何學的發展還在法拉第和馬克士威電磁學之前！後來，狹義相對論把所有慣性系統視為等價。空間與時間不再能分離，並與電動力學（光的傳遞）完全結合。在此之前，時空四維連續體一向被獨立地分割為空間與時間，也就是說，「現在」對全世界

都適用。相對論發現「同時」是相對的之後，時空融合為完整的連續體，就像空間的三個維度一般不能分離。物理空間，於是被推廣為四維時空。狹義相對論的四維時空，就像牛頓的空間一樣絕對而頑固。

　　狹義相對論充分展現了現代理論科學發展的本質與特色。現代理論的假設，看似越來越抽象，與經驗越來越遠。然而，科學的終極目標是以最少的假設經由邏輯演繹推導出所有觀測到的現象。這樣看來，現代理論科學與相對論和這個目標越來越接近。由於實驗上沒有辦法直接檢驗抽象的假設，理論物理學家越來越仰賴純數學與公式化的推導，而且演繹的過程變得越來越冗長與困難。過去歸納的方法，漸漸被複雜的推導所取代。而理論結構與方程組必須徹底解出，才能得到能夠與經驗對比的預測與結論。當然，實驗與觀測是無上的決定者。不過，在靠著數學推導來跨越理論假設與觀測現象中的巨大鴻溝之後，實驗才能夠宣告對錯。有時候，在英雄式的努力之後，物理學家必須面對理論被推翻的殘酷現實。因此，對於從事這項工作的人，我們不應冠上「狂想家」的標記，而應給予支持鼓勵，因為除此之外別無它法。理論家並不是在做白日夢，而是在尋找邏輯上最簡單的可能性以及其結論。我希望讀者和聽者能多聽聽理論家的思考過程。從狹義相對論到廣義相對論，以及最近統一場論的進展，就是遵循這個過程。而數學符號與方程式，是這個過程中必要的工具。

　　我們從狹義相對論談起。這理論是直接從光速恆定這個經驗律而來。P為空間中的一點，而P'為無限鄰近的一點，兩者距離為dσ。假設於t時從P點發出的光線在t+dt時抵達P'點，則

$$d\sigma^2 = c^2 dt^2$$

如果 dx_1、dx_2、dx_3 是 $d\sigma$ 的垂直投影，而且我們定義虛數時間坐標 $\sqrt{-1}ct = x_4$，則前文所謂光速恆定律可以下式表示：

$$ds^2 = dx_1^2 + dx_2^2 + dx_3^2 + dx_4^2 = 0$$

由於這個公式描述的是真實的狀況，我們可以賦予 ds 物理意義，只要這兩點在四維連續體當中距離不為零。我們也可以說，狹義相對論在四維時空中具有歐幾里得度規（只要定義虛數時間坐標）。

我們為什麼說它是歐氏呢？這是因為這度規在三維連續體當中，與歐氏幾何學的公設完全等價。度規的定義方程式，不外乎是微分形式的畢達哥拉斯定理而已。

狹義相對論所容許的坐標變換，必須讓新坐標微分量平方和仍然等於 ds^2 這個量值（不變量，invariant）。這種轉換稱為洛倫茲轉換。

狹義相對論可以簡述如下：自然律的方程式，必須在洛倫茲轉換下維持形式不變（在洛倫茲轉換下「協變」）。

這導致動量與能量的結合，電場與磁場強度的結合，靜電力與電動力學的結合，靜質量與能量的結合。換句話說，物理基本方程式以及獨立概念的數量也因合併而減少。

這種方法極其成功而且影響深遠。下一個問題是，自然律只有在洛倫茲轉換下才維持協變嗎？那其他形式的坐標轉換呢？首先，這個問題這麼問並沒有意義，因為所有方程式系統都可以用

廣義坐標來重寫。我們應該用另外一個方式來問這個問題：自然律的方程式，是不是要求所有坐標系都等價，而不會讓其中一特定坐標系中的公式特別簡化？

對此我們只簡略地說，慣性與重力質量相等這個經驗律，讓我們知道這個問題的答案是肯定的。如果我們把所有坐標系統的等價性提升為自然律，我們就會得到廣義相對論。唯一的條件是，光速的恆定必須納入理論中，也就是說，無限小的四維線段要具備上文歐氏度規的形式。

這也代表著在有限大小（具有物理意義）的空間區域，將採黎曼廣義度規的形式：

$$ds^2 = \sum_{\mu\nu} g_{\mu\nu} \, dx_\mu \, dx_\nu$$

其中所有的 $\mu\nu$ 標記組合都將從（1，1）、至（4，4）取和。

這種空間的結構與歐氏空間在某方面具有顯著差異。度規係數 $g_{\mu\nu}$ 是坐標 x_1 到 x_4 的任意函數，而決定了這些 $g_{\mu\nu}$ 函數才能決定空間的結構。我們也可以這麼說，空間的結構不是天生的，只有寫下度規函數 $g_{\mu\nu}$ 所滿足的自然律，才能得以定義。從物理的角度來看，度規場就是重力場。

既然重力場由質量分布決定，空間的集合結構也由物理決定。因此正如黎曼所猜想的，空間結構不再是絕對的，而會受物理所影響。幾何學與自然結合，而不再如歐幾里得純幾何學遺世而獨立。

了解到這一點，重力的問題就變成數學問題了：我們要找到最簡單的基本方程式，在任意坐標轉換中維持協變。這是個定義

非常清楚，可以完全解決的問題。

　　在此，我對於廣義相對論的實驗證實就不再多說。我要指出，理論家不應因此而自我滿足。重力的確是由空間的結構而導出，然而除了重力場之外還有電磁場的存在。現在的作法，是把電磁場視為獨立於重力場之外的成分。把基本場方程式另外加上電磁作用的項。然而同時存在互不相干的兩個結構：根據度規的重力場，以及額外的電磁交互作用—這對於理論家來說無法忍受。我們相信，這兩種場應該由統一的空間結構而生。

113　簡述廣義相對論的起源

收錄於一九三四年《我的世界觀》。

　　很高興在這裡向大家介紹我科學工作的發展史。接受邀稿，不代表我覺得自己的研究有什麼太了不起，而是因為要寫自己的思路歷程，比專業歷史學家重建他人的思考發展還要容易。由我介紹廣義相對論的發展，比讓他人介紹簡單得太多，因此我不應該因為謙遜而推辭。

　　在狹義相對論中（一九〇五年），我明瞭到所有慣性系統中自然律的形式皆等價，於是一個很自然的問題是，是否有更廣義的坐標系統等價原理？換句話說，如果速度這個概念只是相對的，為什麼我們還把加速度當作絕對的呢？

　　從運動學的角度，我們當然只能定義相對運動。然而，從物理的角度，慣性系統似乎仍占有特別地位，而任意定義的廣義坐

標，與慣性系統相比會顯得造作不自然。

　　我當然很熟悉馬赫的觀點。他認為，慣性所抗拒的運動，並不是絕對的加速度，而是相對於世間其他所有物質的加速度。雖然我十分欣賞這個觀點，然而它和新的理論仍有段距離。

　　我試圖把重力理論納入狹義相對論的架構，於是出現了一道曙光。和當時多數物理學家一樣，我採用的是重力的場理論，因為既然已經放棄了絕對的「同時性」，超距直接作用力也已經不可能存在。

　　當然，最簡單的方法是保存拉普拉斯純量重力位能，然後在泊松方程式中，引進一時間微分項，以試圖滿足狹義相對論。質點在重力場中的運動律，也必須根據狹義相對論修正。由於能量也具有慣性，物體的慣性質量會受重力位能影響，因此正確處理的作法仍有問題。

　　這些早期的研究，讓我起了一些疑慮。根據古典力學，在垂直重力場中的物體，其垂直加速度與水平速度分量無關。也就是說，重力場中力學系統之垂直加速度與內動能無關。然而，在我得到的理論中落體加速度卻與水平速度和系統內能有關。

　　然而，幾百年來的實驗告訴我們，重力場中的自由落體皆具有同樣的加速度。我於是必須正視這個自然律，也就是慣性質量與重力質量的等價。對於它的存在，我感到極度的訝異，並猜想這就是更進一步了解慣性與重力的關鍵。我不懷疑它的絕對正確性，雖然我當時並不知道厄特佛斯在實驗上的重大成就（如果沒記錯的話，我在日後才讀到厄特佛斯的研究）。於是，我放棄把重力場加入狹義相對論的架構，因為這顯然違反重力交互作用最

基本的性質。於是，我把慣性、重力質量的等價性清楚地重新敘述如下：在均勻重力場中的所有運動，都與無重力場但進行等加速度運動坐標系完全相同。如果此原理對所有交互作用都成立（也就是滿足所謂「等效原理」），代表相對性原理可以推廣到相對加速運動的坐標系統上，如此一來才有希望得到合理的重力場理論。從一九〇八年到一九一一年中，我不停思索，試圖從中推出特定結論，在此我不多說。重要的是，合理的重力場理論只有在推廣相對性原理才能獲得。

換句話說，我們必須找到在非線性坐標轉換下，還能保有原來形式的自然律。不過，當時我不知道這對任意（連續）坐標轉換是否會成立，還是仍然有所限制。

我很快發現，遵照等效原理而納入非線性轉換，無可避免的會讓坐標本身的物理詮釋出現致命困難。我們不再能夠把坐標的差值，解釋為理想尺規時鐘所能直接測量的量值。對於這一點我大感不安，花了很多時間反思坐標在物理中究竟有何意義。一直到一九一二年，我才恍然大悟，依下列方法解決了這個問題：

我們要找的是一個新的慣性自然律，在沒有「真正」的重力場、並採用慣性系統作為坐標系統的情形下，會簡化成伽利略的慣性定理。而伽利略的慣性原理用現代的語言來說，就是：不受外力的質點在四維時空的軌跡是直線。所謂直線，乃是兩點之間最近的距離，也就是極值線（測地線）。這個觀念為線段長度的定義（也就是「度規」）奠定基礎。閔可夫斯基發現，狹義相對論中的度規是似歐幾里得式，也就是線段單元長度 ds 的平方是坐標微分的平方齊次函數。

　　若新坐標是由非線性轉換定義，則 ds^2 仍然是坐標微分的齊次方程式，但是係數（$g_{\mu\nu}$）不再是常數，而是坐標的函數。從數學上來說，這代表四維物理空間具有黎曼度規。新的運動定律要求，只受重力場作用的質點，其軌跡會遵循一條類時的極值線。選定了坐標系統，度規函數 $g_{\mu\nu}$ 就完全確定重力場。用此數學工具，等效原理可以推廣到不均勻、任意質量分布所形成的重力場上。

　　於是先前所說的困難可以如下解決：坐標的微分本身不再重要，它必須與黎曼度規結合才有物理意義。這成為廣義相對論的合理基礎。然而，還有兩個問題：

一、在狹義相對論架構下的場論，如何轉換到黎曼度規？

二、黎曼度規（$g_{\mu\nu}$）本身，應該滿足什麼樣的微分方程式？

　　從一九一二年到一九一四年，我和摯友格羅斯曼一起研究這個問題。我們發現問題一的數學答案已經由李奇與列維—齊維塔所得到。

　　至於第二個問題的答案，顯然與 $g_{\mu\nu}$ 的二階微分不變量有關。我們發現，黎曼所定義的曲率張量可以用在這上面。在廣義相對論發表的兩年前，我們就已經考慮了正確的重力場方程式，但當時我們沒有辦法證明它在物理學的適用性。當時我堅信它與實驗不符，我甚至認為任何採用重力不變量（在任意坐標轉換下）的自然律，必然違反因果律。這種錯誤想法，讓我多花了兩

年的苦工，直到一九一五年我才醒悟，重新回到黎曼曲率，並成功把理論用在天文觀測結果。

　　從結果來看，廣義相對論的最後形式幾乎是必然的，任何聰明的學生都可以充分了解。然而，多年來在暗中摸索、渴求、信心與疲憊的拉鋸，還有獲得最後答案的凱旋，實在不足為外人道。

114 物理與真實

一九三六年三月《富蘭克林研究院學報》，二一一卷三期。

一、科學方法概論

　　人們常說科學家是很差勁的哲學家，這種說法不是沒有道理。那麼，物理學家是不是乾脆把哲學思考留給哲學家就好了？我並不同意。當物理的基本概念已經很成熟、無庸置疑之時，或許可以這麼做。然而，當今物理學的基礎本身問題重重，經驗迫使人們尋找更堅實的根基，在這種狀況下，物理學家不能把重要的理論思考留給哲學家，因為穿著鞋子的人自己最清楚哪裡不合腳。在尋找新的根基之時，物理學家必須清楚知道他所使用的觀念，有哪些是合理、必要的。

　　所有科學領域，皆是日常概念的彙整。因此，物理學家也不能局限於物理概念的探討，在此之前他必須詳加檢視日常概念的本質，而這是個更為困難的問題。

我們的心理經驗包含色彩繽紛的感官經驗，以及對它們的記憶、影像與感受。物理學與心理學不同，只關乎非想像的感官經驗，以及對於事件之間連結的「理解」。然而即使是「真實外在世界」這個日常概念，也完全仰賴感官印象而生。

首先我要聲明，感官印象與影像是不能區分的；至少，其界線非常模糊。這個問題影響了「真實」概念，不過我們就不去區分它們，而假設感官經驗的存在。

我認為，「真實外在世界」概念形成的第一步，是基於對於種種「物體」的概念。人們把錯綜複雜的感官經驗中，一系列可重複的感官印象（觸覺、視覺）與他人描述的感官印象合併比較，歸納出「物體」的概念。雖然若沒有整體感官經驗，這概念將沒有意義也不會存在。不過，物體這個概念也並不光是感官經驗的總和，而是人類（或動物）心智的產物。

接下來，我們的心智賦予物體這個概念重要性，獨立於一開始的感官經驗之外。換句話說，我們推論物體具有「真實的存在」。這推論讓我們得以在感官印象錯綜複雜的迷宮中，求得些許方向感。個別的感官經驗，可能受錯覺或幻覺影響，然而物體的概念雖然也是心智的產物，卻享有更大的不變性與真實性。雖然，概念本身與概念之間的關係，包括物體的真實性，甚至真實世界的存在性，最終仍完全由感官經驗的心智連結而產生。

感官經驗的集合，居然可以靠思考整理、秩序化而被理解，著實讓人驚嘆。這裡所謂的「理解」，包括概念的運用、概念之間的功能關係，以及概念與感官經驗的連繫。我們甚至可以說：「宇宙最大的謎，就在於它的可理解性。」康德最大的發現，就

是真實外在世界存在這個信念，完全仰賴自然的可被理解。

　　這裡我所謂的「可理解性」，採用的是最謙虛的定義。這代表：從諸多感官印象整理出秩序，據此建立一般概念，以及概念之間的關係，並為概念與感官經驗建立連繫。從這一點來看，我們所經驗的世界是可以理解的，而這真是一項不可思議的奇蹟！

　　我認為，概念的形成，概念與感官經驗的協調，都不是「先驗」的。孰是孰非，完全由理論是否成功而決定。對此我們必須定下一套準則，定義什麼是成功的理論。我們可以把它想成遊戲規則，即使遊戲規則是武斷任意的，只要大家遵照規定就可以玩下去。而且，沒有所謂的終極規則。在不同的領域，會有不同的規則。康德的終極基本領域，在我看來並不存在。

　　日常基本概念與錯綜複雜的感官經驗之間的連結，是不能以科學邏輯推導得來，而只能直觀理解。科學與空洞的邏輯系統之間的唯一差別，在於科學把所有的概念與經驗連結。藉由這些連結，科學的純粹抽象原理，得以用來描述感官經驗。

　　對於和典型感官經驗直覺連結的概念，我們可稱之為「原始概念」，從物理的觀點來看，所有的其他觀念只有在與原始概念透過定理連結才具有意義。從定理出發，可以藉由邏輯推演導出其他陳述。至於定理本身，有些僅是概念的定義，而有些則用來連接不同的「原始概念」，無法從定義導出。具有第二種性質的定理，可視為「真實的陳述」，也就是要透過與感官經驗比較才能確立的「自然律」。至於哪些定理應該被視為定義，而哪些應該被視為自然律，則多半是約定俗成。除非不同劃分會造成不同的物理結論，否則我們不需硬性規定。

層層疊高的科學系統

科學的目標，一方面在於完整地理解感官經驗之間的連繫，而一方面冀望採用越少原始概念關係越好。換句話說，用最少的邏輯元素達到世界觀的邏輯統一。

科學採用原始概念的整體，也就是直接與感官經驗連結的觀念，並以定理來提供兩者的聯繫。這是科學的第一步，而對我們日常思考來說，這樣已經足夠。然而，對於科學家來說這卻是不夠。因為光光是概念與關係的集合，缺乏邏輯統一性。為了彌補這一點，科學家發明了另一套系統，試圖了解「第一層」的原始概念與關係，也就是試圖用邏輯推導出這些概念與關係。這「第二層」系統雖然具有較高的邏輯統一性，其基本概念卻不再直接與感官經驗連繫。接下來，為了更進一步追求更高度的邏輯統一，人們發展出描述基本概念與關係的數量更少的第三層系統，以便推導出第二層系統中的關係定理。如此下去，我們的理論越來越具有統一性，而邏輯推演採用的基本假設則越來越少，而理論的所有結論仍然滿足感官經驗。我們不知道，這種雄心是否能夠讓我們得到最終理論系統。多數科學家的答案都是否定的。不過，我們仍然不應輕言放棄這個最高目標。

專長抽象理論和演繹法的人，可能會稱不同層的理論具有不同程度的抽象化；但我不願意把概念的邏輯獨立性與感官經驗隔開。兩者一一對應，像是劇院保管區的外套與號碼牌，而不像牛肉與肉湯的關係。

層狀的理論結構還有另外的特性：層與層之間並非完全分

開，甚至哪些概念屬於第一層也不完全清楚。事實上，我們手上的是各種形式的概念，在和感官經驗連接時具有足夠的確定性，對應著確立的結果。重要的是，我們企圖從最少的公設推導出諸多概念與定理。而這些公設的選擇，具有一定程度的自由度。不過科學家也不似小說家可以憑空想像，我們像是在解一個設計精巧的拼字遊戲。我們可以嘗試各種不同的詞彙，但是最後就是要選到一個特定的字，才能豁然開朗解開整個謎題。自然為什麼會是一個有解的拼字遊戲呢？這是一個信念的問題。到目前為止，科學的成功讓我們一再加強這個信念。

　　前面所提的層狀理論結構，代表的是科學家邁向統一的不同里程碑。和最後目標相較，中間的層只有過渡性的功能，最後終將被取代。不過，我們現在的科學理論還未臻完美，不同的理論雖然互相驗證，但有時也互相矛盾。以下章節，會討論這些嚴重的矛盾。

　　以下我要討論的，是人類追尋邏輯統一物理原理的道路。

二、力學，以及只有力學的物理學

　　人類感官經驗是根據時間而排序的。這個重大特性，事實上對所有經驗都成立。這種時序的特性，導致「主觀時間」的概念，以便整理人類的經驗。而主觀時間，透過與物體、空間概念的結合，導致「客觀時間」的概念，我們會在下文討論這個過程。

　　在客觀時間的概念產生之前，必須先有空間的概念；而在此之前，要先有物體的概念。而物體的概念，是直接與感官經驗連

結。我們已經說過,「物體」概念的一個特徵,就在於它的恆常性(與主觀時間無關),這一點讓我們確定它的存在,雖然有時候同一個物體看起來、摸起來會不太一樣。龐加萊強調「狀態改變」和「位置改變」都會讓我們對同一物體的感官經驗產生變異,雖然後者可以藉由觀察者隨著意願改變角度而復原。

有些物體的狀態維持恆定,只有位置與角度會改變,這對於空間概念、以至於物體概念本身的形成相當重要。我們稱這種物體為「似剛體」。

若我們同時考慮兩個似剛體所形成的系統,會發現其中一些位置變換是不可能由整個系統位置變換所造成。雖然,個別物體的轉換可由各自的位置變換造成。這就是「相對位置改變」這個概念的起源,也就同時帶入了兩個物體間的「相對位置」這個概念。我們會發現,在不同的相對位置當中,有一種特別的關係代表著「接觸」[4]。兩個物體若在三個點以上保持接觸,則這兩個物體就結合為單一複合的似剛體。我們也可以說,第二個物體是第一個物體的似剛性延展,而這種似剛性延展可以具有無限制的形式,連綿不絕持續下去。物體 B_0 所有可能的似剛性延展的總集合,就是該物體所定義的無限「空間」。

人們發現,在任意狀況下的任意物體,都可以與特定參考物體定義的似剛性延展 B_0 進行接觸。我認為,這個經驗就是空間概念的基礎。在科學時代之前,地殼本身就扮演著 B_0 的角色,

---

[4] 原註釋:當然,我們只能用自創的概念來討論固體的關係。而這些概念本身,有時卻無法定義。遇上這種狀況時,我們必須根據自身經驗,只採用絕對無庸置疑的概念才行。

用來定義上下空間。甚至幾何學這個字本身，暗示地球表面是空間概念的參考點，在人們心中空間一向與地表連結。

「空間」這個大膽的概念，出現於所有的科學幾何學之前，它並把人們對於物體位置關係的心智概念轉換為物體在「空間」當中的位置。這是一個技術上相當大的簡化，而且，運用空間概念，所有對於位置的描述，都隱含了接觸的描述：說物體某一點位於空間中的P點，等於是說物體上的這一點與參考物體B_0的延展空間之P點互相接觸。

在古希臘幾何學當中，空間只有定性的角色，因為物體相對於空間的位置，雖然意義明確但卻不能用數字表示。笛卡兒率先引用數字來定義位置，運用他的方法，整個歐氏幾何學可以用以下幾個公設化描述完整地表達：（1）剛體上兩個定點定義一線段；（2）我們可以用三個數字X_1、X_2、X_3對應空間的點；考慮線段P'–P"的兩端點分別為X_1'、X_2'、X_3'、$X_1"$、$X_2"$、$X_3"$，則以下等式成立

$$s^2 = (X_1" - X_1')^2 + (X_2" - X_2')^2 + (X_3" - X_3')^2$$

而與該物體位置、或其他任意物體的位置完全無關。

數值s稱為線段長度，也就是空間中兩點P'與P"的距離，永遠為正值。這個公式的選擇是刻意的，我們用它來表述歐幾里得幾何學的經驗內容，而不是只是抽取邏輯與公設的表面形式。雖然後者的確具有簡潔與高度條理化的好處，但卻缺乏與感官經驗連繫的成分，而這個成分卻是物理不可或缺的。認為歐幾里得幾何學與空間概念是由邏輯的必然而產生，是個重大的錯誤觀念。

持有這種想法的人，忘了歐氏幾何學的公設本來就是奠基於經驗之上。

在描述自然界物體方面，歐氏幾何學是物理科學，必須經由感官經驗加以驗證。它包含了一系列物體相對位置必須遵守的定理，而與時間無關。接下來我們將討論，物理中的空間概念，也與剛體的存在有關。

從物理學家的觀點，歐氏幾何學最重要的特性在於定理與物體本身性質無關。幾何學的特徵，正是在於它的均勻與均向。

空間的概念雖然有用，但其存在對於幾何學本身，也就是物體相對位置的定理之研究，卻不是完全必要。時間的概念，由空間的概念而來。然而，若沒有「客觀時間」的概念，古典力學的基礎將完全崩潰。

客觀時間的概念是從兩個獨立的假設而來：

一、若將經驗發生的順序與「時鐘」作對應，就會出現客觀的局部時間概念。此時鐘可以是任意封閉系統的重複周期事件。

二、把局部時間的概念延伸應用到整個空間中的事件，這就是物理時間的概念。

針對第一點，我不認為把重複周期的概念放置於時間的定義之前，是一種循環論證。這和我們先有似剛體的概念再藉由其延伸來定義空間，其實是一樣的作法。

至於第二點，在相對論問世之前，人們有個幻象：不同位置事件的「同時」具有普世的標準，也就是說「物理時間」的存在似乎是先驗、不證自明的。之所以會有這個錯誤想法，是因為在日常生活中我們可以忽略光行進所需要的時間。不假思索地接受這個想法，會讓我們不再區分「同時看見」與「同時發生」；於是，時間與局部時間被混為一談。

同時的相對性隱藏了這麼久才被發現，是因為人們一向以和感官經驗無關的方式來定義時間與空間，於是絕對性在古典力學中被視為理所當然。採納一些先經驗而成立的概念，不見得會影響科學的發展。然而，如果忘了這些概念的起源，而誤以為它是邏輯上的必然、天經地義不容撼動，那就會嚴重危害科學的進展。

前人對於空間時間結構的真實意義，具有十足的信心，並據此成功地發展了古典力學，也促進了物理的誕生。從這方面看，沒有人太早懷疑客觀時間的相對性或許是一件好事。力學的基本概念，可以簡述如下：

（a）質點的概念：描述某物體的位置運動，我們可以將它視為位於坐標X_1、X_2、X_3的一個點，其運動（相對於「空間」B_0）由X_1、X_2、X_3的時間函數來描述。
（b）慣性定律：遠離其他質量的質點，其加速度為零。
（c）質點運動定律：施力＝質量 X 加速度
（d）作用力定律（交互作用定律）

其中（b）只是（c）的一個重要特例。只有寫下交互作用律之後，理論才會變得完整。為了讓永久連接的複合多質點系統表現得和單一質點相同，作用力必須等於反作用力。

這些基本定律和牛頓萬有引力定律結合，成為天體力學的基礎。牛頓力學中，空間B_0並不像我在上文所說是由剛體的延伸所定義，而包含了新的想法。（b）、（c）並不是對所有空間B_0都成立，空間必須具有特定的運動狀態（慣性系統）才行。因此，坐標空間獲得了純幾何考量所沒有的獨立物理性質。這又讓牛頓有了全新的想法（旋轉水桶實驗）[5]。

古典力學原本只是個一般性準則，只有明白地寫下交互作用定律（d）才成為完整理論。牛頓非常成功地做到這一點，並應用在天體力學方面。科學家總是想達到邏輯上的最精簡，從這方面來說，牛頓力學不太能令人滿意。作用力定律不能從理論中推導而出，因此其選擇是先驗甚至有點武斷。而且牛頓的重力理論，和其他理論相比的唯一特殊之處，在於它在應用上大獲成功。

即使我們現在已經知道古典力學不能成為所有物理的基礎，它仍然在物理思考中具有重大地位。其原因在於，雖然從牛頓以來物理已經有重大進展，我們仍然尚未找到物理學最終基礎，能夠推導出所有已知現象、並包含成功的部分理論系統。在下文中，我將簡介這方面的理論現狀。

---

[5] 原註釋：這個理論缺陷，只有在找到適用所有B_0的物理定律才能解決。這正是廣義相對論的出發點之一。古典力學的另一個缺陷，在於它不能解釋慣性質量與重力質量的等價。這個缺陷同樣由廣義相對論所解決。

首先我們要釐清，古典力學作為所有物理基礎成功與限制。由於我們只專注物理基礎與發展，純粹是力學形式上的演化（拉格朗日方程式、正則方程式等）多半不列入討論。不過我們必須深究其中一點。質點是力學當中非常基本的概念，對於不能當作點的物體（事實上所有物體嚴格來說都不行），我們要怎麼給予它完整的力學描述呢？鉅觀物體是如何用質點組成，而組成質點交互作用的形式又為何？這似乎是無法迴避的問題。

在力學當中，我們常把組成質點以及其交互作用視為不變，因為外界無法直接感覺其作用。從這一點看來，古典力學必定引入物體由原子組成的概念。現代物理學家必須明白，理論完全基於經驗歸納是多麼錯誤的想法。聰明如牛頓，也無法完全免於陷入這個錯誤（「我不做任何假設」）。

為了避免處理棘手的多原子系統，牛頓以後的力學家採用以下作法。力學系統完全由位能決定，而位能是系統的配置態所決定，在數學上是少許變數 q_i 的函數。在足夠的精確度以內，位能完全由這些變數決定（例如，似剛體的配置態由六個變數決定）。

第二個應用力學的方法，也避免將物質分解為「真實」的點，這就是所謂連續介質力學。這種力學假想物質的密度、速度和位置、時間連續相關，而沒有明白寫下來的交互作用則以張力（壓力）表示，而張力亦為位置的連續函數。這就是流體動力學理論，以及固體的彈性學。這些理論避免直接引進質點的概念，取而代之的是在本質上不正確，僅為近似的想像概念。

這些作法，除了在應用上的重大價值之外，也發展出新的數

學工具：偏微分方程式，而這對日後物理的新基礎有重大貢獻。

　　這兩種應用力學屬於所謂「現象學」物理，其特徵在於使用與經驗接近的概念，但必須犧牲基礎概念的一貫性。熱、電、光等不同現象都要用不同的狀態函數與物質常數來描述，而不能用同樣的力學量。而且，往往只能靠實驗才能決定這些變數之間的關係以及時變性。馬克士威的傳人大多把這種表述看作物理的最終目的，他們認為，物理應該採用與經驗接近的概念，然後從經驗歸納法則。知識學家如米爾、馬赫等人的觀點，也大致相同。

　　我認為，牛頓力學最大的成就，在於它的廣泛適用性已經超越了現象學的成見，尤其是在熱力學方面為著。奠基於粒子理論的氣體動力學理論與統計力學皆非常成功。前者把理想氣體的狀態方程式、黏滯度、擴散、熱傳導、輻射現象在概念上完全結合，然而從直接經驗上來看，這些現象似乎並不相干。統計力學則賦予熱力學概念與定理機械解釋，並釐清了古典熱理論的適用極限。分子動力學理論，不僅在邏輯的一貫性方面遠遠超過現象學，它更推導出原子分子確切的尺度。由於幾種不同方法都得到同樣的結果，其正確性已經不容置疑。獲取這些重大成就所付出的代價，就是賦予「原子」真實的存在，而它當然是具高度臆測成分的東西。人們不太可能真正能「直接感受」到原子的存在，從原子出發要經過複雜的計算，才會得到描述經驗變數（如溫度、壓力、速度）的諸多物理定律。如此一來，原來以現象學建構的物理學，被化約為遵照牛頓力學的原子分子運動學。雖然其基礎與直接的實驗更加遙遠，然而在本質一貫性卻大為增進。

三、場的概念

　　在光學與電學方面，牛頓力學遠不如它在熱力學、氣體動力學上成功。牛頓提出的光粒子理論試圖以質點運動描述光學現象，然而，隨著偏極、繞射、干涉現象的發現，粒子論受到越來越多不自然的修正，於是惠更斯的光波動論得到最後的勝利。當時，晶體光學與聲學已經高度發展，光的波動論可能據此而生。我們要了解的是，惠更斯理論的基礎仍然要根據古典力學，無處不在的以太被視為波動的載體，然而以太的組成卻是個謎。以太本身的內力、以太和一般物質之間的作用力，更是不得而知。換句話說，光波動理論的基礎模糊不清，它所根據的偏微分方程式，似乎無法由簡單的力學元素建構而成。

　　在電磁現象方面，人們引入與質量類似的理論概念：「電荷」，而帶有電荷的物體之間，具有與牛頓重力類似的超距力。然而，這種特別的物質似乎不具有基本的慣性，而且一般質量與電荷之間的作用力也沒人了解。電荷具有正負極性，而這更無法納入古典力學之中。電動力學現象發現之後，磁現象可由電荷運動解釋，於是磁荷的假設不再需要。這個進展，反而讓電磁學的基礎更加難解。因為現在，運動中的帶電物體會具有非常複雜的交互作用形式。

　　法拉第和馬克士威的電理論，解決這些困難。這應該是自牛頓以來最深遠的物理基礎革命。同樣地，這是往具有建設性的臆測邁向一步，拉開了感官經驗與理論基礎的距離。「場」的表現，只有在物體帶電才會出現，馬克士威的微分方程式為電、磁

場的位置、時間微分提供連繫。電荷出現在電場散度非零的地方，而光波則是電、磁場在空間中的振盪。

馬克士威還是試圖用以太機械模型描述場論，不過這些工作在赫茲發現電磁波之後，退居幕後不再受重視。而這終於將「場」置於物理基礎的地位，就像牛頓力學中的質點一般。然而，這只對真空中的電磁場成立。

一開始物質內部的電磁理論仍未臻完善，因為在這裡人們要引進兩個電向量，而兩者的關係與介質的本質有關，而不能進一步做理論分析。同樣地，磁場與電流密度在物質內部也有類似的問題。

在這方面，洛倫茲發現運動物體的電動力學，而幾乎不依賴任意武斷的假設。他的理論是根據如下基本假設：

「場」的載體是真空本身，即使是在物質內部也不例外。物質參與電磁現象是因為基本粒子帶有電荷，因此它一方面受電磁力作用，一方面在空間中產生場；基本粒子滿足牛頓運動定律。

這就是洛倫茲整合牛頓力學與馬克士威場理論的基礎。該理論的缺點在於，它藉由結合偏微分方程式（真空中的馬克士威場方程式）與全微分方程式（質點運動方程式）來描述現象，而這當然不太自然。首先，人們必須假設粒子本身的大小有限，否則其表面的電磁場會變為無限大；再者，電荷聚集於基本粒子上所需要的龐大外力是怎麼來的，更是不得而知。洛倫茲熟知並承認他理論的這些缺點，不過它至少在實用上成功地描述了大多數電磁現象。

最後，還有一些問題遠超乎洛倫茲理論的架構之外。帶電運

動物體附近會產生磁場，而且（似乎）會因此而增加其慣性。我們可不可能完全以電磁作用解釋粒子的慣性呢？似乎，唯有把粒子解釋為電磁偏微分方程式一般解之一，才可能充分回答這個問題。原來的馬克士威方程式不容許這般描述基本粒子，因為這樣的解包含奇異點。理論物理學家試圖修正馬克士威方程式，不過在漫長的努力之後仍然一無所成。於是，我們至今仍然無法建立物質的純粹電磁學理論，不過也沒有理由辦不到這一點。我認為可以確定的是，任何自洽的場理論當中，基本粒子必須自然出現，而不是被額外加入。整個理論必須完全根據偏微分方程式，而且其數學解不能有奇異點。

四、相對論

　　光用歸納法是不能得到物理基礎概念的。許多十九世紀的科學家沒能明白這一點。此一基本哲學上的錯誤，讓分子理論與馬克士威理論延遲到十九世紀末才建立。邏輯思考必定是演繹法，根據假設的概念與公設；至於我們要如何選擇公設，才會有任何希望驗證由它們推導出來的結論呢？

　　最簡單的狀況是基本假設很自然地從經驗而出。「永動機不存在」是熱力學的基礎，而這個假設正是出自於經驗。伽利略的慣性原理亦是如此。相對論的基本假設，也屬於這個範疇。相對論取代了古典力學的基礎，也令人意外地推廣了場論。

　　馬克士威—洛倫茲理論的成功，讓我們對於真空電磁方程式的正確性信心大增；特別的是，我們相信光在真空中以一定速度c行進。然而，光速恆定這個陳述，是否對所有慣性系統都成

立？若非如此，我們就可以藉由測量光速決定慣性系統的運動狀態。然而，所有力學與電磁、光學實驗結果卻仍無法測得慣性系的絕對速度。

於是，我們必須把光速恆定提升到對所有慣性系統都成立。因此，空間坐標 X_1、X_2、X_3 與時間坐標 X_4 必須根據「洛倫茲轉換」來進行坐標轉換，它由以下表述式的不變性而來：

$$ds^2 = dx_1^2 + dx_2^2 + dx_3^2 - dx_4^2$$

（在此時間單位的選擇讓 $c = 1$）

這個過程讓時間失去絕對的特徵，而與空間坐標融合成在代數上幾乎相同的維度。時間的絕對性，尤其是「同時」的絕對性消失殆盡，而四維「時空」的描述才是正確。

慣性系統對於所有自然現象都是等價的，為了遵守這個相對性原理，必須讓所有物理方程系統在洛倫茲轉換下不變。這個條件，推展出狹義相對論的具體內容。

相對論與馬克士威方程式相容，但卻違背古典力學的基礎。雖然，我們可以修改質點運動方程式（並修改動量與能量的定義），以讓兩理論相容，不過交互作用力以及系統的位能概念，則完全失去基礎，因為這些概念仰賴絕對的同時性。在理論中以微分方程組所定義的場，取代了作用力的地位。

由於這個理論只容許交互作用透過場而產生，重力也必須寫成場論形式。雖然，我們可以把牛頓理論改寫為純量重力位能的偏微分方程式，然而牛頓重力理論中已經使用的實驗事實：重力質量與慣性質量的等價性，導致一個全新方向，也就是廣義相對

論的誕生。

在古典力學中，質量很神奇地出現在兩個地方，扮演著不同的角色：運動定律中的「慣性質量」，和重力定律中的「重力質量」。於是，在純重力場中物體的加速度與組成無關；換句話說，等加速度運動的坐標系統（相對於「慣性系統」而言）當中，所有的運動都像是位於均勻重力場（相對於「靜止」坐標系）一般。慣性質量與重力質量相等這個實驗事實，在理論思考重新整理之下，轉變為兩坐標的等效原理。

於是，我們不再有任何理由賦予「慣性系統」特殊地位，而且必須一視同仁地考慮坐標（X_1、X_2、X_3、X_4）的非線性轉換，若我們對狹義相對論坐標進行非線性轉換，則原來的度規：

$$ds^2 = dx_1^2 + dx_2^2 + dx_3^2 - dx_4^2$$

會變換為廣義（黎曼）度規形式：

$$ds^2 = g_{\mu\nu} dx_\mu dx_\nu$$

其中 $g_{\mu\nu}$ 為 $X_1 \cdots X_4$ 的函數，不但描述度規的性質，同時也是新坐標系統當中的重力場。

這是一個力學基礎的重要演進，然而在詳加檢視後，會發現它付出了一個代價：在狹義相對論中的坐標可以被詮釋為尺規與時鐘測量的結果，而在新的坐標系當中卻無法如是詮釋。

解決這個困難的關鍵，在於假設即使 $g_{\mu\nu}$ 不再具有狹義相對論的似歐幾里得度規的狀況下，其對應的場性質與空間（黎曼形式）仍然描述自然、具有物理意義。於是，廣義相對論才因此

誕生。

現在，坐標本身不再具有度規功效。而且，只要坐標轉換不具奇異點都是合法的。只有在任意坐標轉換下維持形式不變的方程式，才可能成為自然律（廣義協變假設）。

廣義相對論的第一個目標，在於以最簡單的方式推導出「可直接觀測量」。若我們僅限於純粹重力現象，可以參照牛頓的作法。至於邏輯完整的自洽理論系統，則要留到稍後才建立。廣義相對論的原始版本內容如下：

一、保存牛頓力學中質點與質量的概念，並以廣義相對論語言重新描述慣性定律，據此寫下新的運動定律。這全微分方程式，就是所謂的測地線方程式。

二、牛頓的重力交互作用定律，則被新的場方程式所取代。此方程式將黎曼曲率張量縮並（contraction）一次後的張量設為零（$R_{\mu\nu}=0$），這是 $g_{\mu\nu}$ 張量最簡單的廣義協變微分方程式。

這個理論可以用來處理行星運動的問題。更精確地說，它能處理的是小質量測試質點在靜止重物所產生的中心力場當中的運動。這個計算不考慮質點對重物的反作用，也不討論重力場是如何產生。

和古典力學一般，可以用下列方法來讓理論更完整。我們寫下場方程式：

$$R_{ik} - \tfrac{1}{2} g_{ik} R = -T_{ik}$$

其中R代表黎曼曲率純量，T_{ik}為現象學物質能張量，方程式左邊形式的選擇，在於讓它的散度恆等於零。令方程式右邊散度為零，會導出一偏微分方程組，這就是物質的「運動方程式」。而用來描述物質的T_{ik}包括四個獨立的函數（如密度、壓力，與速度分量；速度分量滿足一恆等式，而壓力與密度的關係則由狀態方程式描述）。

於是，重力動力學完全化約為單一協變偏微分方程組的解，這個理論沒有我們先前所提古典力學的缺點。據我們所知，它的預測與天體力學觀測完全相符。然而，這個方程式像是左右不對稱的建築，一邊是由華麗大理石建構（方程式左邊），而另外一邊卻是一堆劣質木材（方程式右邊）。物質的現象學表述，最多只是粗略的近似，不能描述所有已知物質的特性。

在沒有物質與電荷的宇宙中，要結合馬克士威的電磁學和廣義相對論並不是難事。只要用真空中電磁場的能張量代入上式右邊的T_{ik}，並據此把馬克士威電磁場方程式改寫為協變形式即可。在這些條件下，會存在足夠的微分量確保方程式有解。而且，方程式容許T_{ik}分量的符號任意定義，這一點將在日後變得很重要。

人們希望理論的基礎越具一貫性越好，於是許多人試圖把重力場和電磁場結合，納入單一表述。其中最值得一提的是克魯札與克萊因的五度空間理論。然而，在仔細研究這個理論後，我寧可接受原來理論的不一貫，因為整體來說新的理論需要引進更多

的假設。丹齊格與包立把這個理論改寫為投影形式,但總的來說仍然不如重力場與電磁場分別成立來得簡潔。

以上討論僅適用於純粹場的理論,而不包含物質在內。我們要如何得到完全描述物質與原子的理論呢?顯然,奇異點必須排除在外,否則微分方程式將無法完全決定場的值。廣義相對論的場論在這方面的問題,和當初馬克士威電磁學的問題完全一樣。

每當我們試圖建立基本粒子的場表現,奇異點就立刻出現。在擴充場方程式,並引入新的場之後,狀況便會有所改善。最近,我與羅森博士發現上述重力場與電磁場最簡單的結合,能導出不具奇異點的中心力場解(著名的史瓦茲齊德純重力場解和萊斯納的電場-重力場解皆具有奇異點)。我們在兩節之後將對此加以討論。用這種方法,似乎可以用純粹場論描述物質,而不需要新的假設。雖然,要計算出可印證的結果必須先通過非常嚴苛的數學考驗。

五、量子理論與物理的基礎

新一輩的理論物理學家,相信物理的新基礎將與本文討論的場論在本質上完全不同。其原因在於,描述所謂量子現象的數學表述,需要用到全新的方法。

相對論所指出的古典力學問題,與光速有限(非∞)有關,在世紀初人們發現古典力學與實驗出現其他方面的矛盾,這與普朗克常數 h 有限(非零)有關。其中,雖然分子動力學預測固體的熱含量以及(單一波長)輻射密度皆應該與絕對溫度成正比,然而實驗卻顯示,與絕對溫度下降率相比,這些物理量下降的速

率更快許多。為了提供理論解釋，必須假設力學系統的能量只能擁有特定的離散值（普朗克常數h決定單位的大小），而不能是連續值。而且，原子理論也必須採用這種概念（波耳理論）。不同能階之間的轉換，無論是否發出或吸收輻射，都只有統計上的描述，而沒有因果律。大約在同時，人們也發現放射性核衰變有同樣現象。物理學家花了二十年時間，試圖尋找描述「量子特徵」的統一表述，然而卻不得其果。大約在十年前，物理學家終於用兩種不同的方式獲得成功。第一種方法要歸功於海森堡和狄拉克，而另一種方法則由德布洛伊和薛丁格提出。薛丁格不久便發現這兩種方法在數學上完全等價。在此，我將描述德布洛伊和薛丁格的圖像（因為它與物理學家思考方式較為接近），並附上一些基本討論。

首先，一個力學系統要怎麼樣才會有離散的能量H_0呢？我們知道能量是坐標q_r以及對應的動量p_r的函數，也知道能量和頻率的關係是由普朗克常數h決定（頻率等於$H\frac{o}{h}$），因此若力學系統的頻率是離散的，則它也才會擁有離散的能量。這讓我們想到在聲學中，線性偏微分方程式（在給定邊界條件下）往往會出現一系列特定頻率的解，也就是弦函數的周期解。薛丁格找到的，是某純量函數ψ在給定能量函數$\mathcal{E}(q_r, p_r)$的偏微分方程式，其中q_r與時間t為獨立變數。他成功之處在於複數函數ψ的周期解，讓統計力學的能量具有令人滿意的形式。

然而，即使找到薛丁格方程式的確切解$\psi(q_r, t)$，也沒有辦法確定寫下質點的運動軌跡。換句話說，ψ函數沒有辦法正確完整地描述q_r與時間t的關係。根據波恩的詮釋，ψ函數的物理意義

如下：$\psi\bar{\psi}$（也就是複數函數 ψ 絕對值的平方）與系統於 t 時位於 q_r 狀態空間的機率密度。簡而言之，薛丁格方程式的意義在於它決定 ψ 函數與時間的關係，也就是系統統計集合的機率密度在配置空間中的時演化。

值得一提的是，這理論在極限值會回歸古典力學。若薛丁格方程式的解所牽涉到的波長處處都很小，更精確地說，若系統位能在一個波長之內的變化量可被忽略不計，我們就能在配置空間中選取一單元區域 G_0，在所有方向都比波長大，卻比配置空間中特徵尺度小。初始時間 t_0 之際，令波函數 ψ 在區域 G_0 之外為零，而根據薛丁格方程式雖然區域 G_0 會隨著時間 t 移動到 G，ψ 的演化仍保持在該區域之內。如此一來，我們可以整體考慮 G 區域在配置空間中的運動，近似於古典力學質點的運動。

以粒子束進行的干涉實驗，成功地證明量子力學所描述的波動特徵。不僅如此，量子力學也成功地描述系統在外力作用下從一量子態躍遷到另一量子態的統計法則，而在這方面古典力學徹底失敗。在此，外力是以隨著時間改變的微小額外位能來描述。在古典力學中，微小的位能擾動只能引發微小的系統改變。而在量子力學中，微小的改變能引發任意大小的改變（較大的改變發生的機率就較小），這一點完全與實驗吻合。即使是放射性衰變定律，也已經由量子力學合理解釋。

量子力學在千奇百怪現象的適用性，可謂史無前例。然而，我相信量子力學在物理基礎上卻讓我們誤入歧途。因為，雖然量子力學是目前唯一能從力與質點（古典力學的量子對應）建構出來的基本概念，但我認為它仍然不是自然的完整表述。因為這

樣，我們只得到（在本質上不完整的）統計自然律。我接下來將
闡述這想法。

　　我要追問，ψ 函數到底描述力學系統真實狀態到什麼程度？
令 ψ_r 為薛丁格方程式的一系列周期解（依能量大小順序排列），
對於個別 ψ_r 是否為物理態的「完整」描述，我先擱置不論。一
開始系統位於 ψ_1，對應能量 $\mathcal{E}_1$。接下來，在有限時間之內系統受
到外力擾動。在隨後的某時刻，根據薛丁格方程式我們知道當時
的 ψ 函數演變為

$$\psi = \sum c_r \psi_r$$

　　其中 c_r 為複數常數。若 ψ_r 皆已正規化，則 $|c_1|$ 幾乎等於
1，$|c_2|$ 等則遠小於1。這時我們再問，ψ 是否描述系統的真實
狀態呢？如果答案為是，我們不得不[6]賦予系統確切的能量 $\mathcal{E}$，而
此能量略大於 $\mathcal{E}1$（因為 $\mathcal{E}_1 < \mathcal{E} < \mathcal{E}_2$）。然而這個假設，卻與法蘭克
和赫茲所做的電子撞擊實驗結果不符。這些結果顯示，若帶入米
立坎電子電荷，系統能量似乎位於不存在的量子能階。根據這
個實驗，ψ 所描述的並不是系統的單一純狀態，而是一個統計描
述，而 c_r 對應的是能量可能出現的機率。換句話說，量子力學只
能在波恩的統計詮釋之下才有意義。ψ 函數不可能描述單一系統
的狀態。它所代表的是許多系統的「統計集合」。除了特殊狀況
之外，ψ 函數一般只代表統計性質的原因，不僅在於「測量這個

---

[6]　原註釋：因為根據相對論一個已充分證實的結論，靜止系統的總能量等於其慣
　　性總和。而慣性必須具有確切的數值。

動作」引進的不確定性，更在於 ψ 函數本身無法描述單一系統的狀態。薛丁格方程式決定的時變量，所描述的包括受外力與不受外力的系統總集合。

這種詮釋，同時也消除了我與兩位同事共同提出的矛盾，簡述如下：

考慮由兩個部分（A與B）所組成的力學系統，其中A與B在固定時間之內進行交互作用。若交互作用發生前的 ψ 函數為已知，則交互作用後的 ψ 函數則由薛丁格方程式決定。接下來，我們經由測量徹底研究A的物理狀態，則量子力學會讓我們決定B部分的 ψ 函數，以及整個系統的 ψ 函數。然而，計算所得的B部分 ψ 函數卻和A部分所量測的是哪一個物理量有關（例如，坐標或是動量）。由於交互作用後B只能擁有單一個物理狀態，而且它實在不應與我們對分隔開來的A所進行的物理測量有關，我們的唯一結論就是 ψ 函數不可能完整描述物理系統。B的單一物理態需由多個 ψ 函數來描述，這再度顯示 ψ 不能被解釋為單一系統物理狀態的完整描述。若把 ψ 視為多系統的集合，那麼一點問題也沒有。[7]

量子力學對觀測所牽涉的非連續物理態轉變（至少在表面上）給予如此簡單的陳述，卻不能提供詳細過程，這也和理論只能描述多系統總和而無法描述單一物理系統有關。前例中的係數 c_r 在外力作用之下只產生些微改變，用量子力學的統計詮釋，我

---

[7] 原註釋：對於A的測量，則會讓適用系統集合變少。新的系統集合（與 ψ 函數）和讓系統集合減少的觀測法有關。

們很容易了解為什麼微弱的外力能夠造成任意強度的物理狀態改變。微擾產生的「統計密度」改變的確很小，因此其數學描述比試圖描述單一系統ψ函數的崩塌容易得多。當然，這麼做我們並沒有討論單一系統究竟發生了什麼事；統計方法完全避免描述這個謎樣的過程。

近年來，威爾森雲霧室與蓋革計數器等神奇的發明，把基本粒子交互作用帶到人們眼前，在這種狀況下，真的有物理學家相信我們永遠不得討論單一系統的物理態演變、其結構以及其因果關係嗎？當然，這在邏輯上是有可能的；然而，放棄追求更完整的概念卻有違我的科學本能。

我要指出量子力學在另一方面的不完整。薛丁格方程式當中，絕對時間與位能扮演決定性角色，然而我們從相對論已經知道這些是不能容許的基本概念。若要避免這個難題，理論必須基於場方程式而不是交互作用力。於是我們必須把量子力學的統計方法運用在場上面，也就是具有無限多自由度的系統。目前為止，這方面的嘗試僅限於線性方程式，而我們已經從廣義相對論中知道這是不夠的，不過即使是這樣，物理學家所面對的複雜系統已經十分嚇人。一旦引入廣義相對論所要求的非線性轉換，情況將更糟。而所有人都承認非線性轉換絕對是必須的。

有人認為，小尺度所有物質皆由分子組成，因此把時空視為連續體可能與自然不符。他們聲稱，海森堡方法的成功，似乎暗示自然可能由純粹代數方法描述，也就是說物理學不再存在連續函數。換句話說，時空也不是連續。說不定，人類的聰明才智有朝一日真能找到這樣的方法，不過，就現階段來說，這像是天方

夜譚。

不可否認的，量子力學掌握了一大半的真實，它也將成為未來所有理論的標竿，換句話說，最終理論必須在極限值得到量子力學，就像馬克士威方程式可以得到靜電學；而古典力學可以推導出熱力學一般。然而，我不認為量子力學本身可以成為物理基礎的「起點」，就像我們不能從熱力學出發而得到力學的基礎一樣。

場物理是否永遠無法與量子力學結合呢？我認為這是合理的懷疑，而在現有的數學工具輔助之下，廣義相對論不可避免地要以場作為基礎。有一大半當代物理學家相信，這是辦不到的。然而，這種悲觀想法的起源，可能在於他們要求理論在第一近似之下，回歸古典力學質點運動方程式，至少要化約為全微分方程式。這個假設，其實並不見得成立。事實上，直到今天所有以場來描述基本粒子的理論，都包含奇異點，讓我們無法做任何預測。可以確定的是：若能找到粒子的場描述並避免奇異點，則粒子與時間的關係會完全由場的微分方程式來決定。

六、相對論與基本粒子

我現在要證明，在廣義相對論中存在不具奇異點的場方程式解，可以用來解釋為基本粒子。在此，我僅討論電中性粒子，因為在最近我和羅森博士合作的論文中才剛詳細討論這個問題，也因為問題的本質可以由這個特例完整表現。

重力場完全由張量 $g_{\mu\nu}$ 描述，在三階符號 $\Gamma^{\sigma}_{\mu\nu}$ 當中也出現逆變張量度規 $g^{\mu\nu}$，定義為 $g_{\mu\nu}$ 度規矩陣的反矩陣。為了讓 R_{ik} 張量

有限，不但要要求連續體中所有的點 $g_{\mu\nu}$ 函數與其一次微分都連續並可微，而且 $g_{\mu\nu}$ 行列式值 g 必須處處非零（否則其反矩陣發散）。不過如果把微分方程式 $R_{ik}=0$ 改為 $g^2 R_{ik}=0$。最後這個條件就不再需要。新的場方程式左側為 g_{ik} 與其微分所組成的多項式，而不再有分數。

這個方程組具有由史瓦茲齊德找到的中心對稱場的解：

$$ds^2 = -\frac{1}{(1-2m/r)}\,dr^2 - r^2(d\theta^2+\sin^2\theta d\varphi^2)+\left(1-\frac{2m}{r}\right)dt^2$$

其中在 r=2m 之處，這個解出現奇異點，因為 dr^2 的係數（g_{11}）在此超曲面變得無限大。如果我們把變數 r 以 ρ 取代，而

$$\rho^2 = r-2m$$

我們會得到

$$ds^2 = -4(2m+\rho^2)d\rho^2 - (2m+\rho^2)^2(d\theta^2+\sin^2\theta d\varphi^2)+\frac{\rho^2}{(2m+\rho^2)}\,dt^2$$

這個解在所有的 ρ 值都不發散。dt^2 的係數（g_{44}）在 $\rho=0$ 處為零，因為行列式值 g 為零。不過根據我們改寫後的場方程式，這已經不再算是奇異點。

當 ρ 從負無限大到正無限大時，r 從正無限大到 r=2m，然後又變回正無限大。而當 r<2m 時，ρ 沒有對應的實數值。於是，史瓦茲齊德解所描述的，是兩個相等、不發散的物理空間，在超曲面 $\rho=0$ 之處連接（r=2m，在此處 g=0）。我們在此把連結兩

物理空間的點稱為「橋樑」，而這個存在於兩個物理空間中的橋樑，似乎可用來描述電中性質點，而且解當中不具奇異點。

多個電中性粒子運動，就可由重力方程式（以不含分母的方法寫下）包含多個橋樑的解所描述。

由於「橋樑」具有離散特性，這種圖像所對應的是物質的原子結構。況且，中性粒子質量很自然地為正值，因為不發散的史瓦茲齊德解不容許有負質量。只有進一步仔細研究「多橋樑」解，才能回答這個理論是否預測自然界的基本粒子質量皆相同，並且與如此成功的量子力學吻合。

同樣地，如果把重力與電力方程式結合，只要適當選擇重力方程式中的電性，就能找到不具奇異點、可代表基本電荷的「橋樑」解，這類解當中最簡單者，為一不具重力質量的電荷。

在解決「多橋樑」解中所牽涉棘手的數學之前，沒有人知道這理論有沒有物理意義。然而，它所代表的是以場論一貫地解釋物質性質的首度嘗試。其另外一個優點，在於它根據的是已知最簡單的相對論場方程式。

結論

物理是由不斷演進的邏輯思想系統所組成，其基礎不再如同以往可以由經驗歸納而來，而必須無中生有。要合理化這些假設，只能把推導出來的定理與感官經驗進行比較，以圖獲得驗證。而感官經驗與定理之間的關係，只能由直觀理解。現代物理的進展朝向越發簡化的邏輯基礎，為了達到這最終目的，我們必須容許理論的邏輯基礎與經驗漸行漸遠，而從基本定理抵達能夠

檢驗的結果，也變成一條非常困難而漫長的道路。

　　本文的目的在於以最簡單的方法陳述基本概念的發展，闡明它與經驗的關係，以及物理學家在增進內部邏輯完美的各項努力。我介紹在我眼中物理領域現在的狀況，當然，關於歷史發展的部分，難免摻雜個人主觀看法。

　　我闡述各種物理概念：固體、空間、主觀與客觀時間，彼此之間如何連繫，又如何與我們的經驗相關。在古典力學中，時間與空間的概念互相獨立。固體的概念，被質點的概念所取代，換句話說，古典力學的基礎變成原子論。不過，我們無法用古典原子論解釋所有物理，尤其與光、電的現象完全格格不入。於是電場理論問世，隨後的發展更是以場作為所有物理的基礎（雖然其中一度曾把場與質點運動結合以作為妥協）。這些努力導致廣義相對論的誕生（時間空間的概念變為以度規結構描述的連續體）。

　　接下來，我陳述為何量子力學不足以作為物理的基礎：若把個別物理系統或事件的量子力學描述視為完整的描述，會不可避免地導致嚴重的矛盾。

　　另一方面，場論至今仍然無法解釋物質的分子結構與量子現象。不過我解釋了，這個目標有朝一日還是有可能達成，其他物理學家悲觀的意見其實是偏見的成分居多。

115　理論物理的根本

一九四〇年五月廿四日華盛頓特區《科學》雜誌。

　　科學是嘗試將雜亂無章的感官經驗與邏輯一貫的思想系統互相對應。在這種體系中，個別經驗與理論結構之間的對應關係，必須是獨特且可信服的。

　　感官經驗是給定的，但解釋的理論是人為的，是相當耗時費力的變動過程所獲得的結果，我們只能假設它永遠不會有最後的結論，會一直受到質疑挑戰。

　　科學上形成概念的方式與日常生活中不同，不是根本上的不同，只是對於概念和結論會使用更精確的定義、在實驗素材的選擇上比較嚴謹與系統化，以及講究邏輯上的「精簡」；最後一點指的是，致力將概念與關係化約為少許邏輯獨立的基本概念和公理。

　　我們所謂的物理學概念是以測量為基礎，且概念與命題可用數學公式來表示的自然科學。因此，在人類全部的知識中，能夠以數學語言來表示的部分，就定義為物理學的領域。隨著科學進步，物理學的領域已經大幅擴張，似乎只受到方法本身的局限所限制。

　　物理研究有很大的部分是致力發展物理學的各個學門領域，而每個領域的目標在於對範圍有限的經驗進行理論理解，其中之法則和概念盡可能與經驗保持密切相關。而這門科學隨著不斷專門化，在過去幾個世紀以來讓現實生活發生革命，讓人類有可能最終能從辛苦的勞力重擔解放出來。

　　另一方面，科學家自始便渴望找到這些學門的統一理論基礎，由最少的概念和基本關係組成，讓各個學門的概念和關係都可以從邏輯過程推導出來，這就是我們尋找整個物理學基礎的意

義所在。相信會達到此終極目標的信念，是鼓舞研究者熱情投入的主因。因此，下面的觀察便是專門來談物理學的基礎。

　　從前面所述，可以清楚看到「基礎」這個詞並非跟建築物基礎有完全雷同之意。當然，從邏輯上考量，物理學的各種單一法則都是以基礎為主，但是相較於建築物縱使會因暴雨洪水而受損嚴重，基礎卻可以保持完整無缺，在科學邏輯基礎上要面對被新經驗完全顛覆的危險，而應用領域反而危險性較低。理論基礎牽涉深廣，與各個部分都有連繫，也正因如此，在面臨新因子時，理當會全面崩潰。然而，在物理學的革命時代裡，理論基礎的徹底改變其實並沒有那麼頻繁，這是怎麼一回事呢？

　　牛頓的研究率先奠定統一理論的基礎。牛頓體系可以簡化為以下的概念：（1）具有不變質量的質點；（2）任何兩個質點之間的遠距作用；（3）質點的運動定律。嚴格來說，這仍有遺漏之處，因為遠距作用的明確法則只包括重力，至於其他遠距作用，除了作用和反作用力相等的定律之外，沒有其他先驗的法則確立。此外，牛頓自己相當清楚，空間和時間具有物理效應，因此它們是理論的基本要素，但是他只是暗示，並未明說。

　　結果，牛頓的理論大加成功，直到十九世紀末尚被視為最終的理論基礎。其理論不僅提供天體運動的結果，且包含所有的細節，同時也提供質點與連續體的力學理論，對能量守恆原理提出簡單解釋，以及提出完整出色的熱理論。在牛頓系統中，電動力學的解釋比較勉強，而自始至終最不具說服力的，就是光的（粒子）理論。

　　牛頓不相信光波理論並不足為奇，因為這不符合其理論基

礎。波動論稱，空間中充滿一種由質點組成的介質，會傳遞光波，但是未顯示任何力學特質，這對牛頓來說極不自然。光的波動本質最強的實證論點，包含固定的傳播速度、干涉、繞射、偏振等，在當時不是不知道，便是尚未整理清楚。所以，他堅持光的粒子論是有道理的。

十九世紀時爭議解決了，光波理論成了最後贏家。但是，人們還是沒有深究波動的機械力學基礎。首先是因為沒有人知道去哪裡找另外一種基礎，不過來自實驗的壓力日增，人們逐漸發展出一種新的物理學基礎，即「場」物理學。

自牛頓的時代起，遠距作用力理論一直被當成很不自然的東西。不少人嘗試以動力學來解釋重力，即以假設的質點碰撞力為基礎，但是這些努力都淺嘗輒止，並未有結果。空間（即慣性系）在力學基礎中所扮演的奇怪角色，已被清楚點出，馬赫也給予犀利的批判。

偉大的變革是由法拉第、馬克士威和赫茲共同帶來，事實上這些進展多半是在不自覺甚至違反當事人心願下達成。這三位終其一生都認為自己是力學理論的信徒，其中赫茲發現電磁場方程式的最簡單形式，並宣稱任何導出這些方程式的理論都是馬克士威理論。然而在短暫的一生快結束時，他寫了一篇論文，提出一種擺脫作用力概念的機械理論，試圖作為電磁現象的基礎。

對我們而言，場概念是打娘胎就知道的東西，反而無法體認法拉第這創舉的偉大與膽大。他必定是以精準無誤的直覺，看出將電磁現象當成是電子之間遠距作用的方式過於虛假不自然：散布在一張紙上的許多鐵粉，怎麼會知道附近的導體裡有帶電粒子

在流動呢？這些帶電粒子共同在周遭的空間裡創造一種狀態，讓鐵屑顆粒排列有序。今日稱這種空間狀態為「場」，當時法拉第深信，只要掌握場的幾何結構與相互關係，便能找到電磁神秘交互作用的線索。他把這些場想成在充滿空間的介質中處於機械張力，類似於彈性物體拉長後的狀態，因為在當時，這是想像空間中組成連續分布的唯一方式。從法拉第那個時代的力學傳統來看，在背後為這些場保留獨特的機械詮釋，是科學良知的一種慰藉。借助場的新概念，法拉第成功將自己與前輩所發現一切複雜的電磁效應，形成一套完整的定性概念。至於對這些場的時空法則進行精確表述則是馬克士威的功勞，當他用自己建立的微分方程式，證明以偏振波形式並以光速傳播的電磁場時，內心是什麼感覺啊！在那個激動的時刻裡，所有的謎團似乎已經完全解開了，馬克士威一定沒想到光的本質卻繼續困惑著接下來幾代的科學家。同時，物理學家也花了數十年的工夫，才完全掌握馬克士威發現的意義，他的天才迫使同行們必須進行概念的大跳躍。唯有在赫茲以實驗證明馬克士威電磁波的存在，對新理論的抗拒才終告瓦解。

　　但是如果不管物質來源為何，電磁場都能以波的形式存在，那麼靜電的交互作用也就不可再解釋為遠距作用了。而如果電的作用是如此，也不能否認重力作用的情況了。結果，牛頓的遠距作用到處都被以固定速度傳播的場取代了。

　　現在，牛頓的基礎只剩下受運動定律支配的質點。但是，湯姆森指出，根據馬克士威理論，運動中的帶電物體一定在附近造成磁場，其能量正是物體增加的動能。既然一部分的動能可以歸

於場能所造成，那麼會不會全部的動能都是場的表現呢？或許，物質慣性的基本特徵也能用場論來解釋？這個問題牽涉到用場論來解釋物質，解答後可望提供物質原子結構的解釋。不過，人們很快就發現馬克士威的理論無法完成這項工程，之後許多科學家熱切地想要納入物質導出完整的場論，但是都未見成功。要建構一個理論，光是目標明確並不足夠，必須要有嚴謹的觀點，以便在無限的可能性中去蕪存菁。可惜至今為止，尚未有新觀念能達成此一要求，因此場論還是無法成功成為物理學的全部基礎。

馬克士威之後數十年間，大多數物理學家都執著於一項信念，認為必定可以找到電磁理論的機械基礎。然而，經多方努力的結果仍無法令人滿意，於是逐漸接受新的場概念是無法再簡化的基本原則，換句話說，物理學家不得已只好放棄以力學解釋電磁場。

因此，物理學家轉向場理論的建立。但是他們並不能稱場為物理的一貫基礎，因為那時並沒有一致的場理論，一方面既能解釋重力，另一方面又能解釋物質的基本組成。在這種情況下，必須將物質粒子想成是遵守牛頓運動定律的質點。當洛倫茲在建立電子論以及運動物體的電磁現象理論時，便是採取這種方法。

在世紀交替時，這就是基本概念的狀況。當時，對於全新現象的理論洞察和了解有莫大的進展，但是物理學統一基礎的建立看起來仍遙遙無期，而且情況又因為後來的發展而更加嚴峻。廿世紀的物理是以兩套本質上互相獨立的理論系統為特徵，即相對論和量子理論。這兩套系統並未直接牴觸，但是似乎無法融合成為統一的理論，以下簡單扼要來討論這兩套系統的基本概念。

相對論是在世紀交替時，為了在邏輯方面簡化當時的物理學基礎而產生。所謂狹義或者特殊相對論，所根據的事實如下：在洛倫茲轉換下，馬克士威方程式（以及光在真空的傳播法則）會轉換成形式相同的方程式。馬克士威方程式這種形式上的特質，可由一項十分可靠的實證知識來提供佐證，那就是：就所有慣性系而言，物理法則都相同。這會導致一項結果，即洛倫茲轉換（適用於空間和時間坐標）必定支配慣性系之間的轉換。因此，狹義相對論的內容可以用一句話總結：所有自然法則都必須在洛倫茲轉換之下維持不變（協變）。由此可以推知，兩個相隔事件的「同時性」並不是固定不變的概念，剛體的大小和時鐘的速度都與運動狀態有關。另一項結果是，當物體速度與光速接近時，必須修改牛頓運動定律。另外，還導出質能互換原理，將原本分開的質量守恆原理和能量守恆原理合而為一。一旦點明同時性是相對且與坐標系有關之後，物理學基礎就不可能保有遠距作用了，因為該概念是以同時性具有絕對性為前提的（並用兩質點「在相同時間」的位置來計算作用力）。

廣義相對論的起源，是試圖解釋自伽利略和牛頓時代開始已得知，但迄今仍然無法用一般理論解釋的事實：物體的慣性和重量，本身是兩種完全不同的東西，但是都用同一個常數（質量）來測量。基於這種相當性，不可能有任何實驗能區分特定的坐標系是在加速，或是進行直線等速運動，而觀察到的效應是由重力場造成（這就是廣義相對論的等效原理）。一旦引進重力，就會粉碎慣性系的概念，這裡可注意的是，慣性系是伽利略與牛頓力學的一個弱點，因為它假定物理空間具有一種神秘的特質，會限

制符合慣性法則和牛頓運動定律的坐標系種類。

　　下面的假設能避免這些難題：自然法則的表述方式，其形式對於任何運動狀態的坐標系都必須保持相同；廣義相對論的任務，便是完成這項工作。另一方面，從狹義相對論推知在時空連續體中存在黎曼度規，依照等效原理，這既描述了重力場，也描述了空間的度規性質。若假設重力的場方程式是二階微分方程式，場定律便可確立了。

　　場物理學原來和牛頓力學一樣賦予空間獨立的物理特質，卻又因為使用慣性系而隱藏這假設。廣義相對論讓場物理學擺脫這種束手無策的狀態，不過該理論至今視為定論的部分，仍然無法宣稱可作為物理學的終極基礎。首先，理論中出現的場包含重力場和電磁場兩部分，兩者間卻在邏輯上毫無相關。其次，這個理論像以前的場論一樣，迄今仍未提出物質原子結構的解釋。這項失敗或許與它至今無法解釋量子現象，多少有些關係。為了理解這些現象，物理學家被迫採用全新的方式，現在我們來討論量子論的基本特徵。

　　一九○○年在純理論研究的進程中，普朗克做出一項驚人的發現：與溫度相關的物體輻射定律，與馬克士威的電動力學定律相違背。為了得到與實驗一致的結果，必須將特定頻率的輻射當成是「能量原子」所組成，其個別能量為hv，其中h為普朗克的普氏常數。隨後幾年，人們發現光都是以這種能量單元的形式產生與吸收。波耳進一步以這種能量原子的放射或吸收來解釋為何原子只具有個別明確的能量值，以及原子能階的變換，他據此相當成功地解釋了原子的結構。這幫助我們了解到，當元素和化合

物處於氣態時，輻射和吸收的光都具有確切的頻率才行，這現象無法用既有的理論框架來解釋。顯然，至少在原子現象的領域裡，物理事件的本質是由各個狀態間不連續的轉變而決定，普朗克常數h扮演關鍵的角色。

接下來由德布洛伊邁出另一步。他自問道，用當時的概念要如何理解這些個別的物理態呢？結果他想到用駐波做類比，如同聲學中管風琴與弦的和諧頻率那樣。確實，這個波的本質仍是個謎，但是運用普朗克的參數h，可以建構出它的數學法則。德布洛伊猜測，電子繞原子核運動與這種假設的波列有關，並且透過對應波的駐定特徵，來解釋波耳「容許」路徑的特定性質。

既然力學中質點的運動是由作用力和力場來決定，因此可以預期這些力場也會以類似的方式影響德布洛伊的波場。薛丁格用一種巧妙的方法，重新詮釋古典力學的公式，描述如何計算這項影響。他更成功推廣波動力學理論，在未引入額外假設的狀況下，它便適用於含有任意個質點（即含有任意個自由度）的任何力學系統。這是因為含有n個質點的力學系統，在數學上可視為在3n個維度空間運動的單一質點。

根據這個理論，原本許許多多用其他理論似乎完全無法理解的現象，也都意外得到很好的解釋。但是奇怪的是，這個理論卻無法將薛丁格波與個別質點的運動連結起來。然而，這卻應是理論物理系統的原本目標。

這項困難似乎無法超越，直到波恩以意想不到的簡單方式克服了。原來，德布洛伊—薛丁格的波場雖然的確與事件相關，但是不該解釋為事件在時間和空間中實際發生狀況的數學描述；而

波恩將這些波場詮釋為系統的統計描述，只可用來預測系統測量的統計結果。

　　讓我以一個簡單的例子，說明量子力學的原則特徵：考慮一質點，被強度有限的作用力限制在一個有限的區域G，若是質點的動能低於某個值，根據古典力學，質點永遠不會離開區域G，但是根據量子力學，在一段無法直接預測的時間後，質點會從一個無法預測的方向離開區域G，逃入周遭的空間裡。這例子就是加莫所提出放射性蛻變的簡化模型。

　　這裡的量子力學描述如下：在時間t0，薛丁格的波系統完全在區域G內，但是從時間t0之後，這些波從各個方向離開G內部，一開始溢出波的波幅較原先G內部波系統的波幅小。隨著波愈加向外擴散，G內部的波幅就越來越小，後來從G裡面發出波的強度也對應減小。當經過無限久的時間後，G裡面的波都跑光了，而波則擴散到愈加廣大的空間裡。

　　但是，這種波動過程跟我們原本所關心的課題，即關在G內部的粒子有何關係呢？要回答這個問題，必須想像有某種裝置，讓我們能夠對粒子進行測量。例如，想像在周遭空間裡有一個屏幕，當粒子碰到就會黏住。那麼，根據波射到屏幕上某點的強度，就可以推論粒子在那時射到屏幕那點的機率。一旦射中屏幕上任何一點，整個波場就失去了所有的物理意義，其目的只在於對粒子射中屏幕上的位置與時間（或者是射中屏幕時的動量）進行機率預測。

　　其他的例子也都類似。量子力學的目標在於決定特定時間對系統進行測量結果的機率，換句話說，它並不試圖為時間與空間

中真正發生或存在的事件做出數學表述。在這一點上，今日的量子理論跟以往所有的物理學理論（包括力學或是場論）存在著根本的不同，量子理論不對時間與空間中實際的事件做模型描述，而是對各個時間測量可能結果做出機率預測。

我們必須知道，新的理論概念並不是憑空杜撰，而是受經驗事實的迫使。物理學原本想要建立直接的時間—空間模型，將光和物質現象中的粒子與波動特徵表達出來，至今這類嘗試都宣告失敗。海森堡明確指出，從實證觀點來看，由於實驗儀器的原子結構，要對自然做出嚴格決定性結構的判定是不可能的事。因此，寄望未來的知識發展能夠再度促使物理學放棄目前的統計性理論基礎，回到直接處理物理真實的決定性理論基礎，或許是辦不到的了。在邏輯上，這個問題似乎提供兩種可能性，原則上我們必須在兩者當中擇一。而最終的選擇，則要根據哪個描述在邏輯基礎上較為簡潔而決定。目前，我們連選擇的機會也沒有，因為沒有任何決定性的理論，既能直接描述事件本身，同時又與事實相符。

我們必須承認，現今還沒有任何全面的理論基礎，可作為物理學的邏輯基礎。到目前為止，場論已經在分子領域裡失敗了，各方面都同意唯一可能作為量子理論基礎的原則，將會是能夠把場論翻譯成量子統計學模式的原理。然而，最終這種方式是否能令人滿意，現在誰也不敢打包票。

包括我自己在內的一些物理學家，都不相信我們真的必須永遠放棄對時間與空間中的物理真實進行直接描述。現在理論逼迫我們得像賭博遊戲憑運氣一樣，接受自然中發生的事件。每個人

都可以自由選擇努力的方向，每個人也可以從萊辛一句至理名言中得到安慰，那就是「追尋真理比擁有真理更加可貴」。

116 科學的共同語言

一九四一年九月廿八日為倫敦「科學會議」所做的廣播談話，發表於倫敦《科學進展》第二卷第五期。

邁向語言的第一步，是將聲音或是其他可溝通的符號與感官印象集合。極有可能所有群居的動物，至少在某個程度都已經達到原始的溝通方式。語言發展的下一個層次，是要引入更高階的符號，和其他代表感官印象的符號建立關係，並為人們所理解。在這個階段，已經可能表達一串較為複雜的印象，可說語言已經存在了。如果語言要讓大家理解，一方面符號之間的關係必須有規則，另外一方面符號和印象之間必須有固定的對應關係。在兒童時期，用相同語言溝通最主要是靠直覺掌握其中的規則與關係，當人們能意識到符號關係的規則時，也就建立了所謂的語言文法。

在初期階段，詞彙會直接與感官印象對應，在後來的階段，有的字必須與其他字相連時才能傳達感知的關係（如「是」、「或」、「事物」等），於是一一對應關係就消失了。此時，用詞組來指涉感知，而非單詞。當有部分語言從印象背景中獨立出來的時候，內在協和性也就更加強烈。

唯有進一步發展，更常使用所謂的抽象概念時，語言才變成

理解世界真實意義的工具。但這項發展也同時讓語言變成錯誤欺騙的危險泉源，詞語如何對應印象世界能完全決定語言的效應。

究竟語言為什麼和思考擁有如此密切的關係呢？是不是不使用語言，就沒有思考，也就是在不一定需要用字彙來表達的概念和概念組合中，就沒有思考的存在呢？每個人不是都有類似的經驗，縱使「事物」之間的連結已經非常清楚了，但是仍然絞盡腦汁推敲文字的使用呢？

如果一個人周遭環境沒有語言的指引，卻仍然可以形成自己的概念，那麼我們可能會傾向於相信思考作用完全與語言無關。然而，在這種情況下長大的人，極有可能心智能力異常貧乏。因此可以總結說，個人的心智發展和形成概念的方式極為仰賴語言。這讓我們了解到，相同的語言如何意謂相同的心智；在這個意義上，思考和語言是相連的。

科學語言與我們一般所了解的語言有何不同？為何科學語言是國際性的？科學追求精準明確地描述概念之間的關係以及它與感官資料的對應，讓我們以歐幾里得幾何學和代數的語言為例說明。兩者以少許獨立的概念與符號進行操作，例如整數、直線、點，同時也使用一些基本運算的符號，代表基本概念之間的連結，這是構成也是定義其他陳述和概念的基礎。概念、陳述以及感官資料之間的關連，則是透過完善的計算與測量而建立。

科學概念以及科學語言的超國際特性，是因為這是有史以來各國最優秀的人才建立的。他們各自專注研究，最後的成果看來又算是通力合作而成，共同創造了科技革命的精神工具，在過去幾個世紀改變了人類的生活。他們的概念體系在錯綜複雜的知覺

中成為指引，讓我們得以從特定的觀察掌握出通則真理。

科學方法對人類帶來何種希望和危機呢？我不認為這種問法正確，工具在人類手裡究竟會製造出什麼東西，完全取決於人類心中的目標而定。一旦有了目標，科學方法會提供實現目標的手段。然而科學方法本身不會實現任何目標，不會將我們帶往任何地方；甚至，若不是人們心中強烈的求知慾，科學方法根本不會誕生。

依我之見，完美的手段與混亂的目標正是這個時代的特色。若我們真心渴望所有人都平安幸福，可以自由發揮天分，那麼我們欠缺的不是達成目標的手段。縱使只有少部分人渴望追求這種目標，長遠來看也終將獲得勝利。

117 $E = mc^2$

一九四六年四月紐約《科學畫刊》。

要了解質能等效原理，我們必須先談兩個守恆或是「平衡」原理；在相對論物理學之前，兩者之間獨立，享有很高的地位。這兩個原理分別是能量守恆原理以及質量守恆原理，第一項原理早在十七世紀時由萊布尼茲提出，十九世紀時發展為古典力學的一個定理。

以單擺為例，擺錘在A點和B點之間來回擺盪。質量為m的擺錘在這兩點，比路徑中最低的C點高出h（見圖）。換句話說，在C點質量位於低點，但卻具有速度v，好像增加的高度可

以完全轉變成速度，反之亦然。兩者之間的關係式可寫為 $mgh=\frac{m}{2}v^2$，g 代表重力加速度；有趣的是，這項關係與擺線長度及所經路線並沒有關係。

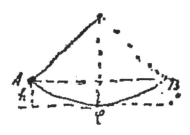

愛因斯坦手繪圖

　　重點是在這個過程裡有種東西保持不變，那就是能量。A 點和 B 點是位置的能量，即「位」能，在 C 點是運動的能量，即「動」能。若這個概念是正確的，那麼不管擺錘在什麼位置，mgh 與 $m\frac{v^2}{2}$ 的總和一定會相同，只要 h 代表超過 C 點的高度，v 是擺錘在路徑中該點的速度，結果真是這樣。推廣這項原理，讓我們得到機械能守恆定律。但是，如果摩擦使擺錘停止呢？

　　答案是在探究熱現象時得到的。這項研究假設熱是一種不滅的物質，會從較熱的物體流向較冷的物體，似乎帶來「熱守恆」的原理。另一方面，從古代就知道摩擦能夠產生熱，如印第安人懂得鑽木取火。物理學家曾經長期無法說明熱的「產生」，後來成功確認摩擦產生的熱，和消耗的機械能完全相等時，問題才算克服。於是，我們得到了「功熱等效」的原理，例如擺錘的機械能逐漸由摩擦轉換成熱。

　　在這種方式下，機械能守恆原理以及熱能守恆合併成一條原

理。自此之後，物理學家發現守恆原理能進一步擴充，將化學過程和電磁過程也一併包括進去，亦即擴及所有領域。在擴充定義之後，物理系統中能量的總和似乎不管經歷什麼變化都會保持不變。

現在來談質量守恆原理。質量可由物體反抗加速度的阻力來定義（慣性質量），也可以由物體的重量來度量（重力質量）。這兩個根本上不同的定義，竟然會導出相同的物體質量，真是教人詫異。質量守恆代表物體在任何物理變化或化學變化下其質量都會保持不變，質量似乎是物質最根本的特質（因為固定不變），加熱、融化、蒸發或是變成化合物，都不會改變總質量。

一直到數十年前為止，物理學家都還接受這項原理。但是當面對狹義相對論時，就顯然有所不足了，因而與能量守恆原理合併，就像六十年前機械能守恆原理與熱能守恆原理合併一樣。不妨說，能量守恆原理以前併吞了熱守恆原理，現在更進而併吞了質量守恆原理，獨霸整個領域。

習慣上將質量與能量等效以 $E = mc^2$ 表示（雖然不盡正確），其中 c 代表光的速度，大約是每秒 186000 哩，E 是靜止物體所含的能量，m 是質量；質量 m 含有的能量，等於質量與巨大光速的平方相乘，也就是說每單位的質量含有巨大的能量。

不過問題是，如果每公克的物質都含有巨大的能量，為什麼長久以來都沒有人發現呢？答案非常簡單，只要沒有能量外流，就不會觀察到。好比一個非常有錢的人，他從來不花錢也不捐獻，就沒有人知道他到底多有錢。

現在我們將關係倒過來說，若是能量增加 E，必定會伴隨質

量增加 $\dfrac{E}{c^2}$。若可以輕易把能量給物質，例如加熱十度，那麼為什麼不能夠測量變化中質量或重量的增加呢？這裡的困難是，當質量增加時，分數中的分母含有巨大無比的因子 c^2，在這種情況下，質量的增加過於微小，無法直接測量，縱使再靈敏的天平也不行。

質量要增加到能夠被測量出來，那麼每單位質量的能量變化將會非常巨大。現在據我們所知單位質量會釋放這麼多能量的現象僅限於放射性蛻變。基本過程如下：質量M的原子分裂成為質量M'與M"的兩個原子，分開時會各自帶走巨大的動能。如果想辦法讓這兩個原子停下，也就是將動能移除，那麼合起來看，兩者的能量會比原來的原子少很多。根據質能等效原理，蛻變產物的質量總和M'＋M"必定也要比原先蛻變前原子的質量M少些，與舊的質量守恆原理不符，兩者的差別約是千分之一。

雖然我們實際上無法測量個別原子的重量，但是卻有間接的方法可以精確測得。同樣地，我們也可以測量傳給蛻變產物M'＋M"的動能，就有可能測量並驗證質能互換公式。而且，這條法則也可以讓我們事先從精密測得的原子量，計算原子蛻變時會釋出多少能量。當然，這條法則並未告訴我們是否能夠與如何促使蛻變發生。

以剛才的有錢人為例，可以說明上面的情況。原子M是一個有錢的守財奴，終其一生都沒有花掉任何錢財（能量）。但是在遺囑中，他將所有財富遺贈給兩名兒子，條件是他們必須回饋社會一小筆錢，全部不超過總資產（能量或質量）的千分之一。兩個兒子加在一起的錢，會比父親少些（質量M'＋M"的總和比

蛻變原子的質量M稍少），然而回饋社會的那部分雖然相對很小，仍然是一筆龐大的數額（以動能來看），恐怕將成為罪惡淵藪。避免核能浩劫，已經成為這個時代最迫切的問題了。

118　廣義重力理論

《科學美國人》一九五〇年四月，一百八十二期。

　　《科學美國人》的編輯邀請我談談最近發表的工作。簡言之，這是場物理基礎的數學研究。

　　有些讀者會很納悶：我們不是在學校裡就學完物理基礎了嗎？這個問題很難回答，與詮釋有關。我們對於概念和基本關係是如此的熟悉，讓人們能了解錯綜複雜的日常現象，並用數學加以描述。從一方面來說，這些概念和關係可能已經是最為基本，不能再進一步分析。例如，光線的折射定律，或是古典熱力學（基於壓力、體積、溫度、熱、作功等概念，以及永動機不存在的假設）。

　　那麼，為什麼我們要持續弄出新的理論呢？為什麼我們一定要有「理論」？這是因為人們總是試圖「了解」事物，也就是透過邏輯過程，把所觀察到的現象化約為原本已經知道或是很明顯的陳述。當碰到原來理論不能「解釋」的新現象時，當然需要新的理論。不過，這個出發點雖明顯卻有些平庸。發展新理論還有另外一個較複雜，卻同樣重要的原因：那就是讓理論整體邁向統一與簡潔化（這也就是馬赫在邏輯學上的經濟化原理）。

對於理解的渴求與熱忱，和對於音樂的熱忱是類似的。許多小孩子都有這種熱情，但大多數人長大後就逐漸消失。如果沒有這份熱情，就不會有數學或自然科學了。然而，有時候對於了解的熱情會導致一個幻覺，就是不需要根據任何經驗作為基礎，就能夠理解客觀世界。說穿了，這就是形而上學。我認為，大多數理論家都是有克制的形而上學家，不管他自認多麼堅持「實證主義」。「有克制」的形而上學家並非相信「所有」邏輯上簡單的都是真理，然而我們感官經驗的總和，卻肯定可以靠著建立一個高度簡潔的邏輯系統來加以理解。懷疑這一點的人，稱這是「奇蹟信念」。雖然我承認這有信念的成分，然而科學的發展，一而再、再而三地證實了這項奇蹟。

原子理論的建立是一個很好的例子。古希臘的留基伯[8]怎麼會有這個驚天動地的想法？他觀察到，水結凍為冰之後，其性質似乎完全與水不同，然而冰在融化之後，卻又變為和原來一模一樣的水。留基伯對此感到很困擾，並試圖提出「解釋」。他的結論是，在相變的過程中，物質的「本質」並沒有改變。或許，水只是由不能分裂的粒子所組成，而相變只是這些粒子的重組。更進一步地，是不是所有的物質都是這樣，我們才會在各處找到性質幾乎完全相同的物質呢？

這個觀念在西方思想長期冬眠中，並未完全消失。在留基伯之後兩千年，伯努利很好奇為何氣體會對容器壁造成壓力。這應

---

[8]　編註：留基伯是公元前五世紀的古希臘哲學家，也是前述德謨克利特的老師。傳聞是他最早提出原子論，然而其人究竟是否存在仍有爭議。

該用牛頓力學「解釋」是因為氣體各部分互相排斥造成的嗎？這個假設看起來很荒謬，因為在保持其他變因之下氣體壓力與溫度有關。牛頓式交互作用與溫度有關，與力學的精神相違背，既然伯努利知道原子論的概念，他的必然結論是：原子（分子）與容器壁碰撞，因此產生壓力。畢竟，必須假定原子在運動，否則如何解釋氣體的溫度變化呢？

　　簡單的力學思考後，可發現壓力只與粒子的動能和密度有關，這應該會讓當時的物理學家得出結論，知道熱是由原子的不規則運動所造成。若他們給予應有的認真對待，原本可望大幅推進熱理論的發展，尤其是熱與機械能等效性的發現，但事實並未如此順利發展。

　　這個例子可說明兩點：理論想法（在這裡指原子論）並不是脫離經驗而獨立的，也不能靠純粹的邏輯推斷從經驗推導出來，而是創造產生的。一旦得到一個理論想法，不妨趕緊抓住，直到結論站不住腳為止。

　　至於我最近的理論研究，我認為還不宜向對科學有興趣的廣大讀者做詳細說明。我認為，只有經由實驗充分檢驗的理論，才值得大書特書。此刻，對我的新研究或可稍加說明，主要是這理論的前提假設相當簡單，且與已知事實（純重力場定律）有密切連繫，廣大的讀者或許有興趣了解這一連串的思想發展，是如何導致充滿思辨推論的探究追尋。另外，也可以看到途中遭遇的困難，以及是如何克服的。

　　牛頓物理學以質點或粒子為基本的理論概念，以對物體進行理論描述。因此，物質在先驗上被認為是不連續的，自然而然也

認為質點之間的作用力是「遠距作用」。由於這個概念與日常經驗格格不入，所以牛頓本人與他同時代的人，也覺得難以接受。但是，由於牛頓力學驚人的成功，後代的物理學家也習慣了遠距作用的想法，久而久之，這些質疑也遭淹沒。

但是，在十九世紀下半葉發現電動力學定律，這些新的法則卻無法圓滿融入牛頓體系中。這不禁引人深思：如果法拉第接受了正規的大學教育，他是否能發現電磁感應定律呢？他未受到傳統思考方式的阻礙，把「場」當作真實的獨立元素引進來，因而幫助釐清實驗事實。馬克士威終於完全了解場概念的意義，做出一項根本的發現：他的電磁場微分方程組完整提供電動力學的自然表述。這些方程式暗示波的存在，其特質與當時所知道光的特質相同。

將光學合併到電磁理論中，代表物理學基礎邁向統一的重大勝利；馬克士威單以理論論證就達成這項統一，而且早在赫茲以實驗確認之前。這項創見讓人們得以拋棄遠距作用的假說，至少在電磁現象的領域裡；介於其中的場現在看起來像是物體之間電磁交互作用的唯一載體，而場的行為則完全由微分方程式表達，而沒有遠距作用的成分。

現在問題來了：既然場存在真空中，我們是應該將場想像成是某種「載體」的物理狀態，或是賦予「場」獨立的存在，而不能再簡化為別的東西？換句話說，是否有負載場的「以太」這種介質存在，當攜帶光波時處於波動的狀態呢？

這個問題有一個自然的答案？因為我們無法免除場的概念，所以最好不要引入性質不明的載體。然而，首先發現場概念無法

免除的先驅們，仍然深深浸淫在傳統的力學思想，無法毅然決然接受這種簡單的觀點。不過在接下來數十年的發展中，這種觀點不知不覺被採納了。

把場當作基本概念，卻會造成理論方面的一項矛盾。馬克士威的理論雖能妥善地描述帶電粒子之間交互作用，卻不能解釋電荷密度的行為，也就是說，它無法提供粒子本身的理論。因此必須根據舊的作法將粒子當成質點處理。連續場和空間裡不連續的質點，似乎格格不入。完全自洽的場論，需要理論中所有元素都具有連續性，不只是時間，也包括空間，以及空間中所有的點，因此物質粒子無法成為場論中的基本概念。因此，縱使未將重力納入，馬克士威的電動力學依然無法被當成完整的理論。

真空的馬克士威方程式在空間坐標和時間洛倫茲轉換（一種特別的線性轉換）之下，會保持形式不變（洛倫茲轉換下維持「協變」）。當然，如果某轉換是由兩個或兩個以上的轉換組成，協變也會成立，這代表洛倫茲轉換滿足數學「群」的特性。

馬克士威方程式蘊藏著「洛倫茲群」，但是洛倫茲群卻未必能推導出馬克士威方程式。若將洛倫茲群定義為能保有恆定光速的線性轉換群，則它確實可以獨立於馬克士威方程式存在。這種變換適用於從一個「慣性系」轉換到另一個做相對等速運動的慣性系，轉換群最突出的新奇特徵是它拋棄了絕對同時概念。我們相信，物理學所有方程式相對於洛倫茲轉換（狹義相對論）都維持協變，因而由馬克士威方程式導出一個具有啟發性的原理，其有效性已遠遠超過這些方程式本身的適用範圍。

狹義相對論和牛頓力學有一個共同點，兩個理論中的運動定

律都只有相對於「慣性系」的坐標系才成立；在慣性系中，「不受力」的質點相對於坐標系不會加速。然而，若是沒有獨立方式判定作用力不存在，這種定義也是一場空；但如果將重力視為一種「場」，那麼這種辨識方法也不存在了。

假設 A 是一個系統，相對於「慣性系」I 做等加速度運動。相對於 I 未加速度的質點，相對於 A 都呈加速狀態，這些質點加速度的大小和方向都是相同，行為表現好像相對於 A 有一個均勻重力場存在，因為重力場的特質是：加速度與物體的特性無關。沒有理由不將這個行為解釋為「真正」的重力場作用（等效原理），這種詮釋把 A 當成「慣性系」，縱使它相對於另外一個慣性系加速（要讓這論點成立，必須認定重力場可以獨立於物質存在。因此，這種論據對於牛頓來說顯然不具說服力）。於是，慣性系、慣性定律以及運動定律等概念都喪失了具體的意義，不只是在古典物理學，在狹義相對論也一樣。再者，循著這個思考脈絡，相對於 A 來說，時間不能用相同的時鐘來測量，甚至坐標差也喪失直接物理意義。在重重困難之下，難道我們要繼續堅持慣性系的概念，卻放棄試圖對重力現象的基本特質（在牛頓體系中其表現為慣性質量和重力質量的等效性）做解釋嗎？凡是相信自然可以理解的人士，一定會說「不」。

這就是等效原理的核心課題：為了要解釋慣性質量和重力質量的等價，在理論中必須允許四維坐標的非線性轉換。洛倫茲轉換群（也就是先前「允許」的坐標系集）必須進一步擴張。

那麼，洛倫茲轉換群可用什麼坐標轉換群來代替呢？根據高斯和黎曼的基本研究，這問題在數學上已有一個答案：合適的代

替者是坐標的一切連續（解析的）轉換群。在這些轉換下，唯一保持不變的是臨近點有幾乎相同的坐標值；坐標系僅僅表達點在空間中的拓撲次序（包括四維特質）。在相對於坐標的一切連續轉換之下，表達自然法則的方程式都必須保持協變，這就是廣義相對論原理。

剛才講的這套方法，克服了力學基礎上的缺陷，這個問題牛頓以前已經注意到，萊布尼茲以及兩百年後的馬赫也都批評過，那就是：慣性會抵抗加速度，但是相對什麼的加速度呢？在古典力學的架構裡，唯一的答案是：慣性會抵抗相對於空間的加速度。這是空間的一項物理特質，空間會作用在物體上，但是物體不會作用在空間上，可能是牛頓主張「空間是絕對的」更深層意義。但是，這個想法讓某些人感到不安，尤其是萊布尼茲，他不賦予空間獨立的存在，認為空間只是「東西」之間的關係（物體的鄰近性）。不過，即使這份合理的懷疑在當時廣被接受，很難說對物理學是好是壞，因為後續所需的實證和理論基礎，在十七世紀時都尚未具備。

根據廣義相對論，抽離任何物理內容的空間概念是不存在的。空間的物理真實是由場代表，其分量是四個獨立變量（空間和時間坐標）的連續函數。正是這種特別的依存關係，代表物理真實的空間特質。

既然廣義相對論要求物理真實是連續的場，粒子、質點甚或運動等概念都無法起基本的作用；粒子只是空間中場的強度或是能量密度特別高的一個有限區域。

任何相對性理論必須回答兩個問題：（1）場的數學特徵是

什麼？（2）適用於場的方程式是什麼？

關於第一個問題，從數學觀點來看，坐標轉換時場分量的轉換方式，決定了場的特徵。關於第二個問題，在滿足廣義相對論的公設之下，方程式必須充分決定場函數。這種要求是否能滿足，取決於選擇場的類型。

要根據這樣高度抽象的綱領，企圖理解經驗資料之間的相關性，乍看之下幾乎毫無希望。事實上，這個作法等於是問道：在遵守廣義相對論原理之下，最簡單的物理量（場）必須具有的最簡單特徵為何？從嚴謹邏輯的觀點來看，這個問題的「雙重性」已經是災難一場，更不用說「簡單」的概念是如何籠統模糊。再者，從物理學的觀點來看，更是無法保證「邏輯簡單」的理論便是「真理」。

然而，任何理論都具有臆測成分。比較起來，當理論的基本概念與經驗接近（如作用力、壓力、質量等概念）時，較不容易察覺其臆測的本質。然而，若某理論需要運用複雜的邏輯過程，才有可能從可檢驗的前提推出結論的話，我們會比較意識到理論的推測本質。在這種情況下，對於認識論邏輯分析較沒有經驗的人，或是在自己熟悉的領域裡未察覺到理論思考本質多變的人，很容易排斥這種作法。

另一方面，必須承認如果理論的基本概念和假說「接近經驗」，將具有重大的優勢，對於這種理論信心較強也是合理的。這種理論完全錯誤的危險比較少，尤其不需太費時間精力就能將它與實驗做比較。然而，隨著知識加深，在尋求物理學理論基礎的邏輯簡單與一致性時，我們必須放棄這種優勢。在此得承認，

廣義相對論為追求邏輯簡單，放棄「接近經驗」的基本概念，這一步較先前的理論都更為徹底；對於重力理論來說已是如此，對於企圖涵蓋所有物理場性質的新推廣更是如此。在這個廣義的理論中，從理論前提推導出與實證資料牴觸的程度，實在是過於困難，至今沒有結果。現在，支持這項理論的是邏輯的簡單與「剛性」；這裡的「剛性」指理論非對即錯，而且在結構上沒有模糊空間。

　　阻礙相對論發展最大的內在困難在於問題的雙重性，剛才兩個問題已經點出。這種雙重性就是為何理論以兩階段發展，而且時間相隔甚遠。第一個階段是重力理論，以前面討論的等效原理為基礎，並依據下列考量：根據狹義相對論，光有固定不變的傳播速度，若是在真空裡光線從一點出發，以三維坐標系的坐標 x_1、x_2 和 x_3 表示，在時間 x_4 時以球面波散播，在時間 $x_4 + dx_4$ 時到達一個鄰近點（$x_1 + dx_1$, $x_2 + dx_2$, $x_3 + dx_3$）。帶入光速 c，式子可寫為：

$$\sqrt{(dx_1{}^2 + dx_2{}^2 + dx_3{}^2)} = c\,dx_4$$

也可以寫成這樣的式子：

$$dx_1{}^2 + dx_2{}^2 + dx_3{}^2 - c^2\,dx_4{}^2 = 0$$

　　若坐標轉換只限於狹義相對論性，則這個式子對於所有慣性系都成立，因此它代表著四維時空裡兩個鄰近點之間的「客觀」關係。不過，如果按照廣義相對性原理，允許坐標任意連續轉換，此等關係就會喪失這種簡單形式，而被更廣泛的形式所

取代：

$$\sum_{ik} g_{ik}\, dx_i\, dx_k = 0$$

其中 g_{ik} 是坐標的函數，若進行連續坐標轉換的話，就會以特定的方式轉換。依照等效原理，這些 g_{ik} 函數描述一種特別的重力場，這種場可在「無外場」的狀況下出現。g_{ik} 滿足特定的轉換法則，從數學上來說是「張量」的分量，在所有轉換中都會保存對稱性。這種對稱性可由下列式子表達：

$$g_{ik} = g_{ki}$$

這引起下面的想法：在上例中 g_{ik} 由狹義相對論真空出發，經坐標變換獲得。那麼，對於不能以這種方式得到的任意度規張量，是否仍具客觀物理意義？雖然我們無法期待這種對稱張量可以描述所有交互作用，但是或許可以描述特殊的「純重力場」現象。因此，至少對這個獨特的狀況來說，廣義相對論必須假設重力場就是以對稱度規張量來描述。

所以，現在只剩下第二個問題：對稱張量場要滿足何種協變場定律呢？

在我們這個時代，要回答這個問題並不難，因為手中已經有必要的數學概念，這就是曲面的度量理論，在一百年前由高斯建立，並由黎曼擴張到任意維數的流形上。這種純數學研究帶來許多驚人的成果，對於 g_{ik}，可假設場定律的微分方程不能低於二階，也就是其坐標至少必須包含 g_{ik} 的二階導數。假若場定律中沒有出現高於二階的導數，廣義相對性原理在數學上就確立了這

個場定律的形式。這個方程組可寫成以下的式子：

$$R_{ik} = 0$$

R_{ik} 的轉換方式和 g_{ik} 一樣，也會維持對稱張量形式。

只要把質點當成場的奇點，這些微分方程式就會完全取代牛頓的天體運動理論。換句話說，它們包含作用力定律與運動定律，「慣性系」不再占據特殊地位。

物質以奇點形式出現，代表物質本身無法由對稱的 g_{ik} 場或「重力場」來解釋。簡單如重力僅具引力不具斥力這一現象，也無法從這個理論推導出來。顯然，完整的相對論性場論必須根據更複雜的場，也就是對稱張量場需進一步推廣才行。

在考慮這種推廣之前，有兩點對於重力理論的解釋非常重要。

第一項觀察是，廣義相對論原理對於理論的可能形式加以非常嚴格的限制，若是沒有這項限制性的原理，實際上不可能有人找得到重力方程式，甚至用狹義相對性原理出發，且知道場必須由對稱張量來描述也還不行。我認為，除非採用廣義相對性原理，否則累積再多的經驗與觀測都無法導出這些方程式。這就是為何在我看來，除非一開始基本觀念就符合廣義相對性，否則對物理學基礎更深入的探討都注定徒勞無功。這種情況讓我們在尋求物理學的基本概念和關係時，再怎麼廣泛的實證知識都很難發揮作用，迫使我們得多運用自由臆測，這遠遠超過大多數物理學家所能接受的範圍。因此，我看不到有任何理由，去假定廣義相對性原理只對重力無比重要，其餘的物理學只要根據狹義相對

論分別處理即可，然後冀望它在日後可以完全融合進廣義相對性的基礎裡。我不認為這種態度客觀上是合理的，雖然從歷史上來看是可以理解的。我們今日知道的重力作用微弱，但這不成為決定性的理由，讓我們忽略廣義相對論原理在理論研究上的根本角色。當代物理學家常問：若是沒有重力的話，物理學是什麼樣子？而我根本不承認這是合理的問題。

　　第二個要注意的是：重力方程組是由對稱張量 g_{ik} 十個分量的十個微分方程式所組成。在非廣義相對論的情況中，若是方程式的數目相等於未知函數的數目，那麼系統通常有解。一般解形成的流形中有一定數目的三變量函數可以任意選取。在廣義相對論中，這問題有些麻煩。由於坐標系可以任意選擇，意謂著在這些解的十個函數（或場分量）當中，可以適當選擇坐標系，讓四個函數具有特定值，換句話說，廣義相對論原理暗示，要藉由微分方程求解的函數數目不是10，而是10−4=6。對於這六個函數，只能假設六個獨立的微分方程式，在重力場的十個微分方程式中，應當只有六個互相獨立，並借助四個關係（恆等式）連繫。在十個重力方程式左邊張量R中，確實存在四個恆等式（畢安期恆等式），保證了這十個方程式的「相容性」。

　　在場變量的數目等於微分方程式數目的情況下，若是這些方程式可從變分原理推得，那麼永遠可以保證相容性，重力方程式的情況就是如此。

　　然而，十個微分方程式無法完全由六個微分方程式取代，這個方程式組確實被「過度確定」。但是由於恆等式的存在，這種過度確定並不會失去相容性，也就是這些解的流形未受嚴格限

制。重力方程式蘊含運動定律一事，與這種（允許的）過度確定
有密切關係。

知道這些事情後，無須牽涉到數學細節，也很容易了解目前
研究的本質。問題是要建立包含所有場的相對性理論，其中最重
要的線索是：對於純重力場這種特殊的情況，解已經存在了。因
此，我們要尋找的理論必定是重力場理論的推廣。首要問題是：
什麼是對稱張量場的自然推廣呢？

這個問題不能單獨回答，必須與另一個問題一起回答。場的
何種推廣會提供最自然的理論體系呢？我現階段理論所提出的答
案是，對稱張量場必須由一個非對稱張量場取代，這表示場分量
必須放棄 $g_{ik} = g_{ki}$ 的條件，在這種情況下，場會有十六個分量，而
非只有十個獨立分量。

剩下來的任務是，建立非對稱張量場的相對論性微分方程
式。在試圖解決這個問題時，會遇上對稱場沒有的難題，因為廣
義相對論原理並不足以完全確定場方程式，主要是場對稱部分的
轉換定律不包含反對稱部分的分量，反之亦然。也許，這是以前
很少嘗試這種場推廣的原因。唯有在這個理論的形式體系中牽涉
所有場分量，而非由對稱部分和反對稱部分分別起作用，才能自
然地包含反對稱的成分。

結果，這項要求果真能以自然的方式滿足。不過，這項要求
與廣義相對性原理合起來，仍然不足以確定唯一的場方程式。我
們要記住，這個方程組必須滿足進一步的條件：方程式必須相
容。上面提到，如果這些方程式能以變分原理導出，這個條件就
會自動滿足了。

這真的可以做到，雖然方式不像對稱場的情況那般自然。而且，我發現這可以由兩種不同的方式達成，令人感到不安。這些變分原理提供兩個方程式組，讓我們記為 E_1 和 E_2，彼此都不同（儘管相差甚微），各自都有不完備性，結果甚至相容性的條件也不足以唯一確立方程式。

事實上，E_1 和 E_2 這兩個方程組的形式缺陷，正好指出一個可能解決之道：我發現有第三個方程組 E_3 存在，卻沒有 E_1 和 E_2 兩個方程組的形式缺陷。E_3 代表兩者的結合，E_3 的每一個解也是 E_1 和 E_2 的解，顯示 E_3 可能是我們在尋找的系統。那麼，為何不假設 E_3 就是該方程組呢？在進一步的分析之前，這種作法並不妥當，因為 E_1 和 E_2 的相容性，並未蘊含較強方程組 E_3 的相容性，其方程式數目比場分量多四個。

若暫且撇開相容性的問題，另一考量卻顯示較強的 E_3 方程組是重力方程式唯一真正的自然推廣。

但是 E_3 不是一個相容的方程組。E_1 和 E_2 這兩個方程組由足夠數目的恆等式來確保其相容性，意思是每個特定時間值滿足方程式的場，都有一個連續的展延，代表在四維空間的一個解。然而，E_3 方程組無法以相同的方式展延，以古典力學的語言或許可以說：在 E_3 方程組的情況中，「初始條件」無法自由選擇。真正重要的是下面問題的答案：E_3 方程組解的流形是否足夠廣泛，得以描述物理可能性呢？這個純數學問題，至今尚未解決。

懷疑論者會說：「就算從邏輯觀點來看這個方程組完全合理，但無法證明它是否符合自然。」親愛的懷疑論者，您是對的！唯有經驗可以判定真理，但是如果能夠成功提出一個有意義

和精準的問題，我們就算有所成就了。不管知道如何豐富的經驗事實，要加以證實或駁斥這理論並不容易。要從方程式推導出與經驗對應的結論，還需費一番苦功，或許還需要新的數學方法。

119 致義大利科學促進會的賀信

一九五〇年致義大利科學促進會於盧加舉辦的第四十二屆會議賀信，以英文發表於聯合國教科文組織《影響》一九五〇年秋季號。

首先，讓我衷心感謝大家盛情邀請我參加這次會議，若健康允許，我相當樂意接受邀請。既然歲月不饒人，我只能遠隔重洋從家裡捎來一封簡短的賀信。我這麼做，並非幻想自己有真知灼見，能開拓大家的視野，而是生活在這個紛擾不安的時代，是如此地缺乏明確的目標，單是清楚表白信念或許就值得為之；儘管這些信念像價值判斷一樣，無法用邏輯推演來證明。

這裡馬上出現一個問題：追求真理，或是比較謙卑的說法，想要透過建設性的邏輯思考來認識可知宇宙的努力，可否視為我們研究的獨立目標呢？或者，我們對真理的追求是從屬於其他的目標之下，例如屬於某些「實際」的目標呢？這個問題不能根據邏輯來做決定，不過出於至堅至深的信念所做的決定，將對我們的思考與道德判斷產生重大影響。那麼，就讓我自己坦白以告：就我自身而言，努力奮鬥想要獲得更深入的見解與知識，便是獨立的目標；若是缺乏這種目標，有思想的人對待人生就無法抱持

積極自覺的態度。

我們追求知識的本質在於：一方面，我們企圖涵蓋人類豐富又複雜的經驗；另一方面，我們尋求基本假設中的簡單與經濟。有鑑於我們現在的科學知識仍處於原始階段，相信這兩個目標能夠並存，必須出於信念；若是沒有這種信念，我也無法如此強烈並堅定地肯定知識的獨立價值。

從事科學研究工作的人，抱持這種蘊含宗教意味的態度，對於整個人格會產生影響。除了從經驗累積和邏輯運思規則所獲得的知識，對於科學人來說並不存在所謂的權威，其決定和言語本身即代表「真理」。這導致一種矛盾：科學家致力去研究客觀的事物，但從社會觀點來看，卻變成極端的個人主義者，至少在原則上，他只信仰自己的判斷。因此，幾乎可以斷言追求知性的個人主義與科學時代在歷史上同時出現，而且至今形影不離。

有些人可能會說，這裡描繪的「科學人」是一種抽象的存在，並未真正存在於這個世界上，很像古典經濟學中所說的「經濟人」。但是對我來說，要不是古往今來有這麼多貼近這份理想的人物存在，今日的科學也不會存在了。

當然，並不是每一位會直接或間接使用看起來像「科學」工具和方法的人，就算是我心目中的科學人。我指的是，心中真的存有科學精神的人。

那麼，今日的科學人在社會中處於何種地位呢？顯然，他非常自豪科學家的工作根本改變了人類的經濟生活，幾乎完全淘汰掉勞力工作。然而，他又感到不安，因為科學研究成果已對人類造成威脅，落入盲目追求政治權力的信徒手中。他意識到，自己

工作所造就的科技革新，反倒讓經濟與政治權力集中到少數人手裡，他們完全掌控了日益軟弱的社會大眾。但是更嚴重的是：經濟和政治權力集中在少數人手裡，迫使科學人在經濟上產生依賴，同時也威脅精神獨立；權力對科學家的才智與精神施加不當影響，會阻礙真正獨立人格的發展。

因此，正如我們親眼所見，科學人遭逢一種真正悲慘的命運。當他透過超乎常人的努力，一心一意想要追求思想清晰和精神獨立，沒想到卻製造出物質上奴役他、心靈上又會毀滅他的工具。那些掌握政治權力的人張牙舞爪、使他不得不噤若寒蟬；作為士兵，他被迫犧牲自己的生命去消滅別人的生命，儘管他心裡明白這種犧牲荒謬又愚蠢。他清楚知道，全面的毀滅不可避免，因為歷史發展已經導致政治、經濟和軍事全部權力都集中到國家政權手裡。他也體認到，唯有創造以法律為根本的超國家制度來消滅武力，人類才得以獲救。可是，科學人卻節節敗退，居然把國家政權強壓他身上的奴役，當作不可避免的命運而承受，甚至自甘墮落，乖乖貢獻才智，幫忙完成注定會造成人類全面毀滅的工具。

難道科學人真的無法逃離這種命運嗎？他一定得承受與容忍這一切的屈辱嗎？他以自由獨立精神和思考研究所喚醒的年代，那個讓他有機會啟迪同胞與豐富生命的年代，真的一去不復返了嗎？當研究過於專注在理性基礎上，他豈非忘了作為科學家的責任和尊嚴嗎？我的回答是：一個天生自由和嚴謹的人或許會被消滅，但是這種人絕對不會甘受奴役，或是被當成盲目的工具任憑使喚。

如果今天的科學人能夠有時間和勇氣，誠懇並嚴格地審視自己的處境和面臨的任務，並且有所作為，那麼目前險峻的國際局勢才可望獲得公正妥善的改進。

120　哥白尼逝世四百一十周年紀念會演講

一九五三年十二月在紐約哥倫比亞大學紀念晚會上演講。

我們今天在此，帶著愉快感激的心情紀念這位人士，他讓西方從宗教和學術統治的枷鎖解放出來，貢獻卓著讓他人難以望其項背。

在古希臘時期，固然有一些學者相信地球並非世界的自然中心；但是這份宇宙認知，在古代並未受到真正的肯定。亞里士多德和希臘天文學派依舊堅守地球中心的概念，鮮少有人提出質疑。

極力主張太陽中心概念的優越性，必須具備難得的思考獨立能力和直覺，也要通曉當時不易取得的天文知識。哥白尼的偉大成就，不僅鋪就通往現代天文學的道路，也讓人們的宇宙觀產生關鍵的變革。一旦正視到地球並非世界的中心，只是一顆小小的行星之後，以人為萬物中心的錯覺也如過眼雲煙了。可以說，哥白尼以其研究和偉大的人格，教導人們要謙卑。

沒有一個民族可為出了這樣一位人才而驕傲。面對哥白尼這般內心獨立的人士，所謂的民族驕傲是如此微弱渺小啊！

121　相對論的空間問題

《狹義和廣義相對論淺說》修訂本附錄，一九五四年倫敦梅圖恩出版社出版，此由勞森翻譯。

牛頓物理學除了物質之外，亦賦予空間與時間獨立、真實的存在，這是因為牛頓的運動定律出現加速度的概念。但是在古典力學中，加速度只能指「對於空間的加速度」。為了要讓運動定律中出現的加速度帶有意義，必須將牛頓的空間視為「靜止」，或至少是「非加速」的；時間也是如此，以類似方式進入加速度的概念裡。對牛頓本人與他同時代有力的批評人士來說，要賦予空間本身與其運動狀有物理真實這點令人不自在，但是如果想要讓力學有清晰的意義，在當時別無他法。

要賦予空間（尤其是真空）物理真實，確實是一種苛求。自古以來，哲學家就一直抗拒這種假定。笛卡兒的論證方法基本如下：空間就是展延，但是展延由物體定義，所以空無一物的真空是沒有意義的。這項論據的弱點主要如下：展延的概念確實源自於人們排列或接觸固體的經驗而來，但是不能驟下結論說，在沒有物體促成這概念的情況之下，展延就沒有使用的餘地。這種概念的擴張若能增進對實證結果的理解，就得以間接視為合理。因此，斷言展延只限於物體，是沒有根據的作法。但是，我們後面會看到，廣義相對論繞了一圈還是確認了笛卡兒的想法。笛卡兒之所以產生看似奇怪的觀點，應該是他感覺到若不是情非得已的話，人們不需要對空間這般無法「直接經驗」的東西賦予真實

性。[9]

　　空間概念的心理起源或其必要性，並不像我們單純想像中那般顯然。古代幾何學家處理的是概念客體（點、線、面），不像後來的解析幾何真正處理到空間。不過，一些原始經驗已點出空間的想法，假設造了一個箱子，物體可以在箱子裡面依某種方式排列，將箱子裝滿。容許這種排列是「箱子」這個物體的一項特質，隨箱子而出現，即箱子「所包圍的空間」。這個東西會隨箱子不同而不同，不管特定時刻箱子裡面是否有物體存在，很自然可視為空間存在。當箱子裡面沒有物體的時候，空間就變成「真空」。

　　到此為止，我們對空間的概念都與箱子相連。可是事實證明，以裝填構成箱子空間的可能性，與箱壁厚薄無關，那麼能否將箱壁厚度減至零，卻不至於使「空間」消失呢？這種極限過程顯得很自然，現在我們的想像中留下沒有箱子的空間，然而如果我們忘了這概念的來源，會覺得真空實在很不自然。人們可以了解，笛卡兒很討厭將空間視為是獨立於物體之外，不用物質也能夠存在的東西[10]（同時，這並沒有妨礙他在解析進幾何裡把空間當作一個基本概念來處理）。當人們注意到水銀氣壓計裡的真空時，無疑解除了笛卡兒學派最後的武裝。但不可否認的是，即使在這啟蒙的階段，空間概念本身或是把空間當作真實獨立存在的

---

[9]　原註釋：對這種講法當然要抱持保留態度（cum grano salis）。

[10]　原註釋：康德企圖否認空間的客觀性來消除這種尷尬的處境，但是這不能認真看待。在箱子內部空間固有的裝填可能性，就像箱子本身以及裡面裝填的物體一樣，都是客觀的。

概念，都讓人很不滿意。

物體裝填空間（箱子）的方式是三維歐幾里得幾何的課題，其公理體系很容易造成誤解，讓我們忘了幾何學可以用來描述實際的情形。

如果空間概念是以上述方法形成，並且從「裝填」箱子的經驗而來，那麼空間僅限於有限。可是這種限制並不是根本的，因為永遠可以放一個更大的箱子，將較小的箱子包起來。在這種方式下，空間看起來像是無限的東西了。

我不願在此探究空間的三維特性和歐幾里得式（平坦）等概念，可以如何追本溯源到相對原始的經驗，而是想先從另外的觀點來探究空間概念在物理思維發展中的角色。

當一個大箱子 S 裡的中空空間裡，放著一個相對靜止的小箱子 s，s 的中空空間也是 S 空間的一部分，這個同時包含兩者的相同「空間」，既屬於大箱子，也屬於小箱子。但是，當 s 相對於 S 運動時，這個概念就沒那麼簡單了。我們很容易認為 s 一直包含同樣的空間，但隨著箱子運動，它包含的卻是 S 空間不同的部分。因此有必要給兩個箱子分派各自特有的空間，並假定兩個空間是在做相對運動，而不是只把空間用邊界分割。

在人們認知到這種複雜的狀況之前，空間被當成是一種無界的介質或容器，裡面有物體存在。但是現在必須考慮無數的空間存在，彼此做相對運動。將空間視為獨立於物體之外的客觀存在，這個概念尚屬於前科學的思想；但是無數個彼此相對運動的空間概念，則屬於後科學的思想產物。第二種想法在邏輯上無法避免，不過這概念不僅在日常生活罕見，甚至在科學思想上也沒

有扮演重要的角色。

但是，時間概念的心理起源呢？此概念無疑與「回憶」這個事實有關，也與感覺經驗和回憶之間的區別有關。至於感覺經驗與回憶（或者只是心裡的想像）之間，是否有心理學上的直接區別，確實是有疑問的。每個人都有這樣的經驗，懷疑自己是否真的親身經歷，或只是做夢而已。區別兩者的能力，大概最早是來自於大腦辨別順序的結果。

若某經驗已屬「回憶」範疇，那麼與「目前的經驗」做比較時，就會被當成「先前的」經驗。這是回憶經驗進行概念排序的原則，由於排序是可能的，進而促成主觀的時間概念，即個人經驗排列的時間概念。

那麼，客觀的時間概念是如何產生的呢？讓我們思考一個例子，某人 A（「我」）看到「天空出現閃電」，同時 A 也經驗到另一個人 B 行為與自己看到閃電的經驗發生關係，這樣 A 就把看到閃電的經驗，與 B 連結起來，於是 A 認為其他人也都看見了閃電；因此閃電不再被解釋為個人獨有的經驗，而是其他人的經驗（或最終只說是「可能的經驗」）。在這種方式下，「天空出現閃電」最初是以一種個人「經驗」進入意識中，現在被詮釋成（客觀的）「事件」。當我們講到「真實的外在世界」時，所指的正是一切事件的總和。

我們先前談到，人們往往需要將經驗進行時間排序，其準則大致如下：如果 β 比 α 晚，γ 比 β 晚，那麼 γ 肯定比 α 晚（「經驗的順序」）。那麼，與主觀經驗相關的外在「事件」是不是也有同樣性質呢？乍看之下，你會認定事件的時間排列應當以經驗的時

間排序為依據。如果不是狹義相對論直接挑戰這一點，我們會想當然耳這樣認為。[11]為了得到客觀事件的概念，必須再加上一個建構的概念：事件不僅在時間上有定位，在空間裡也是如此。

在上面幾段，我們試圖描述空間、時間與事件等概念如何在心理上與經驗發生關係。從邏輯上來看，這些都是人類智慧的自由產物，是思考的工具，都是為了讓經驗連結產生關係，以便能做更好的評判。企圖了解這些基本概念有何經驗上的源頭，會讓我們更了解哪些概念必須保留，而哪些概念在不得已情況下可加以修改。

在介紹空間—時間—事件等概念的心理起源之際（應當簡稱為「類空間」的概念，以區別心理學領域的概念），應該再加入一個重要的成分。我們已經以箱子與箱子裡面物體的排列，將空間概念與經驗連繫起來，因此這項概念的形成是以物體（「箱子」）的概念為前提，同樣地，在形成客觀時間概念時所必須引進的「人」，在這份關係的連結上也相當於物體的角色。因此在我看來，物質概念的形成必定在時間和空間的概念之前。

所有這些類空間的概念，以及心理學領域裡疼痛、目標、目的等概念，都是屬於前科學的思想。正如一般自然科學的思想特徵一樣，目前物理學中的思想特徵是原則上盡量只用「類空間」的概念，來表達自然律中的一切關係。因此，物理學家將色彩和音調歸為振動頻率；生理學家把思考和痛苦歸為神經過程，將精

---

[11] 原註釋：例如，聽覺經驗的時間順序可能不同於視覺經驗的時間順序，所以不能簡單將事件的時間順序與經驗的時間順序畫上等號。

神因素從因果連繫中排除出去，不再讓感覺成為因果關係中的一個獨立環節。有派想法認為只訴諸「類空間」的概念就能理解一切關係，目前這種思維就是所謂的「唯物論」（因為「物質」的獨立存在已被承認，不再只是一個概念）。

　　為什麼有必要把自然科學思想的基本概念，從柏拉圖式的奧林匹亞殿堂拖下凡塵，企圖揭露它們的世俗血脈呢？答案是：為了將這些概念從禁忌枷鎖解放出來，以獲得更大的自由來形成觀念或概念。這是休謨和馬赫不朽的功勞，他們超越前人，率先採用這種批判的想法。

　　科學從前科學的思維接受了空間、時間和物體（特別是「固體」）等概念，並且修正得更加嚴謹。第一項重大成就是歐幾里得幾何學的發展，我們不可被其公設表述所惑，而忘了它是從經驗而來（擺放排列固體的可能性）。尤其是，空間的三維特性和歐幾里得特徵都是有實證根源的（真實空間能夠被許多構造相同的「立方體」完全填滿）。

　　在發現理想剛體並不存在後，空間概念就變得更微妙了。所有的物體都具彈性、會變形，並且隨溫度變化而改變體積。由歐幾里得描述的物體型態，其結構特徵不得不涉及物理內容。但是，畢竟物理在建立概念時會運用到幾何學，幾何學的經驗內容唯有在整個物理學的架構下才能陳述和驗證。

　　在這層關係上，必須牢記原子論與有限可分性的概念，因為比原子尺度還小的空間展延無法測量。原子論也迫使我們在原則上放棄固體具有明確界面的觀念。嚴格來說，對於固體互相接觸的可能排列，甚至在宏觀領域裡也沒有精確的法則可言。

　　儘管如此，沒有人想要放棄空間的概念，因為在整體看起來相當令人滿意的自然科學體系中，空間概念顯得不可或缺。在十九世紀，馬赫是唯一認真考慮要放棄空間概念的人，企圖用所有質點在一瞬間相對距離來取代空間（他這麼做，是為了得到對慣性的圓滿理解）。

場

　　在牛頓力學中，空間和時間扮演著雙重角色。首先，它們是物理學中出現事件的載體或架構，事件的發生由空間坐標和時間來標記。原則上，物質被視為是由「質點」組成，質點運動構成了物理世界。當不希望或是無法描述離散的粒子結構時，才權宜地暫時將物質看作是連續的。在這種情況下，物質的微小部分（體積元）也類似質點處理，當我們只描述運動學，而不涉及如溫度變化、化學過程等暫時無法歸因於運動的現象時，這作法還算成功。空間和時間的第二個重要角色，在於「慣性系」的建立。由於慣性定律之於慣性系才成立，慣性系因而被認為比其他一切想像得到的坐標系都更為特殊。

　　在這裡，關鍵是「物理真實」，被視為與經驗的觀測者無關。原則上，「物理真實」被想成由空間與時間，和恆久不滅、相對於時空運動的眾多質點所共同組成。空間和時間的獨立存在性，用極端的方式可表述為：如果物質消失了，空間和時間仍舊會獨立存在（作為物理事件發生的舞台）。

　　隨著物理進展，這個觀點被打破了。「場」概念的出現，原本和物理真實、時空問題（粒子以時空為舞台的基本圖像）看似

不相干。在古典力學中，場概念是以一種輔助概念出現，將物質視為連續體處理。以固體的熱傳導為例，固體的狀態描述為：對於固體的每一點，給出每個特定時刻的溫度。在數學上，這代表溫度 T 為空間坐標和時間 t 的數學函數（溫度場）。熱傳導定律表示為局部關係（微分方程式），包含所有舊傳統的特例。在這裡，溫度是場概念的一個簡單例子，這種場（單一量值或是分量組合）是坐標和時間的函數。另一個例子是液體運動的描述，每一點在任何時刻都存在一個流速，由相對於坐標軸的三個「分量」（向量）來做量化描述。在一個點上的速度分量（場分量），也是坐標（x, y, z）和時間（t）的函數。

　　上述這些場的特色是它只出現在物體內部，只是用來描述物質的狀態。根據場概念的歷史發展，凡是沒有物質的地方，就不會有場的存在。但是在十九世紀的前二十五年，科學家發現只要將光看成是一種波場，干涉和繞射現象能獲得異常精確的解釋。這種場完全類比於彈性固體裡的機械振動場。因此，當時物理學家覺得有必要引進一種場，縱使在沒有物質的「真空」裡也能存在。

　　這產生一種自相矛盾的局面，因為根據場概念的起源只限於描述物質內部的狀態。因為人們深信場表現能解釋為機械狀態，而這又以物質的存在為前提，所以它怎能於物質之外存在？結果，人們不得不認定在原本被認為空無一物的真空中，處處存在一種稱為「以太」的物質。

　　場概念從一定要由「機械載體」的假設解放出來，純屬心理層面的躍進，這是物理思想發展上最有趣的事件之一。在十九世

紀下半葉，隨著法拉第和馬克士威的研究，人們發現用場來描述電磁過程會比根據力學的質點概念來處理更為優越，而且這種局面越來越明顯。馬克士威在電動力學引進場概念，成功預測電磁波的存在；而電磁波與光的傳播速率相等，兩者本質上的一貫性無庸置疑。結果，光學在本質上被電動力學合併了。這項巨大的成就產生一種心理作用，場概念逐漸從古典物理學的力學架構脫離出來，贏得一席之地。

然而，起先人們理所當然認為電磁場必須解釋成以太的狀態，並且熱切地想把這些狀態解釋為機械狀態。不過，種種努力總是遭遇挫折，科學家逐漸傾向放棄這種嘗試。雖然如此，人們心裡還是深信電磁場必定是以太的狀態，這是世紀交替時的情況。

以太理論有它的問題：從物體的力學觀點來看，以太究竟如何行為表現呢？以太是否會參與物體運動，或者處處保持相對靜止呢？為了解決這個問題，曾經有過許多巧妙的實驗。在這方面，應該提到以下重要的事實：由於地球公轉造成恆星的「光行差」以及「都卜勒」效應，後面指的是恆星與地球之間進行相對運動，對於恆星發出的光線（已知頻率）到達地球的頻率變化。除了邁克森─莫里實驗之外，這些實驗和事實都由洛倫茲解釋了，他假定以太不參與物體的運動，以太的各部分之間也沒有相對運動。這樣看來，以太像是絕對靜止空間的化身。但是，洛倫茲的研究成果不只如此。他推論物質的組成粒子帶有電荷，電荷隨著粒子運動，並假定這是物質與電磁場的唯一交互作用（反之亦然）。結果這理論解釋了當時所知物體內部一切的電磁與光學

過程。至於邁克森—莫里實驗，洛倫茲指出至少其結果未與靜止的以太說牴觸。

雖然這些成果輝煌，但是該項理論仍未能讓人完全滿意，理由如下。古典力學無庸置疑的是真實世界的高度近似，它教導我們：對於自然法則的表述方式，一切慣性系或者慣性「空間」都是等效的，也就是說，從一個慣性系移轉到另外一個慣性系，自然法則都是不變的。電磁學和光學的實驗也都相當精確地教導我們同樣的事情，然而電磁理論的基礎卻稱，有一種特別的慣性系必須給予特例，就是絕對靜止的光以太。這種理論基礎的觀點太難令人滿意了，難道沒有辦法修正，像古典力學那般支持慣性系的等效性（狹義相對性原理）嗎？

這個問題的答案是狹義相對論。它採用馬克士威—洛倫茲理論真空中光速保持不變的假定，為了與慣性系的等效性（狹義相對性原理）一致，必須放棄絕對同時性的觀念；此外，當一個慣性系轉移到另一個慣性時，時間和空間坐標都要遵循洛倫茲轉換。狹義相對論的全部內容包含在這則公設裡：自然法則對於洛倫茲轉換是不變的。這項要求的實質重要性在於，它限制了自然律可能的形式。

狹義相對論對於空間問題的立場又是如何呢？首先，我們必須澄清，四維真實並非由狹義相對論首度引進。即使在古典物理學裡，事件已用四個數字定位，三個是空間坐標，一個是時間坐標，因此所有物理「事件」被當成是鑲嵌在四維連續流形裡。但是根據古典力學，這四維連續體在客觀上會分成一維時間和三維空間的截面，這種方式對於所有慣性系都相同。兩個事件在某慣

性系同時發生，也就意謂著這兩個事件對於所有慣性系都是同時發生，這就是我們說古典力學的時間是絕對的意思。根據狹義相對論，情況則是另外一回事。在特定慣性系中，與某特定事件「同時」的全部事件總和仍然存在，但這時空截面不再與慣性系的選擇無關。現在，四維連續體不能再客觀分解成包含所有同時事件的截面；「現在」在四維世界失去了客觀的意義。因此，空間和時間必須視為一個四維連續體，客觀上不可以分解，才能表述與坐標無關的客觀關係。

　　既然狹義相對論揭示所有慣性系在物理上等效，證明靜止以太的假說站不住腳。因此，必須放棄將電磁場當作物質載體狀態的想法，場也變成物理描述中不可或缺的元素，就像是牛頓理論中物質概念也是不可簡化一樣。

　　到目前為止，我們的重點是在於找出狹義相對論對空間和時間概念所做的修正。現在，讓我們將注意力放在狹義相對論從古典力學承襲的元素，這裡也一樣，只有以慣性系時空作為基礎，自然法則才成立。慣性原理和光速恆定原理都只有對慣性系才有效，場定律也只有對慣性系才有意義且有效。因此，一如古典力學，空間在狹義相對論中也是物理真實的獨立組成部分。想像將物質和場移除，慣性空間（或者更準確地說，空間與相關的時間）依然能存在。四維結構（閔可夫斯基空間）被視為是物質和場的載體，慣性空間與相關的時間僅是由線性洛倫茲轉換結合起來的特殊四維坐標系。既然在這種四維結構中，不再存在任何可客觀代表「現在」的截面，發生和變化的概念雖然依舊存在，但卻更加複雜了。因此，看起來比較自然的作法是將物理真實當成

一種四維體，而不是（先前認為）三維存在的時演化。

　　狹義相對論中的絕對四維空間，和洛倫茲三維絕對以太類似。在四維時空中的物理描述，將空間視為給定與獨立的存在。因此，狹義相對論並沒能解決笛卡兒對於「真空」先驗的獨立存在所感到的不安。這裡的討論，最主要讓讀者了解廣義相對論如何處理這些困難，以及它所面臨的限制。

廣義相對論中的空間概念

　　廣義相對論的起源，在於探求慣性與重力質量為何相等。令空無一物的慣性系統為 S_1：其空間中不但沒有物質（平常定義）、也沒有場（依狹義相對論定義）。相對於 S_1 有個以等加速度運動的坐標系 S_2，這個系統並非慣性系統，因所有 S_2 裡的質點，不論其物理與化學組成如何，都以等加速度運動。於是，S_2 的力學系統看起來像是受均勻作用的重力場。換句話說，S_2 也可視為慣性系統，只是它受均勻重力作用。這詮釋與觀測全然符合。只要加入重力場，慣性系統便會失去原來的特殊地位，而這所謂的「等效原理」可以擴展到任何形式的相對運動。根據這些基本概念，人們可以完全了解慣性質量與重力質量的相等，而這一事實已經受實驗強力支持。

　　從 S_1 到 S_2 的非線性四維空間轉換有沒有限制呢？換句話說，洛倫茲轉換要如何推廣呢？我們要由以下的考慮，來回答這個問題。

　　廣義相對論之前的慣性系統具有一項性質：不同點的坐標差可以用靜止的尺規或時鐘來測量。而且，我們假設若以尺規鋪滿

空間，歐幾里得幾何學裡關於長度的定理會成立。從狹義相對論的結果經基本考量後可推知，對相對於慣性系（S_1）加速的坐標系（S_2）而言，這種坐標的直接解釋就不成立了。但若是這樣，坐標就只能代表「鄰近」的順序或位階，也就是空間的維數，但不表示任何的度規特質。因此，我們可以將轉換擴張到任意的連續轉換[12]。這裡蘊含著廣義相對性原理：自然法則相對於坐標的任意連續轉換，必須保持協變。這項要求（以及自然律在邏輯上應盡可能簡潔的要求）對有關自然法則的限制，遠遠超過狹義相對性原理。

　　這一連串的想法主要是根據場這個獨立的概念而來。因為我們考慮出現在S_2的重力場時，完全不去問產生場的物體是否存在。借助這一連串的想法，可以明白為何純重力場定律比起其他的場（例如電磁場），與廣義相對性的觀念更能直接契合。也就是說，我們有很好的理由假定，「無場」的閔可夫斯基空間是自然律許可的一種特別狀況，事實上是想像得到最簡單的特例。就其度量特質來說，這種空間的特徵是：在三維「類空間」的截面上，無限接近的兩點以尺規單位度量，其空間距離的平方為$dx_1^2+dx_2^2+dx_3^2$（畢氏定理），而dx_4是使用適當的時間度量，測量兩個具有共同（x_1, x_2, x_3）事件的時間間隔。四維時空意謂著，這個量在各慣性坐標都成立，因此它具有客觀度量的意義：

$$ds^2=dx_1^2+dx_2^2+dx_3^2-dx_4^2 \tag{1}$$

---

[12] 原註釋：這種表述方式雖不精確，在這裡或許已經足夠。

只要借助洛倫茲轉換就容易證明。從數學上來說，這相當於 ds^2 對於洛倫茲轉換協變的情況。

若現在按照廣義相對性原理，對這個空間（參考方程式1）進行坐標的任意連續轉換，那麼 ds 這個具有客觀意義的量，在新坐標裡由下列式子表示：

$$ds^2 = g_{ik}dx_idx_k \qquad (1a)$$

這裡必須對標記 i 和 k 從 11、12…一直到 44 的全部組合求和。現在 g_{ik} 不再是常數，而是坐標的函數，由任意選擇的轉換確立。然而，這些 g_{ik} 不是新坐標的任意函數，而是一種能透過四個坐標的連續變換，讓形式（1a）轉換回形式（1）的特殊函數。為了使這成為可能，函數 g_{ik} 必須滿足特定廣義協變的條件方程式，而這些方程式在廣義相對論建立以前半世紀就已經由黎曼所提出（「黎曼條件」）。根據等效原理，當函數 g_{ik} 滿足黎曼條件時，（1a）就是特別重力場的廣義協變形式。

由此得知，當黎曼條件成立時，必定也要滿足一般的純重力場方程式。反之，廣義場方程式的限制會比黎曼條件更弱或更少。根據這些推論，我們得以完全確立純重力場定律，詳細過程無須在此說明。

現在可以來討論，進展到廣義相對論後，我們對時空概念做了何等的修正。根據古典力學和狹義相對論，空間（空間—時間）獨立於物質或場而存在，為了描述充滿空間且有坐標的東西，空間—時間或慣性系與其度規特質等，一開始都要認為是存

在的,否則「充滿空間的東西」這種描述就變得沒有意義[13]。但是根據廣義相對論,空間與「充滿空間」且有坐標的東西並不同,空間無法獨立地存在。因此,純重力場要以重力方程式的解,以 g_{ik}(坐標的函數)來描述。如果設想將重力場(函數 g_{ik})除去,留下來的就不是類型(1)的空間,而是絕對的「無」,而且也沒有「拓撲空間」。因為函數 g_{ik} 不僅描述場,同時也描述流形的拓撲與度規結構特徵。從廣義相對論的觀點來判斷,類型(1)的空間並非是沒有場的空間,而是 g_{ik} 場的特例,在這特例中,函數 g_{ik} 為常數,不過此陳述和坐標系選擇有關,而不具客觀意義。沒有所謂的真空存在,也就是不存在沒有場的空間;空間—時間無法宣稱獨立的存在,而只是場的一種結構特質。

因此,當笛卡兒相信必須排除真空的存在時,他並沒有太過背離真實。若堅持唯有物體才是物理真實,那麼這種見解確實顯得荒唐。我認為,需要將場當成真實的代表,再與廣義相對論結合,才能揭示笛卡兒觀念的真正核心;「沒有場」的空間是不存在的。

廣義重力論

因此,根據廣義相對論的純重力場理論很容易獲得,因為我們有信心度規滿足(1)的「無場」閔可夫斯基空間,必定滿足場的一般方程式。從這個特例出發,可以毫不含糊地推廣導出重

---

[13] 原註釋:若考慮將充滿空間的東西(例如場)除去,那麼按照方程式(1),仍然會留下度規空間,也將決定引入空間裡試驗物體的慣性行為。

力定律。不過，若想將理論進一步推廣以包含其他物理場，方程式形式無法明確由廣義相對性原理來確立，過去數十年來已有多方嘗試。這些嘗試的共同點是將物理真實想像為「場」，而且是由重力場推廣的場，場定律是純重力場定律的推廣。經過長期探索之後，我相信自己已經找到這種推廣最自然的形式了[14]，但是我還不知道這個推廣的定律是否經得起經驗事實的考驗。

　　在上面的討論中，特定場方程的具體形式還是次要問題。目前，主要的問題是此處探討的場論，究竟是否能達成目標，能以「場」全面描述物理真實，包括四維時空在內。對此，新一代的物理學家傾向給予否定的答案。按照量子理論目前的形式，咸信一個系統的狀態無法直接指明，只能間接地對系統的測量結果進行統計陳述。一般物理學家相信，唯有這樣削弱真實的概念，才能了解實驗上確認的二象性（粒子與波動結構）。我認為，目前所獲得的知識遠不足以讓我們做這麼大的讓步，更不該停止對相對性場理論的追尋。

---

[14] 這項推廣的特徵如下：根據「閔可夫斯基空間」，函數g_{ik}的純重力場具有$g_{ik}=g_{ki}$（如$g_{12}=g_{21}$等）的對稱特質。廣義的場是同一類型，但是不具對稱特質。場定律的推導，完全類似於純重力特別的情形。

中英文對照表

布朗	Robert Brown
弗羅茨瓦夫	Wroclaw
正規化	normalized
《民族》	*The Nation*
《生活哲學》	*Living Philosophies*
白皮書	White Paper
白爾	Karl Ernst von Baer

六劃

吉柏斯	Josiah Willard Gibbs
安遜	Ruth Nanda Anshen
成功湖	Lake Success
米立坎	Robert Millikan
《自由之意義》	*Freedom, Its Meaning*
自由牧師會	Liberal Minister's Club
《自然科學》	*Die Naturwissenschaften*
艾丁頓	Arthur Eddington
艾倫尼特	Lina Arronet
艾倫‧哈里斯	Alan Harris
西蒙與舒斯特出版社	Simon and Schuster

七劃

位能	potential energy
似剛體	practically rigid object
伯努利	Daniel Bernoulli
克萊因	Oskar Klein
克魯札	Theodor Kaluza
宋雅‧巴格曼	Sonja Bargmann
《我所見的世界》	*The World As I See It*

阿達瑪　　　　　　　　　Jacques S. Hadamard

《青年商人》　　　　　　*Jungkaufmann*

九劃

《信仰和行動》　　　　　*Belief and Action*

哈科・布列斯公司　　　　Harcourt, Brace and Company

哈約瑟　　　　　　　　　Keren Hajessod

哈恩　　　　　　　　　　Otto Hahn

威廉・佛恩格列斯　　　　William Frauenglass

威爾斯　　　　　　　　　Hubert George Wells

《柏林日報》　　　　　　*Berliner Tageblatt*

柏林納　　　　　　　　　Arnold Berliner

柏格曼　　　　　　　　　Valentine Bergmann

柏格森　　　　　　　　　Henri Bergson

洛倫茲　　　　　　　　　H. A. Lorentz

玻色―愛因斯坦統計　　　Bose-Einstein Statistics

研究委員會　　　　　　　Conseil de recherche

《科利爾雜誌》　　　　　*Collier*

科恩學生紀念基金會　　　Morris Raphael Cohen Student Memorial Fund

《科學》　　　　　　　　*Science*

《科學美國人》　　　　　*Scientific American*

《科學畫刊》　　　　　　*Science Illustrated*

《科學進展》　　　　　　*Advancement of Science*

美國科學院　　　　　　　American National Academy of Sciences

范伯倫　　　　　　　　　Thorstein Veblen

范倫泰・巴格曼　　　　　Valentine Bargmann

韋爾　　　　　　　　　　Hermann Weyl

十劃

《倫敦時報》	*The London Times*
准將酒店	Commodore Hotel
《剖析和平》	*The Anatomy of Peace*
《原子科學家會報》	*Bulletin of the Atomic Scientists*
埃倫費斯特	Paul Ehrenfest
展延	extension
席爾普	Paul Arthur Schilpp
恩斯特・海曼	Ernst Heymann
殷菲爾德	Leopold Infeld
海倫・杜卡斯	Helen Dukas
海森堡	Werner Heisenberg
《狹義和廣義相對論淺說》	*Relativity, the Special and the General Theory*
留基伯	Leucippus
配置態	configuration
馬卡比時代	Maccabee
馬克士威	James Clerk Maxwell
《馬克士威紀念文存》	*James Clerk Maxwell: A Commemoration Volume*
馬赫	Ernst Mach

十一劃

勒柯克	Le Coq
國際科學院協會	the International Association of Academies
《基督教紀事報》	*The Christian Register*
培林	Jean Baptiste Perrin
崗貝爾	E. J. Gumbel
張量縮並	contraction

掃描穿隧顯微鏡　　　　　STM
旋量　　　　　　　　　　spinor
《晚年文集》　　　　　　*Out of My Later Years*
梅圖恩出版社　　　　　　Mathuen
第谷布拉赫　　　　　　　Tycho Brahe

十二劃

凱文爵士　　　　　　　　The Lord Kelvin
〈凱洛格公約〉　　　　　*Kellogg Pact*
勞森　　　　　　　　　　Robert W. Lawson
《富蘭克林研究院學報》　*The Journal of the Franklin Institute*
提圖斯　　　　　　　　　Titus
散度　　　　　　　　　　divergence
斯巴克　　　　　　　　　Paul-Henri Spaak
斯賓塞　　　　　　　　　Herbert Spencer
斯賓諾莎　　　　　　　　Spionza
普韋布洛印第安人　　　　Pueblo Indians
普朗克　　　　　　　　　Max Planck
《普魯士科學院會報》　　*Prussian Academy of Sciences*
猶太先知　　　　　　　　the Prophets
猶太聯合促進協會　　　　the United Jewish Appeal
舒立克　　　　　　　　　Moritz Schlick
萊斯納　　　　　　　　　Hans Reissner
費歇爾　　　　　　　　　Emil Fischer
進步教育協會　　　　　　Progressive Education Association
閔可夫斯基　　　　　　　Hermann Minkowski
馮・菲克爾　　　　　　　von Ficker
黑哲爾　　　　　　　　　Theodor Herzl

十三劃

十四劃

十五劃

國家圖書館出版品預行編目資料

愛因斯坦自選集：對於這個世界，我這樣想／愛
因斯坦（Albert Einstein）著；郭兆林、周念縈譯.
-- 初版. -- 臺北市：麥田，城邦文化出版：家庭傳
媒城邦分公司發行, 2016.07
　　面；　公分. --（時代感；5）
譯自：Ideas and Opinions
ISBN 978-986-344-322-3（平裝）

1.愛因斯坦（Einstein, Albert, 1879-1955）
2.學術思想　3.傳記　4.文集

785.28　　　　　　　　　　　　　　　105001643

時代感 5

愛因斯坦自選集
對於這個世界，我這樣想
Ideas and Opinions

作　　　者／愛因斯坦（Albert Einstein）
譯　　　者／郭兆林、周念縈
審 定 導 讀／郭兆林
策 劃 主 編／李明璁
協 力 編 輯／王家軒
責 任 編 輯／江　灝
校　　　對／陳佩伶

國 際 版 權／吳玲緯　蔡傳宜
行　　　銷／艾青荷　蘇莞婷　黃家瑜
業　　　務／李再星　陳玫潾　陳美燕　杻幸君
編 輯 總 監／劉麗真
總 　經 　理／陳逸瑛
發 　行 　人／涂玉雲
出　　　版／麥田出版
　　　　　　10483臺北市民生東路二段141號5樓
　　　　　　電話：(886)2-2500-7696　傳真：(886)2-2500-1967
發　　　行／英屬蓋曼群島商家庭傳媒股份有限公司城邦分公司
　　　　　　10483臺北市民生東路二段141號11樓
　　　　　　客服服務專線：(886) 2-2500-7718、2-2500-7719
　　　　　　24小時傳真服務：(886) 2-2500-1990、2-2500-1991
　　　　　　服務時間：週一至週五09:30-12:00、13:30-17:00
　　　　　　郵撥帳號：19863813　戶名：書虫股份有限公司
　　　　　　讀者服務信箱E-mail：service@readingclub.com.tw
麥 田 網 址／http://ryefield.com.tw
香港發行所／城邦（香港）出版集團有限公司
　　　　　　香港灣仔駱克道193號東超商業中心1樓
　　　　　　電話：(852)2508-6231　傳真：(852)2578-9337
　　　　　　E-mail：hkcite@biznetvigator.com
馬新發行所／城邦（馬新）出版集團【Cite(M) Sdn. Bhd. (458372U)】
　　　　　　41, Jalan Radin Anum, Bandar Baru Sri Petaling, 57000 Kuala Lumpur, Malaysia.
　　　　　　電話：(603)9057-8822　傳真：(603)9057-6622
　　　　　　電郵：cite@cite.com.my

封 面 設 計／王志弘
印　　　刷／城邦印書館股份有限公司

初 版 一 刷／2016年 7月
初 版 七 刷／2019年 8月

定 價／450元
ISBN／978-986-344-322-3